インドネシア・バリ社会における二言語使用
―バリ語とインドネシア語のコード混在―

原 真由子 著

目　次

目　次 ……………………………………………………………… i
図一覧 ……………………………………………………………… v
表一覧 ……………………………………………………………… vi
記号・略号一覧 …………………………………………………… viii

第1章　序　論 …………………………………………………… 1
　1.1　本書の目的と考察対象と意義 …………………………… 1
　1.2　バリ言語社会の構成 ……………………………………… 4
　　　1.2.1　バリ言語社会の話者のタイプ ……………………… 5
　　　1.2.2　地域別（村落部と都市部）の2言語使用 ………… 6
　　　1.2.3　世代別の2言語使用 ………………………………… 8
　1.3　バリ語とインドネシア語の果たす領域 ………………… 11
　　　1.3.1　インドネシア語が選ばれる言語使用領域
　　　　　　（学校教育、行政、職場、マス・メディア）……… 12
　　　1.3.2　バリ語が選ばれる言語使用領域
　　　　　　（家庭、隣人、友人、宗教・儀礼）………………… 14
　　　1.3.3　バリ語の維持レベルの評価 ………………………… 16
　1.4　コードスイッチングとコード混在 ……………………… 18
　1.5　バリ語とインドネシア語の相互理解性 ………………… 22
　1.6　バリ語語彙の内部構造 …………………………………… 23
　1.7　現地調査における会話収集 ……………………………… 25
　1.8　本章の要約 ………………………………………………… 26

第2章　バリ語とインドネシア語のコード混在の記述の枠組み …… 31
　2.1　はじめに …………………………………………………… 31
　2.2　BIコード混在の起こりうる単位 ………………………… 32
　2.3　文内BIコード混在の変異―新しい表示法の導入による記述
　　　　…………………………………………………………… 38

i

- 2.4 文におけるBIコード混在 …………………………………… 40
- 2.5 バリ語とインドネシア語の共通語彙 ………………………… 43
- 2.6 借用とBIコード混在 ………………………………………… 53
- 2.7 会話におけるBIコード混在の程度 ………………………… 54
- 2.8 扱う会話資料 ………………………………………………… 64
- 2.9 本章の要約 …………………………………………………… 66

第3章 統語構造におけるBIコード混在の分布と談話マーカー …… 69
- 3.1 はじめに ……………………………………………………… 69
- 3.2 文の構成要素とその構成要素の内部構造 ………………… 71
- 3.3 3つの文構成要素におけるBIコード混在の頻度差 ……… 73
  - 3.3.1 3つの文構成要素間およびそれらの内部における
    BIコード混在の頻度差 ………………………………… 73
  - 3.3.2 3つの文構成要素を形成する句における
    BIコード混在の頻度差 ………………………………… 76
- 3.4 主語にBIコード混在を含む場合 …………………………… 78
- 3.5 述語にBIコード混在を含む場合 …………………………… 88
  - 3.5.1 述語の動詞句におけるBIコード混在 ……………… 88
  - 3.5.2 述語の形容詞句におけるBIコード混在 …………… 98
  - 3.5.3 述語の名詞句におけるBIコード混在 ……………… 103
  - 3.5.4 述語の前置詞句におけるBIコード混在 …………… 108
  - 3.5.5 述語にBIコード混在が認められる事例の総括 …… 111
- 3.6 付加詞にBIコード混在を含む場合 ………………………… 114
- 3.7 なぜ談話マーカーにBIコード混在が現れやすいのか …… 128
  - 3.7.1 Azuma（1997） ……………………………………… 129
  - 3.7.2 機能的説明の試み—"際立たせる"コード混在 …… 130
- 3.8 統語構造・談話構造と異なる条件付けによるコード交替 … 132
- 3.9 本章の要約 …………………………………………………… 134

第4章　受身構文におけるBIコード混在 ……………………… 139
　4.1　はじめに ………………………………………………… 139
　4.2　バリ語とインドネシア語の受身構文規則 ……………… 141
　　　4.2.1　バリ語の受身構文規則 ……………………………… 141
　　　4.2.2　インドネシア語の受身構文規則 …………………… 149
　　　4.2.3　バリ語とインドネシア語の受身構文規則の相違点
　　　　　　 …………………………………………………………… 154
　4.3　BIコード混在が関与する受身構文 ……………………… 155
　　　4.3.1　バリ語受身規則文におけるBIコード混在 ………… 156
　　　4.3.2　インドネシア語受身規則文におけるBIコード混在
　　　　　　 …………………………………………………………… 162
　4.4　バリ語受身規則文の優勢性とバリ語の優勢性 ………… 166
　4.5　本章の要約 ……………………………………………… 169

第5章　BIコード混在と敬語使用の相互作用 ………………… 171
　5.1　はじめに ………………………………………………… 171
　5.2　バリ語の敬語法 ………………………………………… 173
　5.3　バリ語の敬語使用の変化 ……………………………… 176
　　　5.3.1　バリ語の敬語使用の変化：許容範囲の拡張 ……… 177
　　　5.3.2　敬語類と普通語類の特徴 …………………………… 178
　　　5.3.3　Power and Solidarityの原理とバリ語敬語使用の変化
　　　　　　 …………………………………………………………… 179
　5.4　扱う会話事例とその条件 ……………………………… 179
　　　5.4.1　バリ語敬語使用の規範の拡張が起きうる話者関係
　　　　　　 …………………………………………………………… 180
　　　5.4.2　分析対象の会話事例 ………………………………… 181
　5.5　会話を構成する対話ペアと敬語使用パタン …………… 182
　　　5.5.1　対話ペアの定義 ……………………………………… 182
　　　5.5.2　観察される敬語使用パタン ………………………… 185

iii

    5.6　バリ語の敬語類・普通語類と比較した
　　　インドネシア語の敬語的特徴 ………………………………… 192
    5.7　バリ語の敬語使用における 2 方向の拡張型と
　　　インドネシア語の敬語的特徴 ………………………………… 193
        5.7.1　会話事例 1 ―拡張型【尊敬方向】 ………………… 194
        5.7.2　会話事例 2 ―拡張型【尊敬方向】と B vs. I 型 …… 197
        5.7.3　会話事例 3 ―拡張型【親密方向】 ………………… 199
        5.7.4　会話事例 4 ―拡張型【親密方向】と B vs. I 型 …… 202
        5.7.5　会話事例 5 ―拡張型【親密方向】と B vs. I 型 …… 208
        5.7.6　BI コード混在の会話におけるインドネシア語の
　　　　　　敬語的機能 ……………………………………………… 216
    5.8　本章の要約 ………………………………………………………… 218

第 6 章　結　　論 ………………………………………………………… 221

付録 1　会話事例一覧 …………………………………………………… 227
付録 2　会話テキストと敬語使用パタン ……………………………… 233
    会話事例 1（K-GS）……………………………………………… 233
    会話事例 2（P-GA）……………………………………………… 238
    会話事例 3（WG-GE）…………………………………………… 243
    会話事例 4（KD-GE）…………………………………………… 248
    会話事例 5（P-GL）……………………………………………… 260

あとがき ………………………………………………………………… 289
参考文献 ………………………………………………………………… 291
索　引 …………………………………………………………………… 295

図一覧

図1.1	バリ州住民（5歳以上）の日常使用言語比率	5
図1.2	日常使用言語が「インドネシア語以外の言語」で、さらに「インドネシア語を話すことができる」バリ州住民の割合	6
図1.3	地域別のバリ州住民（5歳以上）の日常使用言語比率	7
図1.4	地域別にみた日常使用言語が「インドネシア語以外の言語」で、さらに「インドネシア語を話すことができる」人口の割合	8
図1.5	世代別のバリ州住民の日常使用言語比率	9
図1.6	バリ語語彙の内部構造	23
図2.1	BIコード混在から見た文の階層構造	34
図2.2	会話における表層のインドネシア語形式度の分布	60
図2.3	会話における交替領域内のインドネシア語要素度の分布	62
図3.1	談話マーカーmungkinと2つの談話的ユニット	123
図3.2	談話マーカーcumaと2つの談話的ユニット	124
図3.3	談話マーカーsebenarnyaと2つの談話的ユニット	126
図3.4	談話マーカーsoalneと2つの談話的ユニット	127
図4.1	バリ語受身規則文におけるMLとELの分担（動作主1・2人称）	157
図4.2	バリ語受身規則文におけるMLとELの分担（動作主3人称）	160
図4.3	インドネシア語受身規則文におけるMLとELの分担（動作主1・2人称）	163
図4.4	インドネシア語受身規則文におけるMLとELの分担（動作主3人称）	164
図5.1	二重構造の身分関係をもつ2人の話者	172
図5.2	規範的敬語使用の許容範囲の拡張	177
図5.3	発話ユニット（前起ユニットと後起ユニット）がターンと一致する場合	184
図5.4	発話ユニット（前起ユニットと後起ユニット）がターンと一致しない場合	184
図5.5	対話ペアの後起ユニットと後続の対話ペアの前起ユニットが一致する場合	184
図5.6	規範的敬語使用から尊敬方向への拡張	199
図5.7	規範的敬語使用から親密方向への拡張	205
図5.8	PとGLの敬語使用パタンの変化	211
図5.9	PとGLの敬語使用パタンの異なる変遷の可能性	215

表一覧

表1.1	FishmanによるGIDS	17
表1.2	敬語セットの敬語形と敬語機能	24
表2.1	スワデシュ基礎語彙100語項目におけるバリ語とインドネシア語の対応関係	44
表2.2	バリ語とインドネシア語の対応関係と交替の可能性	49
表2.3	各会話のバリ語要素とインドネシア語要素およびそれらの比率	56
表2.4	会話における表層のインドネシア語形式度の度数分布表	60
表2.5	会話における交替領域内のインドネシア語要素の度数分布表	61
表3.1	文の3構成要素内部におけるコード混在の度数分布の偏り	74
表3.2	文の3構成要素間に見られるコード混在の度数分布の偏り	75
表3.3	主語・述語・付加詞を形成する句におけるコード混在の分布	77
表3.4	主語・述語・付加詞を形成する主要部のみの句vs.主要部＋指定部の句におけるコード混在の分布	77
表3.5	主要部＋指定部の構造をもつ主語・述語・付加詞の句におけるコード混在の分布	77
表3.6	主語の名詞句におけるコード混在の分布	79
表3.7	主語の名詞句における主要部のみの句vs.主要部＋指定部の句のコード混在の分布	79
表3.8	主要部＋指定部の構造をもつ主語の名詞句におけるコード混在の分布	79
表3.9	述語の動詞句におけるコード混在の分布	89
表3.10	述語の動詞句における主要部のみの句vs.主要部＋指定部の句のコード混在の分布	89
表3.11	主要部＋指定部の構造をもつ述語の動詞句におけるコード混在の分布	89
表3.12	述語の形容詞句におけるコード混在の分布	98
表3.13	述語の形容詞句における主要部のみの句vs.主要部＋指定部の句のコード混在の分布	98
表3.14	主要部＋指定部の構造をもつ述語の形容詞句におけるコード混在の分布	99
表3.15	述語の名詞句におけるコード混在の分布	103
表3.16	述語の名詞句における主要部のみの句vs.主要部＋指定部の句のコード混在の分布	103

表 3.17	主要部+指定部の構造をもつ述語の名詞句におけるコード混在の分布	104
表 3.18	述語の前置詞句におけるコード混在の分布	109
表 3.19	述語の前置詞句における主要部のみの句 vs. 主要部+指定部の句のコード混在の分布	109
表 3.20	述語を構成するすべての句におけるコード混在の分布	112
表 3.21	述語を構成するすべての句における主要部のみの句 vs. 主要部+指定部の句のコード混在の分布	113
表 3.22	主要部+指定部の構造をもつ述語のすべての句におけるコード混在の分布	113
表 3.23	付加詞の副詞句および接続詞におけるコード混在の分布	115
表 3.24	主要部+指定部の構造をもつ付加詞の副詞句におけるコード混在の分布	116
表 3.25	談話マーカーとBIコード交替	128
表 3.26	接辞を含む語あるいは句におけるコード混在・非コード混在のパタン	133
表 3.27	数詞・曜日を表す要素におけるコード交替	134
表 4.1	バリ語とインドネシア語の受身構文規則の相違点	155
表 4.2	バリ語受身規則文とインドネシア語受身規則文の割合	167
表 5.1	バリ語の敬語類・普通語類の特徴	179
表 5.2	身分の二重関係	181
表 5.3	敬語使用の規範の拡張が起こりうる会話	182
表 5.4	平民層の話者（X）と貴族層の話者（Y）の敬語使用パタン	186
表 5.5	バリ語の敬語類・普通語類に対するインドネシア語の特徴	192
表 5.6	KとGSの敬語使用パタン	195
表 5.7	PとGAの敬語使用パタン	198
表 5.8	WGとGEの敬語使用パタン	201
表 5.9	KDとGEの敬語使用パタン	203
表 5.10	拡張型【尊敬方向】の行き過ぎを引き戻すために身分が上の話者が行うインドネシア語の選択	206
表 5.11	拡張型【親密方向】の行き過ぎを引き戻すために身分の下の話者が行うインドネシア語の選択	206
表 5.12	PとGLの敬語使用パタン	209
表Ⅰ	本書で分析対象とする会話事例一覧	227
表Ⅱ	KとGSの会話に見られる対話ペアとそれに基づく敬語使用パタン	237

表Ⅲ	PとGAの会話に見られる対話ペアとそれに基づく敬語使用パタン	242
表Ⅳ	WGとGEの会話に見られる対話ペアとそれに基づく敬語使用パタン	248
表Ⅴ	KDとGEの会話に見られる対話ペアとそれに基づく敬語使用パタン	259
表Ⅵ	PとGLの会話に見られる対話ペアとそれに基づく敬語使用パタン	286

記号・略号一覧

$_{U1}[\ ]_{U1}$	：交替単位
$_{U2}[\ ]_{U2}$	：非交替単位
$_{D1}[\ ]_{D1}$	：交替領域
$_{D2}[\ ]_{D2}$	：非交替領域
$_w<\ >_w$	：語の境界（領域と語の境界と一致していない場合）
BI	：Balinese-Indonesian（BIコード混在：バリ語とインドネシア語のコード混在）、Balinese vs. Indonesian-only（B vs. I型：バリ語 vs.インドネシア語型）
H	：Head（主要部）
S	：Specifier（指定部）
ML	：Matrix Language（基盤言語）
EL	：Embedded Language（挿入言語）
普	：普通語（類）、普通語類ユニット
敬	：敬語類、敬語類ユニット
丁	：丁寧語
尊	：尊敬語
謙	：謙譲語
汎	：汎用語（類）
共	：バリ語＝インドネシア語共通要素、バリ語＝インドネシア語借用的要素（非交替単位・非交替領域）
イ	：インドネシア語、インドネシア語ユニット
CM	：発話ユニットにBIコード混在を含む

第1章

序　論

1.1　本書の目的と考察対象と意義

　インドネシアのバリにおいては、国語（インドネシア語でBahasa Negara, Bahasa Nasional）であるインドネシア語と地方語（インドネシア語でBahasa Daerah）であるバリ語の2言語使用がなされ、地方語であるバリ語を母語としながら、国語のインドネシア語を「第2言語」ではあるが流暢に話す2言語話者が人口の大多数を占める（1.2節で詳しく述べる）。ここでインドネシア語を「第2言語」と呼ぶのは、バリにおいてはインドネシア語が学校教育で学ぶ言語であるためだが、現在、私の知る限り、ほとんどのバリ人は、学校教育を通して学習するインドネシア語を、教育を通さずに自然と身につける母語のバリ語と同様の流暢さをもって話すようになる。このような意味でのバリ語＝第1言語とインドネシア語＝第2言語を使う2言語話者によってなされる会話では、テキスト内にその2言語の要素が両方現れる現象が、日常的かつ頻繁に観察される。したがって、バリ人の会話を言語的に特徴づける、このバリ語とインドネシア語の混在がいかなる現象であるかを明らかにすることは、バリの言語社会を理解する上で、非常に重要であると言える。このような複数の言語・変種（コード）を用い

第1章　序論

る話者が行う会話や発話の中で、それらの異なるコードの要素が混ざって現れる現象は、「コード混在」と呼ばれる。すなわち、バリの事例に則して言えば、バリ社会には、バリ語とインドネシア語という2つのコードを用いる話者が大多数存在し、彼らの会話にはバリ語とインドネシア語のコード混在が頻繁に見られる。以下、バリ語とインドネシア語のコード混在は、必要に応じて、バリ語（Balinese）を"B"、インドネシア語（Indonesian）を"I"で表した「BIコード混在」と略称する。

しかしながら、これまでのバリ語研究の文脈では、自然会話におけるBIコード混在を考察した組織的研究は、私が知る限りなされていない。このような背景をふまえ、本研究はバリ語とインドネシア語のコード混在が見られる実際の会話の一次資料を収集し、詳細に記述し、分析結果を提示することによって、この未発達な研究分野へ経験主義的（empirical）な貢献をする。また、言語学的に妥当な記述を実現するために、新しい記述の枠組みを提案することで、理論的な貢献も目指す。

インドネシアは、バリだけでなく大部分の地域がインドネシア語と当該の地方語が話される多言語社会であり、一般的にインドネシア語と地方語のコード混在が観察される（たとえばロンボック地方についてはSyahdan（2000）、中・東部ジャワ地方ではErrington（1998）が同種の言語混在を考察・分析している）。本書がバリ言語社会の事例について行う考察は、広くインドネシア多言語社会全体を理解する貴重な手がかりになるはずである。

バリ語とインドネシア語のコード混在の現象を記述する過程で、本書では主に以下のような3つの問題を探求する。

（1）統語構造においてBIコード混在は、どのような規則性を示すか。
（2）談話構造においてBIコード混在は、どのような機能を果たすか。
（3）BIコード混在は、バリ語の敬語使用とどのような相互作用を起こしているか。

本書では、以上の統語構造、談話構造、敬語使用の視点からバリ語とインドネシア語のコード混在を考察・分析することによって、両言語のコード混在がどのような規則性で現れ、どのような機能を果たしているかという

バリ言語社会に固有な問題を解明するだけでなく、コード混在（コードスイッチング）を扱う理論的研究の文脈に、新しいタイプのコード混在の事例を提供することができる。1.4 節で述べるが、これまでの 2 言語混在研究は、当該の 2 言語の形態統語規則が大きく相異なる事例を対象にしている。それに対し、バリ語とインドネシア語は形態統語規則が類似し、バリ語からインドネシア語に切り替わったのか、インドネシア語からバリ語に切り替わったのかスイッチ（切り替え）の方向を認定することが難しいという特徴をもつ、これまでに扱われてこなかったタイプの事例である。

以上に加えて、本書ではバリ語とインドネシア語のコード混在現象を記述し、上記の (1)、(2)、(3) を分析する過程で、重要な社会言語学的トピックに関しても論じる。そこには、会話分析、敬語現象、コードスイッチング、多言語使用に関連する理論的問題が含まれる。

なおバリ語には大きく 2 つの方言、つまり平地方言（バリ・ダタラン方言）と山地方言（バリ・アガ方言）が認められるが（Denes *et al.* 1982, Bawa 1983, Clynes 1995)、本書で扱うバリ語は平地方言である。平地方言は、州都デンパサールを含むバリ島平地部で主に話され、圧倒的に話者数が多い。この方言はバリ語学において標準方言とされ、バリ語の文法書、辞書、教科書は平地方言に基づいている。一方、山地方言は、未開発の山村部で話され、話者数は非常に少ない。言語構造については、これら 2 つの方言は、語彙の変異に加えて、音韻論、敬語体系とそれに関与する語彙の 3 つの点から分類することができる（Bawa 1983）。特に、3 つめの点は、先に述べた本書の議論の範囲に直接関連する。すなわち、本書で対象とする平地方言は敬語語彙の交替による敬語法が発達しているが、山地方言は敬語語彙をもたず、敬語体系が存在しない。平地方言と山地方言のいずれの話者による会話にもバリ語とインドネシア語のコード混在が認められるが、本書では、バリ語の優勢方言といえる平地方言とインドネシア語のコード混在を対象とする。したがって、分析対象のバリ語話者はバリ語平地方言話者であり、収集した会話資料に認められるバリ語は平地方言である。以下、特筆しない限り「バリ語」と記す場合は、バリ語平地方言のことを指す。

第 1 章 序　論

　本章の残り部分の構成は次の通りである。まず、1.2 節では、バリ言語社会の多言語使用を巨視的に理解するために、1995 年のセンサス調査の分析に基づき、バリではどのようなタイプの話者がどれほどの割合で存在するかを推測し、さらに地域別、世代別の考察も行う。次に、1.3 節では、バリ社会に認められるバリ語とインドネシア語のダイグロシア（2 言語変種使い分け）について述べる。また、そのダイグロシアをふまえながら、Fishman (1991) による Graded Intergenerational Disruption Scale (GIDS) を用いて、バリ語の社会言語学的な状況を評価する。1.4 節は、1.3 節で考察した言語使用領域によるバリ語とインドネシア語の使い分け（ダイグロシア）と別に、言語使用領域を越えて、言語単位（会話、ターン、文、節、句、語）の内部で頻繁に観察される 2 言語の混在現象を、本書ではコードスイッチングではなく、コード混在と呼ぶ理由を述べる。次いで、1.5 節では、形態統語規則がきわめて類似するバリ語とインドネシア語の間にmutual intelligibility（相互理解度）があるかどうかを、私の現地調査での観察とインフォーマントによるコメントから明らかにする。そして、1.6 節では、敬語語彙を含むバリ語語彙に焦点を当て、語彙の内部構造を記述する。これは、次章で行うバリ語語彙とインドネシア語語彙の共通性・対応関係の考察および第 5 章のバリ語敬語使用と BI コード混在の相互作用に関する分析に不可欠な情報である。次に、1.7 節では、本書で扱うデータの収集を行った現地調査の概要を記す。最後に 1.8 節では、本書の全体の構成について述べる。

1.2　バリ言語社会の構成[1]

　本節では、1995 年にインドネシア共和国全土で実施された中間人口センサス調査（Survei Penduduk Antar Sensus 1995）[2] の集計結果をもとに、バリ社会を構成する主な話者のタイプとその構成比を考察する。話者タイプの構成を観察することで、バリ社会ではバリ語を第 1 言語とし、第 2 言語ではあるがインドネシア語をバリ語同様に、日常的に話す 2 言語話者が大

多数であるという社会の実態が、センサスにどのように反映しているかが読みとれるはずである。

1.2.1 バリ言語社会の話者のタイプ

以下にあげるグラフは、上記のセンサスを刊行した*Penduduk Indonesia* 1995にあげられている数字から筆者が作成したものである。バリ語とインドネシア語以外の言語は、「その他」としてまとめてある。このセンサス調査では方言差は問われていない。

バリ州の5歳以上の全人口（2,464,107人）のうち、「日常生活で用いる言語」がバリ語である人口は、2,378,794人（*Penduduk Indonesia* 1995）である。図1.1は、バリ州の5歳以上の全人口の「日常生活で用いる言語」の内訳とその人口比を表したものである。このグラフから明らかなように、「日常生活で用いる言語」がバリ語であると意識する人口の割合は90％と圧倒的に高い。

図1.2は、「日常生活で用いる言語」が「インドネシア語以外の言語」（つまり、図1.1の「バリ語」と「その他」を合わせたもの）の内訳を「インドネシア語を話すことができるか否か」という違いで示したものである。

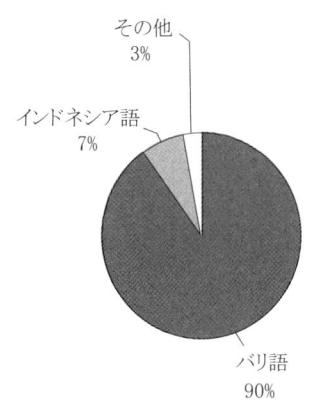

図1.1 バリ州住民（5歳以上）の日常使用言語比率
（*Penduduk Indonesia* 1995より筆者が作成）

第 1 章　序　論

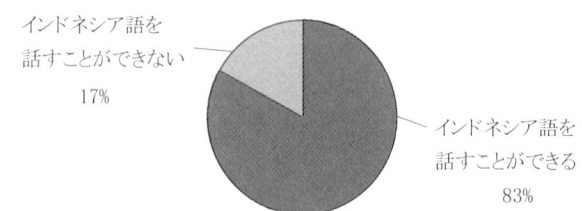

図 1.2　日常使用言語が「インドネシア語以外の言語」で、さらに
「インドネシア語を話すことができる」バリ州住民の割合
(*Penduduk Indonesia* 1995 より筆者が作成)

このグラフから、「日常生活で用いる言語」が「インドネシア語以外の言語」(そのうちバリ語は 90% を占める) である人々の多くが、インドネシア語を話すことができると意識していると推測される[3]。

これらの数値から、バリ言語社会 (ただし 5 歳以上) は、大まかに次の 4 タイプの話者から構成されていると推測することができる。すなわち、

(1) バリ語を日常使用言語とし、さらにインドネシア語を話すことができる 2 言語話者

(2) バリ語を日常使用言語とし、インドネシア語を話すことができない単一言語話者

(3) インドネシア語を日常使用言語とし、さらにバリ語を話す 2 言語話者[4]

(4) インドネシア語を日常使用言語として話す単一言語話者

の 4 タイプである。そのうち、(1) のタイプの話者が、バリ言語社会の大多数を占めていると推測できる。また、(1) のタイプはバリ言語社会の大多数ではあるが、(2) のインドネシア語を話すことができない話者が一部存在することも注意すべき点である。

1.2.2　地域別 (村落部と都市部) の 2 言語使用

前項では、バリ州全体を見てきたが、「日常生活で用いる言語」とその人口に関する統計調査結果は、地域別 (村落部と都市部)[5] に集計されている。この集計結果から、村落部と都市部の間には、バリ語とインドネシア

語の 2 言語使用に関する意識についてどのような違いがあるのかを見てみよう。

図 1.3 は、バリ州住民（5 歳以上）の村落部と都市部のそれぞれにおける「日常生活で用いる言語」の割合を対比させたもの（つまり図 1.1 を村落部と都市部に分けて表したもの）である。このグラフから、村落部は都市部にくらべて、バリ語を日常使用言語として選ぶ割合が高い（97％対 76％）が、都市部においても日常使用言語としてバリ語を選ぶ割合は十分高いことがわかる。したがって、地域の違いにかかわらず、バリ州においては、バリ語は日常使用言語として意識されていると言うことができる。一方、日常使用言語として選ばれるインドネシア語に関しては、都市部は村落部にくらべて割合が高い（18％対 1％）と言える。では、次に問題となるのが、村落部ではインドネシア語は話されないのかということである。

図 1.4 は、図 1.3 の「日常生活で用いる言語」が「インドネシア語以外の言語」で、さらに「インドネシア語を話すことができる」人口の割合を示したものである。図 1.4 から、「日常生活で用いる言語」が「インドネシア語以外の言語」で、さらに「インドネシア語を話すことができる」と意識する人の割合は、村落部は都市部にくらべると低い（79％対 91％）が、村落部においても「インドネシア語以外の言語」の他に「インドネシア語を話すことができる」と意識している住民の割合は決して低いとは言えない。すなわち、村落部でも、日常であまり用いないが、インドネシア語を

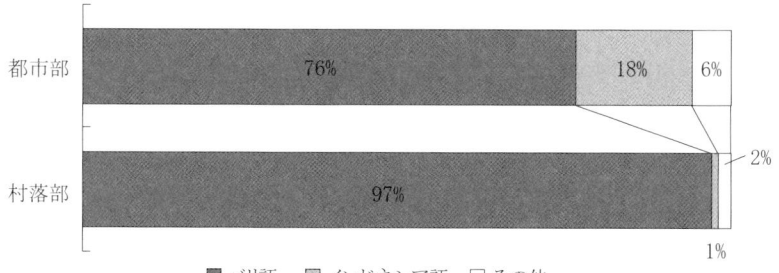

図 1.3　地域別のバリ州住民（5 歳以上）の日常使用言語比率
（*Penduduk Indonesia* 1995 より筆者が作成）

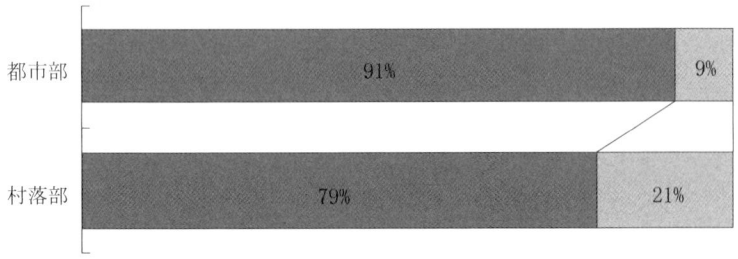

図 1.4 地域別にみた日常使用言語が「インドネシア語以外の言語」で、さらに「インドネシア語を話すことができる」人口の割合
(*Penduduk Indonesia* 1995 より筆者が作成)

話すことができる人は圧倒的多数であるということを示唆している。

以上のように図 1.3 と図 1.4 に基づいて、バリ言語社会を地域別に比較・考察することによって、バリ言語社会の 2 言語使用について次のように推測することができる。すなわち、都市部と村落部のいずれにおいてもバリ州では上述のタイプ (1)、つまり日常使用言語としてバリ語を用い、さらにインドネシア語を話すことができると意識する 2 言語話者が大多数を占めている。その反面、一部ではあるが、タイプ (2)、(3)、(4) の話者も存在する。タイプ (2) の話者、つまりバリ語を日常使用言語とする単一言語話者は、とくに村落部に存在すると推測される。タイプ (3) の話者、つまりインドネシア語を日常使用言語としバリ語も話すと意識する 2 言語話者、そしてタイプ (4) の話者、つまりインドネシア語を日常使用言語と意識する単一言語話者は、とくに都市部に見られることが推測される。

1.2.3　世代別の 2 言語使用

では、1.2.1 項で見たバリ州全体の言語社会の話者タイプは世代によってどのように比率が異なっているのだろうか。図 1.5 は、世代別の「日常生活に用いる言語」の人口比を示したものである。ただし、世代別の集計結果では、「日常生活に用いる言語」は、「インドネシア語」と「インドネ

シア語以外」の2つに分けられているだけであり、「インドネシア語以外の言語」の内訳と話者数は不明である。したがって、以下の考察では、バリ州全体の集計結果をふまえ、どの世代においても「インドネシア語以外の言語」のうち、バリ語は90％を占めていると仮定する。

図1.5から、バリ州においては、「50歳以上」の世代を除き、日常使用言語が「インドネシア語以外の言語」（バリ語が90％）であり、さらに「インドネシア語を話すことができる」と意識する人口の割合が大多数を占めていることがわかる。

「50歳以上」の世代は、「日常生活で用いる言語」が「インドネシア語以外の言語」でさらに「インドネシア語を話すことができない」と意識する人口の割合が46％と高い。すなわち、「50歳以上」の世代では、日常生活でバリ語を用いるが、インドネシア語は話すことができない人々が半数近くを占める。なぜ「50歳以上」の世代はそのような比率を示すのだろうか。この疑問に答えるには、「50歳以上」の世代がどのような特徴をもつ世代であるのかを考慮する必要がある。

「50歳以上」の世代は、インドネシア共和国の独立宣言（1945年）以前

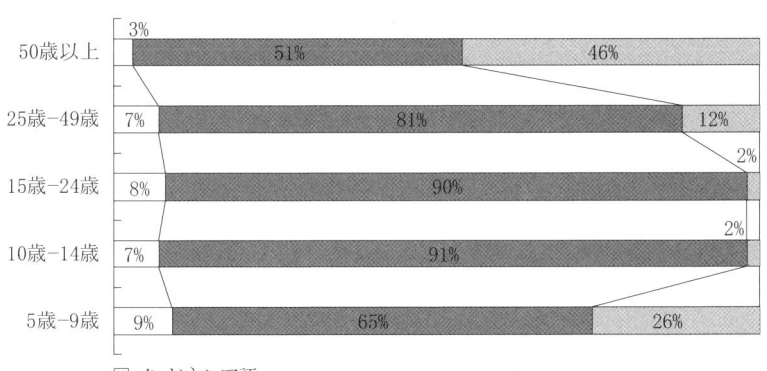

□ インドネシア語
■ インドネシア語以外の言語（インドネシア語を話すことができる）
■ インドネシア語以外の言語（インドネシア語を話すことができない）

図1.5　世代別のバリ州住民の日常使用言語比率
　　　（*Penduduk Indonesia* 1995より筆者が作成）

に生まれた人々であり、学校教育では「国語」としてのインドネシア語教育を受けていない[6]。そのため、この世代では、インドネシア語を話すことができないと回答する人々の割合が高いのであろう。一方、「国語」としてのインドネシア語教育を受けた世代ほど、インドネシア語習得度が高いと推測される。インドネシア語の国語教育が受けられるようになった年齢層である49歳以下の人々[7]では、「インドネシア語を話すことができない」と回答する割合が急激に落ちている。「25歳-49歳」では12%であり、続く「15歳-24歳」の年齢層ではさらに低くなる（2%）。

また、「50歳以上」の世代ほどではないが、「5歳-9歳」の年齢層においても、「日常生活で用いる言語」が「インドネシア語以外の言語」でさらに「インドネシア語を話すことができない」と意識する人口の割合が目立つ（26%）。この数値は、小学校就学前から小学校低学年にかけての年齢では、インドネシア語をまだ十分に習得していないことを反映しているだろう。つまり、インドネシア語は、普段の家族・友人などとの会話といったインフォーマルな場でも実践的学習が行われるが、典型的には学校教育で学習する言語である側面を強くもつことを反映していると考えられる。その意味で、国語であるインドネシア語を学校で2・3年間から6・7年間すでに学んでいるはずの小学3・4年生から中学生に相当する「10歳-14歳」の年齢層では、「日常生活で用いる言語」が「インドネシア語以外の言語」でさらに「インドネシア語を話すことができない」と意識する人口の割合が2%と格段と低くなっていることは示唆的である。

以上、バリ言語社会は世代によってどのような話者タイプの比率を示すかをセンサスから読みとる試みをした。その結果、「50歳以上」の老年層と「5歳-9歳」の幼年層を除けば、バリ言語社会はタイプ（1）の話者、つまりバリ語を日常使用言語とし、インドネシア語をさらに話すことができると意識する2言語話者が大多数を占めていると推測できる。「50歳以上」の老年層と「5歳-9歳」の幼年層においては、タイプ（2）の話者、つまりバリ語を日常使用言語とし、インドネシア語を話すことができないと意識するバリ語の単一言語話者の割合が高いと推測される。その割合の

高さは、インドネシア語が学校で学ぶことで高度な習得がなされる学習言語であることを示している。すなわち、センサスに示された言語意識から判断する限り、「50歳以上」の老年層は、国語としてのインドネシア語教育を受けていないために、「5歳-9歳」の幼年層は、学校でまだインドネシア語を十分学んでいないために、インドネシア語を話すことができないと推測することができる。

1.3　バリ語とインドネシア語の果たす領域

　前節で、センサス調査結果の分析によって、バリはバリ語を日常使用言語とし、さらにインドネシア語を話すことができると意識する2言語話者が大多数を占めている社会であると推測した。ここでは、そのようなバリ社会でダイグロシア（diglossia、2言語変種使い分け）が認められるかどうかという問題を扱おう。すなわち、バリ語とインドネシア語の2言語の領域による使い分けが、どの程度社会的に慣習化されているか、そしてどの程度制度的に支持されているかを考察する。

　ダイグロシアという概念は、もともとFerguson（1959）が用いたものだが、後にFishman（1967）は、それとはやや異なる拡大した定義で用いている。しかしながら、本書の議論にとっては、両者の定義の差は問題ではなく、両者に共通する次のようなダイグロシアの特徴が本質的である。いずれの解釈においても、ダイグロシアが観察される社会では、それぞれの言語（変種）が高位（high, Hと略す）な機能を果たすH変種と、低位（low, Lと略す）な機能を果たすL変種とにはっきり分かれていることが必須な特徴とされる[8]。前者は公的な場である役所や学校といったいわゆるフォーマル（公的）な言語使用領域で用いられる変種であり、後者は家庭内や友人間のくだけた会話などインフォーマル（非公的）な言語使用領域で用いられる変種であることが多い。

　以下では、憲法および地方行政でバリ語がどのように扱われているか概観し、さらにバリ現地滞在の間に得られた筆者の観察およびインフォーマ

ント(情報提供者)のコメントの分析から、バリ社会においてバリ語とインドネシア語がどのような言語使用領域で使い分けられるかを記述する。本節の内容は、節の最後で行う、Graded Intergenerational Disruption Scale (Fishman 1991) に基づくバリ語の社会言語学的な状況の評価に関連する。

1.3.1 インドネシア語が選ばれる言語使用領域
  (学校教育、行政、職場、マス・メディア)

現行のインドネシア共和国憲法36条では、「国語(Bahasa Negara)は、インドネシア語(Bahasa Indonesia)とする」[9]と定められ、インドネシア語は役所や学校教育など公的な場で用いられている。インドネシアでは、インドネシア語の他に、民族集団によりそれぞれ異なった母語が日常的に話されている。それらは、インドネシア語でBahasa Daerah(地方語)と呼ばれる。Nababan(1982:6)によると、Lembaga Bahasa Nasional(1972)のインドネシア言語地図には418言語が記されている。また、Gordon(2005)によると、インドネシア共和国内に存在する言語は742言語である。地方語の法的な扱いに関しては、2002年の憲法改正時に変化があった。2002年までは、憲法36条の補足に、「その住民により良好に維持されている固有の言語を有する地方においては、それらの言語は国家により尊重され、維持される(訳:石井(1993)による)」[10]と記されていた。このように補足での記述であったものが、2002年の憲法改正によって、条項で明記されることになった。すなわち、憲法32条で「国家は、国民文化の資産として地方語を尊重し、保護する(訳:原による)」[11]と記されている。また、2003年に改正された国民教育体系法では、カリキュラムを規定する条項である37条補足において、言語学習の対象範囲にはインドネシア語だけでなく、地方語も含まれることが、新たに明記された。

このような法的な保護は、学校教育に顕著に反映され、いくつかの地方語が「地方語」という科目として小・中・高校で教えられている。バリ州は「その住民により良好に維持されている固有の言語を有する地方」であると行政的に認められ、バリ語が「その住民により良好に維持されている

「固有の言語」に相当する（たとえば1992年バリ語、バリ文字、バリ文学に関するバリ州条例第3号)[12]。こうして、バリ州では、バリ語が小・中・高校で地方語として教えられている。また、「地方語は、教育を受け始めた初期段階で、一定の知識や技能を伝達する上で必要とされる場合は、教授言語として用いることができる（訳：原による)」（2003年国民教育体系法第20号33条)[13]。したがって、バリでは小学校低学年の授業で教授言語であるインドネシア語をまだ理解できない場合、バリ語を用いることが認められることになる。

また、先に述べたように、行政機関では、基本的には書類を含めすべての業務がインドネシア語でなされることになっているが、バリ語が積極的に使われることもあるようだ。教育文化省の職員であったインフォーマントによると、とくに宗教・文化にかかわる業務や催しで村落に入ったり、そこでのスピーチ・演説などを行ったりする場合、インドネシア語よりもバリ語を使うことが多い。

その他民間の職場では、私の観察および民間の会社（保険会社、スーパー、旅行会社、銀行）に勤めるインフォーマントによると、同僚・上司・取引先と業務について話す時や顧客に対応する時、インドネシア語が用いられることが多い。

マス・メディアに関しては、新聞、雑誌、テレビ、ラジオのすべてにおいてインドネシア語が用いられることがほとんどである。しかしながら、バリ語のマス・メディアにおける使用は、近年少しずつながら増えている。バリの地方ラジオ・テレビ放送、新聞、雑誌、バリの宗教・文学の分野の書籍が見られる（後述）。

先述したように、国語であるインドネシア語は教育・行政などフォーマルな場を中心に用いられる言語である。したがって、もちろん、インドネシア語の正書法が制定されており、現在では1972年に制定された完全インドネシア語綴字法（Ejaan Bahasa Indonesia Yang Disempurnakan）が普及している。一方、バリ語は読み書きする機会がインドネシア語より格段に少ない。正書法はバリ文字とローマ字の2種類が存在するが、いずれも使用

する機会は少ない。現在は、1974年に制定された完全バリ語ローマ字綴字法（Ejaan Bahasa Daerah Bali Yang Disempurnakan [Huruf Latin]）と完全バリ語バリ文字綴字法（Ejaan Bahasa Daerah Bali Yang Disempurnakan [Huruf Bali]）が存在する。私の知る限り、バリ語正書法による読み書きの機会があり、その能力をもつバリ人は、当然ながらバリ語教師、ヒンドゥー教聖職者、バリの文学や宗教の専門家がほとんどである。

1.3.2 バリ語が選ばれる言語使用領域 （家庭、隣人、友人、宗教・儀礼）

インドネシア語は主にフォーマル（公的）な言語使用領域で用いられるが、一方バリ語はインフォーマル（非公的）な言語使用領域で用いられる。まず、家庭、隣人、友人の領域、すなわち家族・親族や隣人、友人と身近な話題について話す時にはバリ語が選択される。これらの領域でのバリ語の優先的使用は、次のようなインフォーマントの複数のコメントから明らかである。つまり、それらの領域でインドネシア語を用いることについては、「よそよそしい感じがする」（インドネシア語で "rasanya tidak dekat/akrab"）、「生意気だと思われる」（インドネシア語で "dikira sombong"）などのコメントがなされる。

次に、宗教・儀礼の領域、すなわちバリ人のほとんどが信奉するヒンドゥー教[14]に基づく宗教儀礼・通過儀礼の場において最高司祭（プダンダ、Pedanda）と儀礼の進行などについて話す時には、一貫してバリ語が用いられることが観察される。この領域ではとくに、「正しい」（バリ語では "becik"、インドネシア語では "baik/benar"）バリ語の敬語使用が期待されるようである。たとえば、若い世代のインフォーマントの中には、この領域でバリ語を使う際に、「正しくバリ語の敬語を話す自信がないから、プダンダと話すことは恥ずかしい」とコメントする人もいた。恥ずかしくない一人前のバリ人たるためには、バリ語の敬語法の運用能力が重要であるという見解は、このコメント以外にも調査中に複数のバリ人から聞いた。

また、前項で述べたように、バリ語がマス・メディアで用いられる機会は、

インドネシア語に比べればはるかに少ないが、近年増えている。バリのラジオ・テレビ放送局ではほとんどの番組はインドネシア語を用いて放送されるが、バリ語を主に用いる番組がいくつか見受けられる（民間テレビ局のバリ・テレビ：Bali TV、国営テレビ局デンパサール支局：TVRI Denpasar、国営ラジオ局デンパサール支局：RRI Denpasarで）。これらのメディアでは、主にバリ語ニュース、伝統的なバリ語詩歌や芸能などに関する番組が放送される。出版物では、バリ語の新聞・雑誌はそれぞれ1紙（通常インドネシア語によるバリ・ポスト紙：*Bali Post*の日曜版でのバリ語紙面バリ・オルティ：*Bali Orti*）、2誌（チャナン・サリ：*Canang Sari*、ブラット・ワンギ：*Burat Wangi*）が出版されている。バリ・オルティでは、バリの文化・宗教についての評論、近代バリ語文学（詩、小説）などが主に掲載されている。チャナン・サリとブラット・ワンギの2誌は文学雑誌であり、近代バリ文学（詩、小説）が中心的である。また、分野はヒンドゥー教、伝統的詩歌や近代詩・小説などの文学に限られ、数も少ないものの、バリ語で書かれた書籍も存在する。

　以上2言語が使用される言語使用領域を概観した結果、インドネシア語は行政や学校教育、マス・メディアなどの公的な領域で用いられ、バリ語は家庭、友人など非公的な領域およびヒンドゥー教儀礼の場でもっぱら用いられ、2言語の果たす機能が相異なっていることがわかった。したがって、バリ現代社会は、インドネシア語がH変種で、バリ語がL変種のダイグロシアが認められる社会であると言い表すことができるだろう（バリ現代社会に対して、バリ伝統社会の強力な名残とも言うべきヒンドゥー教の儀礼の場は、ここでは「公的」言語使用領域に該当しないことに注意）。つまり、たとえば、学校や職場で成功をおさめるには、読み書きを含めてインドネシア語の能力が必須であるが、バリ人に期待される家族・隣人・友人との関係における正常で円滑な言語生活を送るためにはバリ語が必須となる。

　このように、バリ社会で生活するためには、両言語の十分な能力が必要であるが、とりわけバリ語の会話能力は「普通のバリ人」「一人前の恥ずか

しくないバリ人」であることの必須条件であり、バリ社会での評価に大きく影響する。バリ語が選択されるのは、インフォーマルな家庭・隣人・友人といった日常的な言語使用領域だけでなく、バリの伝統的文脈でのフォーマルな場と言える宗教・儀礼の言語使用領域でも顕著である。先にあげたインフォーマントのコメントに示されるように、とくにバリ社会において非常に重要とされている宗教・儀礼の領域では、敬語を含めバリ語を正しく運用できることが周囲の尊敬を集め、逆にバリ語を話すことができないのは恥じるべきことと捉えられているようである。

したがって、バリ社会の規範、つまりバリ人としての規範という点からすると、バリ語は、その運用能力が"一人前の"バリ人に期待される言語として、インドネシア語にくらべて"優勢"であると言える。また、前節で示した第1言語（母語）としての話者数の側面においても、バリ語は"優勢"であった。バリ社会において、バリ語は、話者数の上でも、また言語意識においても、インドネシア語に比べて「優勢言語」と位置づけることができるだろう。

1.3.3 バリ語の維持レベルの評価

では、最後に、多言語社会における言語の社会言語学的な状況を計る尺度として用いられるGIDS（Graded Intergenerational Disruption Scale、世代間言語崩壊度）(Fishman 1991) に基づき、バリ語はどのような段階にあるのか評価してみよう。

Fishman (1991) は、多言語社会において少数派の言語がどの程度危機的状況にあるかを判断するGIDSという8段階からなる尺度を提案している。この尺度では、数字が大きくなるにつれて当該言語の維持が危うくなる。表1.1は、GIDSのそれぞれの段階が、どのような社会言語学的な状況に相当するのかを略示したものである。表中の「X」と「Y」には、言語・民族の名称が入る。「X語（Xish）」はある社会において少数派の言語を指し、一方「Y語（Yish）」は行政的に用いられる言語を指す。ここでは、X語がバリ語、Y語がインドネシア語に該当する。

1.3 バリ語とインドネシア語の果たす領域

表 1.1　FishmanによるGIDS
「aタイプ」は、税金に頼らない民間レベルの教育を指す。「bタイプ」は、税金を用いる公的な教育を指す。(Fishman 1991に基づいて筆者が作成)

段階	社会言語学的状況
第8段階	X語使用者の生き残りのほとんどは、社会的に孤立した老人である。X語は彼らの口と記憶から再収集し、人口が多くない大人に教える必要がある。
第7段階	X語使用者のほとんどは、社会的に統合され、民族言語学的に活発な人々であるが、生殖可能年令を過ぎている。
第6段階	異なる世代の人々の間でインフォーマルな口述能力（oralcy）が達成され、その人口が増加する。さらに制度的な強化がともなう。
第5段階	X語の読み書き能力（literacy）が家庭、学校、共同体で習得されるが、共同体外の強化は受けていない。
第4段階	X語が義務教育法の要件を満たした低次の教育（aあるいはbタイプ）で教えられる。
第3段階	仕事の現場（X語が話される地域の近隣や共同体外の）でのX語の使用には、X人とY人のやりとりが含まれる。
第2段階	X語が、末端の行政サービスとマス・メディアで用いられるが、いずれの分野においても高次のレベルでは用いられない。
第1段階	教育、職業、行政、メディアの取り組みのより高次のレベルで、X語がいくらか使われる（しかし、政治的な独立によってもたらされる付加的な安全性はない）。

　GIDSに基づくと、バリ語の現状は、第5段階から第4段階にあると判断できる。まず、GIDSの第5段階では、「X語の読み書き能力が家庭、学校、共同体で習得されるが、共同体外での補強は受けていない」とされる。1.3.1項で述べたように、バリでは、小・中・高校の地方語の授業において、バリ文字とローマ字の2種類の正書法によるバリ語の読み書きを学習する。しかしながら、学校外の生活の中では、いずれの正書法でもバリ語の読み書きが必要な場面はほとんどなく、その能力は計りがたい。このように、バリ語の読み書きは、学習の機会は学校教育で用意されているが、実際に習得できているかどうか判断しがたいという意味で、バリ語は部分的に第5段階にあると言える。

　次に、第4段階は、「X語が義務教育法の要件を満たした低次の教育（タ

イプaあるいはタイプb）で教えられる」とされる。タイプaの教育とは、税金に頼らない民間レベルの教育を指す。タイプbの教育とは、税金を用いる公的な教育を指す。公立・私立を問わず、小・中・高校の授業で教えられるバリ語のケースは、タイプbに相当する。また、1.3.1項で述べたように、就学の初期段階では、教授言語であるインドネシア語が理解できない場合、かわりにバリ語を用いることが認められている。したがって、バリ語は、第4段階の条件を満たしていると言える。

では、第3段階はどうだろうか。第3段階は「仕事の現場（X語が話される地域の近隣や共同体外の）でのX語の使用には、X人とY人のやりとりが含まれる」とされる。この段階は、バリ社会に当てはめてみると、「仕事の現場（バリ語が話される地域の近隣や共同体外の）でのバリ語の使用には、バリ人とバリ人以外のインドネシア人のやりとりが含まれる」となる。1.3.1項で述べたが、仕事の現場においてバリ語が積極的に用いられることはある。しかし、それはバリ人との間であって、バリ人以外のインドネシア人とのやりとりは、ほぼインドネシア語が用いられる。バリでは、バリ人以外のインドネシア人のほとんどはバリ語を話すことができず、バリ人とはインドネシア語を用いる。したがって、バリ語は、第3段階までには到達してないと判断できる。

このようにGIDSに基づけば、バリ語は、第5段階の条件を完全には満たしているかどうかは判断しがたいが、第4段階の条件は十分に満たしており、第3段階には達してはいないと言える。Fishman（1991：92）は、言語が次世代に引き継がれるためには、第6段階が重要な段階であると述べている。この尺度でバリ語の社会言語学的な状況を評価した結果に基づけば、バリ語に言語シフトが起きる可能性は、今のところはないと言えるだろう。

1.4　コードスイッチングとコード混在

前節で考察したダイグロシアという現象は、ある言語社会において2つ

の言語（変種）が用いられるという点でコードの混在現象の1つと言える。それに対して、本書が中核的な研究テーマとして扱うコード混在とは、ダイグロシアのように言語使用領域の違いによって言語が使い分けられることが予測できる現象ではなく、言語使用領域の違いを越えて会話、会話のターン、文、節、句、単語という言語単位[15]の内部で2言語の要素が共起的に用いられる現象である。このような2言語混在現象は、一般的に「コードスイッチング（codeswitching, CS）」という概念で表され、考察されることが多いが、本書ではあえてこの用語の使用を避け、「コード混在」と呼ぶことにする。本節では、従来の異言語コード混在現象研究で用いられていた「コードスイッチング」という概念とその前提となる枠組みについて検討し、本書が取り扱うバリ語とインドネシア語の混在現象には、「コードスイッチング」よりも「コード混在」と称する方が理論的バイアスを避ける意味でより慎重な用語法だと判断される理由を述べる。

　これまでの2言語コード混在現象をコードスイッチングという枠組みを用いて形態統語論的な視点から扱った重要な研究には、(i) Poplack（1980）、(ii) Sridhar and Sridhar（1980）[16]、(iii) Joshi（1985）、(iv) Azuma（1993）、(v) Myers-Scotton（1993等）があげられる。以下では、まずはじめに、コードスイッチングという概念が含意する、ある言語から他の言語へという方向を理解するために、これらの研究のうち代表的であり、またコードの"スイッチ"という捉え方に理論的定義を明示的に与えているコードスイッチング理論であるMyers-ScottonによるMLFモデルを解説する。

　Myers-Scotton（1993）は、形態統語規則が異なる2言語の要素が混在する文（文内コードスイッチング）におけるコードスイッチングの分布の規則性に関して、MLFモデル（Matrix Language Frame Model）という1つの理論を提唱している。このモデルを支える根幹は、「基盤言語（Matrix Language）」（以下MLと略記）と「挿入言語（Embedded Language）」（以下ELと略記）の区別と内容形態素（content morpheme）と機能形態素（system morpheme）の区別である。MLFモデルによると、2言語話者が発するテクストには、2言語の要素が混在する部分（ML + EL constituents）と、それ

ぞれの言語の要素のみからなる部分（ML islandsあるいはEL islands）が存在する。前者の2言語の要素が混在する部分（ML + EL constituents）が、本書で取り扱う2言語混在現象の観察される部分に一致する。このML + EL constituentsにおいては、Myers-Scottonによると、MLとELが別々の非対称的な文法的な役割を担っているとされる。つまり、ML + EL constituentsでは、MLは形態統語規則（機能形態素をもとにしたフレーム）を担い、ELはそのフレームに内容形態素を挿入するという異なる役割を果たす。このモデルは、このような基準で、ML（基盤言語）とEL（挿入言語）を区別し、MLである言語からELである言語へという方向をスイッチングに認める。

　このように、これらの概念の設定は2言語の形態統語規則の違いに基づいており、MLとELの認定は、どちらの言語の形態統語規則が選択されるかという観察から判断される。Myers-Scotton（1993）の理論の提唱が基づく主要な言語の例は、スワヒリ語－英語であり、2言語の形態統語規則は類似していないので、MLとELのこのような規定に大きな問題は生じない。また、先にあげたコードスイッチング研究、（i）Poplack（1980）、（ii）Sridhar and Sridhar（1980）、（iii）Joshi（1985）、（iv）Azuma（1993）、（v）Myers-Scotton（1993等）が考察対象とする言語を見てみると、それぞれ（i）スペイン語－英語、（ii）カンナダ語－英語、（iii）ヒンディー語－英語、（iv）英語－日本語／マレー語など、いずれも言語の組み合わせは形態統語論が類似していないものばかりである[17]。

　それに対して、本書が対象とするバリ語とインドネシア語の混在現象の事例は、これまで考察されてきた2言語が非対称的な「コードスイッチング」現象とは大きく異なる。すなわち、バリ語とインドネシア語は、きわめて形態統語論が類似しており、形態統語規則の違いに基づくMLとELの区別を前提としたMLFモデルをそのまま適用することには困難を伴う。言い換えると、「スイッチング」という用語には、理論的バイアスがあり、バリ語・インドネシア語の事例にそのまま適用することは、この事例の特徴を考慮すると、慎重さに欠けると思われる。したがって、本書では、バリ

語からインドネシア語への「コードスイッチング」、あるいはインドネシア語からバリ語への「コードスイッチング」とは呼ばず、バリ語とインドネシア語の「コード混在（BIコード混在）」と呼ぶことにする。

　しかしながら、2言語が非対称的な役割を果たすMLFモデルにおけるコードスイッチングに対して、ここで用いるコード混在という用語は、必ずしも2言語が対称的に共起することを意味しているわけではない。第2章で改めて詳しく述べるが、本書では、バリ言語社会において典型的なタイプの非対称的BIコード混在テキスト、すなわち、バリ語要素がインドネシア語要素にくらべて優勢な会話テキストを分析対象として扱う。このタイプのテキストでは、要素数の面では、バリ語とインドネシア語は非対称的な関係にある。そして、この要素数におけるバリ語の優勢性は、1.3節で述べた、バリ語がインドネシア語にくらべて優勢な言語であるとするバリ社会の規範意識や言語使用領域における2言語の非対称性と平行的な関係にある。

　また、非常に限定的であるが、受身構文の形成に限っては、バリ語とインドネシア語の形態統語規則が明らかに異なっており、Myers-Scottonが提唱するMLとELを区別するMLFモデルを条件付きで適用する可能性が無いわけではない。受身構文は、MLとELを2言語の要素数の割合以外の方法で示すインディケーター（指標）の役割を果たすと解釈することができ、このインディケーターで見る限り、MLはバリ語に、ELはインドネシア語に該当することになる。この受身構文の問題に関しては、第4章で詳しく議論する。

　以上を要約すると、バリ語とインドネシア語の混在現象は、受身構文以外の形態統語規則ではMLFモデルにおけるMLとELを区別し難いために、用語の理論的バイアスを考慮して、本書ではコードスイッチングと呼ぶことを避け、コード混在という用語を用いる。ただし、コード混在は、2言語が必ずしも対称的であることを含意しない。むしろ、典型的と私が捉えるのは、バリ語優勢の「非対称的なコード混在」である。

第 1 章　序　論

1.5　バリ語とインドネシア語の相互理解性

　前節で、バリ語とインドネシア語は、受身構文を除いて形態統語規則がきわめて類似していることに触れた。また、第 2 章で記述する通り、基礎語彙に関して言うと、これら 2 言語は約 4 割の共通要素が認められる。さらに、本書では扱わないが、音韻論的にも 2 言語は多くの特徴を共有している（たとえば音素目録の同一性；語末の /a/, /ə/ を除く音素配列論の共通性）。これら文法と語彙、音韻論に見られる類似性・共通性は、2 言語間の相互理解を可能にしているだろうか。本節では、バリ語とインドネシア語の相互理解性（mutual intelligibility）について簡単に述べておこう。

　バリ語とインドネシア語は共にオーストロネシア語族インドネシア語派に属し、音韻論・形態論・統語論が類似し、共通の基礎語彙も少なくないが、端的に言うと、2 言語は相互に通じる（mutual intelligible）関係ではない。つまりバリ語をまったく知らないインドネシア人（インドネシア語の単一言語話者あるいはインドネシア語と他の地方語との 2 言語話者）にバリ語を聞かせてみると、バリ語を理解することができないという回答をする[18]。このことは、私の現地調査中の会話の観察からも裏付けられている。たとえば、バリの大学では、ジャワやスラウェシの出身者でインドネシア語の単一言語話者あるいはインドネシア語と他の地方語（ジャワ語やマカッサル語など）の 2 言語話者である学生は、バリ人の学生同士で行うバリ語を主とする会話は理解できず、加わることができない。また、複数のインフォーマントから、「どのようなときにインドネシア語を使うか？」という質問への答えの 1 つとして、「バリ人以外のインドネシア人と話すとき」という発言が得られた。さらに、その理由は「彼らはバリ語を理解できないから」というものであった。

　このように、バリ語とインドネシア語の間には相互理解性はないと判断することができる。したがって、BI コード混在は、相互理解不能な 2 言語の混在ということになる。

1.6　バリ語語彙の内部構造

　第2章以降の考察の準備として、本節ではバリ語の語彙（レキシコン）の内部構造についての要点を記述する。次章において本書が新たに提案する2つの理論的概念、「交替領域」と「非交替領域」の区別には、バリ語語彙とインドネシア語語彙の共通性と対応関係を理解することがどうしても必要になるからである。また、バリ語語彙の内部構造を把握しておくことは、第5章の議論にも不可欠である。

　バリ語語彙全体の構造を簡略的に図示したものが図1.6である。バリ語語彙は、敬語法にかかわる要素である「敬語語彙」と敬語法にかかわらない要素である「非敬語語彙」の2種類の語彙範疇からなる。ただし、ここで言う範疇とは文法範疇ではなく、敬語性にかかわる範疇を示す。

　まず、敬語語彙は、敬意性を欠く要素の「普通語類」と敬意性をもつ要素の「敬語類」の2つの語彙群に分類される。普通語類は普通語のみから成り立ち、敬語類は3つの敬語語彙のクラス（丁寧語・尊敬語・謙譲語）に分けられる。これらの敬語類の下位範疇である丁寧語・尊敬語・謙譲語は、同義語関係にある普通語類の語彙とセット（「敬語セット」（崎山・柴田 1992）と呼ぶ）を構成する。その敬語セットのタイプには、「普通語−丁寧語」「普通語−尊敬語」「普通語−尊敬語−謙譲語」の3つがある。こ

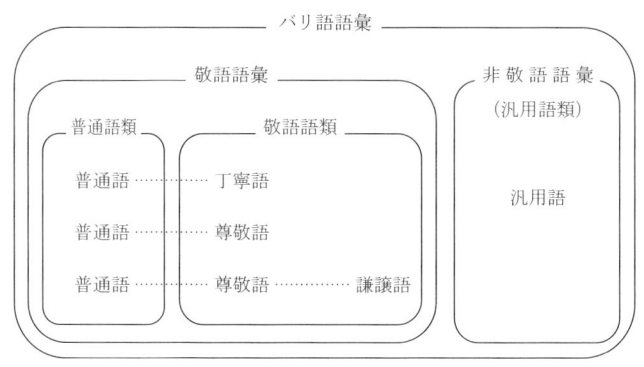

図1.6　バリ語語彙の内部構造

第 1 章　序　論

れに対して、敬語法にはかかわらない非敬語語彙である汎用語類[19]には敬語セットを構成するような敬語的対立をもつ同義語は含まれない。

　ここで用いている普通語・丁寧語・尊敬語・謙譲語という用語はそれぞれ2つの概念を表している。それは「敬語形」（形式）と「敬語機能」（内容）である。それぞれの「敬語形」が担う「敬語機能」は、上にあげた敬語セットのタイプによって異なる。3タイプの敬語セットの成員には、普通語および丁寧語、尊敬語、謙譲語の4つの「敬語形」が認められる。そして、これらの敬語形が果たす機能には、普通語機能、丁寧語機能、尊敬語機能、謙譲語機能の4つの敬語機能がある。それぞれの敬語セットのタイプによって、各敬語形がどの敬語機能を役割分担しているかを表1.2に照らし合わせながら例示していく。語例は、筆者自身が複数のバリ語母語話者から採集した資料に基づく。表記法は、1.3.1項で言及したバリ語ローマ字綴字法を用いる。なお、日本語訳は参考のための近似的訳である。

　「普通語－丁寧語」のタイプでは、普通語形ibiが普通語機能（昨日）を果たし、丁寧語形dibi（昨日）の敬語形が丁寧語機能を果たす。ただし、2つめの敬語セットの例 'teka-rauh' のように、敬語語彙が人の属性にかかわる動詞や名詞、形容詞の場合は、普通語形tekaが普通語機能（来る）のみを果たし、丁寧語形rauhひとつの敬語形が丁寧語機能（来ます）、尊敬語機

表1.2　敬語セットの敬語形と敬語機能

敬語形	敬語機能			
	普通語	丁寧語	尊敬語	謙譲語
普通語－丁寧語 ibi-dibi	昨日 ibi	昨日 dibi	—	—
普通語－丁寧語 teka-rauh	来る teka	来ます rauh	いらっしゃる rauh	参る rauh
普通語－尊敬語 gelem-sungkan	病気の gelem	—	ご病気の sungkan	病気の （自分or自分側） gelem
普通語－尊敬語－謙譲語 ia-dane-ipun	彼／彼女 ia	—	あの方 dane	あいつめ （自分側の第3者） ipun

24

能（いらっしゃる）、謙譲語機能（参る）の３つの機能を果たす。

「普通語－尊敬語」のタイプでは、普通語形 gelem が普通語機能（病気の）と謙譲語機能（[自分もしくは自分側が] 病気の）を果たし、尊敬語形 sungkan が尊敬語機能（ご病気の）を果たす。

「普通語－尊敬語－謙譲語」のタイプでは、普通語形 ia が普通語機能（彼／彼女）を、尊敬語形 dane[20] が尊敬語機能（あの方）を、謙譲語形 ipun が（[自分側の] あいつめ）を果たす。

節の最初に述べたように、上に解説した語彙の敬語的な諸範疇は、第２章と第５章の議論に直接関連する。

1.7　現地調査における会話収集

本書で扱う一次資料は、1998年11月から2000年7月にかけて通算6ヶ月間、インドネシア共和国バリ州の州都デンパサールを中心として断続的に行った現地調査の中で収集・記録した自然会話コーパスの一部である。6ヶ月間の調査の主な目的は、バリ社会、とくにデンパサールとその近郊における日常的な会話内で非常に頻繁に見られるバリ語とインドネシア語のコード混在（BIコード混在）が、いったいどのような現象なのかを考察するための基本的資料を収集・整備し、記述することであった。

会話資料の収集に先立ち、バリ人（32人）を対象とした面談調査を現地で行い、2言語のコード混在がどの領域で誰と話す時に頻繁に見られるかを把握した。この予備調査の結果は次の通りである。2言語のコード混在に関与することが予測される話者は、1.2節で考察した地域別・世代別に行ったバリ言語社会の構成に照らし合わせてみると、都市部に在住し、若年層から中年層に該当する世代の、バリ語を第１言語、インドネシア語を第２言語とする２言語話者である。そして近代社会的な職業に携わる場合が多い。また、２言語コード混在が起こりやすいと予測される言語使用領域は、1.3節のバリ語とインドネシア語のダイグロシアに関する考察で、バリ語が主に使われる領域としてあげた、家庭・友人・隣人などのインフォ

ーマル（非公的）な場である（宗教・儀礼の場における会話は含まない）。

　以上の面談調査の結果に基づいて、コード混在の観察に適切な話者と言語使用領域を選択し、録音による会話収集・記録を行った。どの会話も主な会話参加者は2人であり、少なくとも1人の話者に録音することを前もって知らせてある[21]。録音した会話は、インドネシア語を第2言語とするバリ語母語話者とともにテープ起こしを行い、分析した。テープ起こしを行った会話で、BIコード混在が認められたのは、96ケースあった。2.7節で、本書の第3章以降の分析に用いるコーパス作成のために、これらの会話のBIコード混在の程度をはかり、バリ語要素とインドネシア語要素が拮抗しているか、バリ語要素がより優勢である会話を認定する。

1.8　本章の要約

　本章を締めくくるにあたり、最後に、各節でおこなったことを要約し、ついで次章以降の構成について述べておこう。

　まず、1.2節では、インドネシア国勢調査の結果を分析し、バリではどのようなタイプの話者がどれほどの比率で存在するかを推測した。そしてその結果、バリ語を日常的に使用し、さらにインドネシア語を話すことができると意識する2言語話者が大多数を占めていることがわかった。次に、1.3節では、バリ語とインドネシア語の2言語話者が多数を占めるバリ社会では、概してインドネシア語がフォーマルな領域で選択されるH変種、バリ語がインフォーマルな領域で選択されるL変種のダイグロシアが認められることを述べた。そして、Fishman（1991）のGIDSに基づいて、バリ語は、言語シフトが起こる可能性のある段階の第6段階よりも、言語維持にとって2段階良好な第4段階にあると判定した。1.4節は、1.3節で考察した言語使用領域によるバリ語とインドネシア語の使い分け（ダイグロシア）と別に、1言語使用領域内における言語単位（具体的には、会話や文、節、句、語）の内部で頻繁に観察されるその2言語の混在現象を、この研究では、Myers-Scotton流の「コードスイッチング」ではなく、「コード混

在」（より厳密には、非対称的なコード混在）と呼ぶことにする理由を、形態統語論の類似性に基づいて述べた。次に、1.5節では、バリ語とインドネシア語は形態統語規則、音韻論がきわめて類似し、共通する語彙も少なくないものの、mutual intelligibility（相互理解性）は認められないことを、私の現地調査での観察とインフォーマントによるコメントに基づいて述べた。次いで、1.6節では、次章以降の考察に必要となるバリ語語彙体系の内部構造を記述した。バリ語語彙は、敬意性を欠く「普通語類」と敬意性をもつ「敬語類」の組み合わせから「敬語セット」をなす敬語法にかかわる敬語語彙と、敬語法に関連しない非敬語語彙「汎用語類」とに分類されることを示した。次に、1.7節では、本研究が扱う一次資料の収集を行った現地調査について述べた。

　最後に、本書の次章以降の各章で何を扱い考察するのかを述べておく。

　まず、第2章では、バリ語とインドネシア語のコード混在（BIコード混在）を記述するための枠組みを提案する。BIコード混在のテキストの構造的な特徴を捉えるために、「交替領域」と「非交替領域」という新しい概念を導入し、入れ子構造を括弧で示す表示法を新たに用いながら、2言語コード混在が見られる文の階層的内部構造を明らかにする。そして、収集した会話のコード混在の度合いをはかり、混在の度合いが2言語間で拮抗している会話およびバリ語がインドネシア語に比べて優勢な会話を認定し、それらを第3章以降で分析に用いるコーパスとする。

　第3章では、第2章で提案したBIコード混在の記述の枠組みを用いて、バリ語母語話者がおこなう会話に見られる文内（センテンス内部）のBIコード混在の一次資料を詳細に記述しながら、その事例を統語論的に分類し、統語構造とBIコード混在の分布的関係を考察する。文の構成要素のいずれにBIコード交替が起きているかを観察・分析し、原（2000）、原（2001）、原（2002）で行った一般化の有効性を改めて検証し、解釈を再検討する。統語論的なアプローチの他に、さらに、統語構造を越えた談話構造的な視点も取り入れる。その際、従来のコードスイッチング理論を、BIコード混在の事例の分析結果によって、より発展させる可能性を探る。

第 1 章　序　論

　第 4 章では、理論的な問題を含むトピックである、受身構文が関与するBIコード混在を扱う。受身構文は、バリ語とインドネシア語の間で例外的に形態統語規則の異なる文法領域である。この受身構文を含むBIコード混在文を対象に、どちらの言語をML（基盤言語）とするコードスイッチングが認められるかを探り、受身構文が含まれるBIコード混在文は、MLFモデルによって、文内BIコード「スイッチング」と再解釈されうるという可能性を示す。そして、ここで行う観察結果の理論的含意について論じる。

　第 5 章では、前章までの統語構造的アプローチではなく、バリ語は敬語体系をもち、インドネシア語はそれをもたないという語彙構造の違いに注目する。その視点から、2 言語のコード混在と敬語使用の相互作用を考察し、原（1999）で提案した、2 言語のコード混在の見られる会話においてインドネシア語コードを用いることが一種の敬語的機能を果たしているのではないかという解釈を再検討し、さらにその解釈を発展させる。また、会話構造や敬語現象に関する理論的な問題にも言及する。

　最後に、第 6 章では、本書の議論を総括した上で、本書では扱わなかったもう 1 つの"非典型的"と私がみなす非対称的BIコード混在の資料を質的に観察する予備調査の結果について触れる。BIコード混在の新しい語用（pragmatics）の発生を示唆するという意味で、注目すべき現象を指摘する。

注

1) 本節は、原（1999）の一部分を改訂したものである。
2) 次の 2000 年以降の人口センサス調査では言語にかかわる質問項目はない。したがって、本書執筆時で利用可能であった、言語使用にかかわる最新センサス資料は、この 1995 年調査の結果である。
3) インドネシア語については「話すことができるかどうか」という質問であるが、バリ語については「日常生活で用いるかどうか」という質問である。このように、質問の内容は完全には一致していないため、2 言語の能力の程度に関する意識を厳密に正しく比較することはできない。
4) 「日常生活で使用する言語」がインドネシア語である人々の中には、さらにインドネシア語以外の言語を話す 2 言語話者が含まれているはずであるが、センサス調査の集計結果からその割合はわからない。
5) 村落部と都市部の分類の基準は、住民所得、農家の割合、学校・市場・病院・舗装道路・電気などの都市設備から計算された点数に基づく（*Penduduk Indonesia* 1995: xxvi）。
6) バリでは、インドネシア共和国独立宣言以前の学校教育においても、まだ国家語ではなか

ったが、インドネシア語（ムラユ語）の教育は行われていた（Putra Agung and Musta 1991）。
7) もちろん、1945 年に独立が宣言されたとはいえ、1949 年の事実上の独立までの混乱期は、学校教育が十分になされたとは言い難い。
8) High と Low の用語の日本語訳である「高位」と「低位」は、トラッドギル（1975: 132、土田訳）による。
9) 原文は次の通りである。Bahasa Negara ialah Bahasa Indonesia.
10) 原文は次の通りである。Di daerah-daerah yang mempunyai bahasa sendiri, yang dipelihara oleh rakyatnya dengan baik-baik（misalnya bahasa Jawa, Sunda, Madura, dan sebagainya）bahasa-bahasa itu akan dihormati dan dipelihara juga oleh Negara.
11) 原文は次の通りである。Negara menghormati dan memelihara bahasa daerah sebagai kekayaan budaya nasional.
12) Peraturan Daerah Propinsi Daerah Tingkat I Bali Nomor 3 Tahun 1992 tentang Bahasa, Aksara dan Sastra Bali. 2002 年の憲法改正後、このバリ州の地方自治体条例には変化が見られていない（2011 年 9 月現在）。
13) 原文は次の通りである。Bahasa daerah dapat digunakan sebagai bahasa pengantar dalam tahap awal pendidikan apabila diperlukan dalam penyampaian pengetahuan dan/atau keterampilan tertentu.
14) *Statistik Bali* 1993 によると、ヒンドゥー教徒はバリ州全人口の 93％を占める。
15) 言語単位とは、linguistic unit ではなく、speech unit の意味で使っている。したがって、文（センテンス）を超えるより大きな単位も含む。
16) この研究は、文内コードスイッチングを考察対象とし、それを code-mixing と呼んでいる。一方、文間コードスイッチングは、code-switching と呼ぶ。この研究で言う code-mixing は、host language と guest language を認めており、他の研究が呼ぶ「コードスイッチング」の概念に相当する。
17) もちろん、これらのうち、スペイン語と英語は、他の事例にくらべて、形態統語規則が比較的類似していると言えるかもしれない。しかし、Poplack（1980）はスペイン語と英語の事例に基づいて、形態統語論の違いを前提とした Equivalence Constraint 規則の設定に成功している。
18) バリ語話者のほとんどはインドネシア語も話すバイリンガルであるため、バリ人を対象にバリ語とインドネシア語の相互理解性を確かめることはできない。
19) 崎山・柴田（1992）では「汎用詞」と呼ばれているが、ここでは用語の一貫性を保つために、普通語類・敬語類と平行させて「汎用語類」と呼ぶ。
20) 尊敬語の 3 人称には、dane「あの方」の他に、カーストがより上位の人に対して用いる ida「あのお方」がある。
21) 録音することを事前に知らせたことによって、BI コード混在現象に関して明らかに大きなバイアスを与えたと思われるような事例は除外した。

第2章
バリ語とインドネシア語のコード混在の記述の枠組み

2.1 はじめに

　前章で、本書で扱うバリ語とインドネシア語の2言語コードが混在する現象は「コードスイッチング」ではなく、「コード混在」と呼ぶ方が理論的バイアスを避ける、より中立的で慎重な用語法であるという指摘をした。本章では、このバリ語とインドネシア語のコード混在（BIコード混在）のテキストの構造的特徴をとらえるために、「交替領域」と「非交替領域」という新しい概念を導入する。この2つの領域の区別の導入によって、バリ語を母語とし、さらにインドネシア語も話すことができる2言語話者による会話テキストには、BIコード混在から見ると、どのような階層的構造が認められるかが明らかになる。

　本章の構成は以下の通りである。まず、はじめに、2.2節では、コード混在の起こる最小単位を同定し、それを典型例を用いて記述する。その際に上で述べた「交替領域」と「非交替領域」の概念が不可欠になる。次に2.3節では、BIコード混在を記述するための新しい表示法を導入しながら、文内におけるBIコード混在の度合いには変異（バリエーション）が認められることを例示する。続いて2.4節では、「交替領域」と「非交替領域」の

分布の分析から、実際の会話で観察された用例に触れながら、BIコード混在のテキストには3タイプの文[1]が存在するということを述べる。この2つの領域の性質を十分に理解するためには、バリ語語彙とインドネシア語語彙との間に認められる共通語彙の存在についての理解が不可欠になる。そこで、この共通語彙要素の具体的理解のために、2.5節では、基礎語彙リストを用いた2言語の語彙比較を行い、その入り組んだ共通性と対応関係から、どのような語彙要素が2領域の区別に関与するのかを敷衍的に述べる。2.6節では、非交替領域に該当する、バリ語とインドネシア語の間に見られる借用語の特徴について述べ、その性質上コード混在との区別が困難な場合があることを指摘する。次いで、2.7節では、本書の第3章以降で用いる会話のコーパス（言語データ資料）について述べる。コーパス作成に先立ち、収集した会話を対象に、まず各会話の交替領域と非交替領域を認定し、それぞれの領域内の要素数を明らかにする。そして両領域に認められる要素数に基づき、2言語のコード混在の度合いを計る。その結果、混在の度合いが2言語間で拮抗している会話およびバリ語がインドネシア語に比べて優勢な会話を判断し、それらをコーパスとする。最後に、2.8節では、2.7節で設定した本書で扱うコーパスに含まれる会話の"状況"、すなわち会話参加者の社会的属性、会話のなされている場、会話の話題に関する情報を要約して提示する。これらの情報によって、本書で扱う事例はすべて、BIコード混在が起こることが期待される会話であることを示す。そのうちカーストについての情報は、第5章で展開するバリ語の敬語使用とBIコード混在の相互作用の考察に直接関連するものである。

2.2 BIコード混在の起こりうる単位

バリ語とインドネシア語の文内でのコード混在が起きる場合、その最小単位は一体何であろうか。文を構成する句であろうか。あるいは語であろうか。それともより小さい単位の形態素であろうか。本節ではこの問題とともに、BIコード混在文を構成する要素がどのような構造（階層構造）を

2.2 BIコード混在の起こりうる単位

もつかという問題を取り扱う。これらの問題に答えるためには、BIコード混在が起きるテキストの中に、2つの異なる領域を認めなくてはならない。すなわち2.1節で予告した「交替領域」と「非交替領域」と私が呼ぶ、新たに導入した2つの領域である。

BIコード混在が見られる文を広く収集し、内部構成要素を観察すると、

(i) 非共通バリ語要素（交替領域）
(ii) 非共通インドネシア語要素（交替領域）
(iii) バリ語＝インドネシア語共通要素（非交替領域）
(iv) バリ語＝インドネシア語借用的要素（非交替領域）

の4種類が認められる。このうち (i) と (ii) の要素が「交替領域」に該当し、(iii) と (iv) の要素が「非交替領域」に該当すると言える。つまり、バリ語の文はインドネシア語との要素交替が可能な領域とインドネシア語との要素交替が不可能な（つまり同じ要素からできている）領域とから構成される。(i) と (ii) に関して言うと、バリ語とインドネシア語が異なる形式をもつ語彙項目は、2言語間のコードの交替が可能な領域である。このような領域を本書では「交替領域」と呼ぶ。それに対して、(iii) はバリ語とインドネシア語が同一の形式をもつ語彙項目であり、交替の不可能な領域である。また、(iv) について言うと、バリ語あるいはインドネシア語での単純な語彙の入れ換えで翻訳が可能ではないような語彙項目がある。つまり、借用語およびいわば「準借用語」がそれにあたる。「準借用語」とは、バリ語あるいはインドネシア語に等価的要素がない語彙項目で、それをもう一方の言語では言い換え（パラフレーズ）的な翻訳しかできないもの、そして実際には当該語彙がそのまま借用語的に使われるもの（たとえばインドネシアの組織名）である。以上の (iii) と (iv) の要素が「非交替領域」に該当する。

図2.1は、BIコード混在という現象から見たBIコード混在文の階層構造を模式的に例示したものである。ここに示されている通り、文には3つの階層が認められる。最上位階層にあたる結節（node）には文が位置する。この文の結節が直接支配する1つ下の階層が、交替領域と非交替領域によ

第2章　バリ語とインドネシア語のコード混在の記述の枠組み

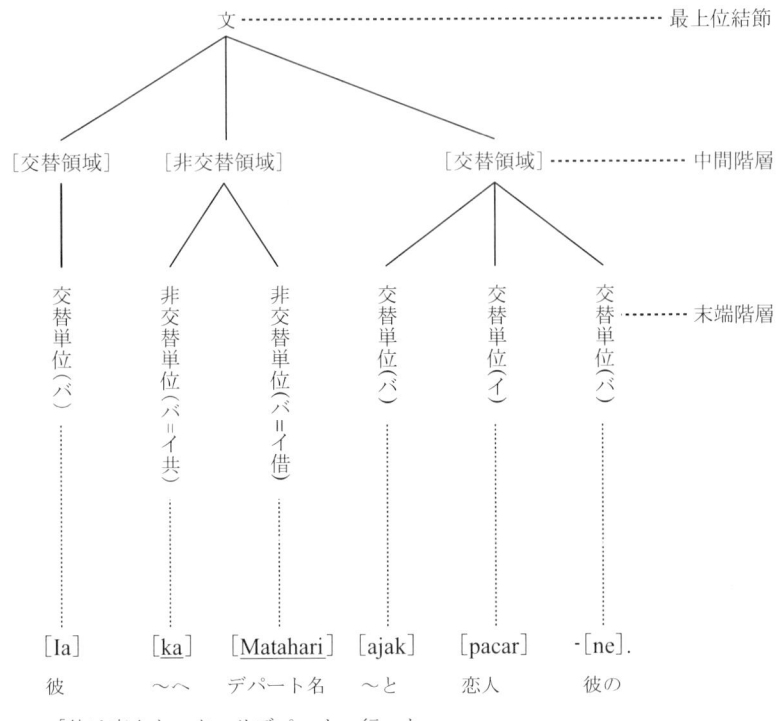

```
                            文 ·············································· 最上位結節
              ┌─────────────┼─────────────────────┐
         [交替領域]      [非交替領域]              [交替領域] ············ 中間階層
              │         ┌──────┴──────┐        ┌──────┼──────┐
           交替         非交替        非交替    交替   交替   交替 ········ 末端階層
           単位         単位          単位      単位   単位   単位
           (バ)        (バ＝イ共)    (バ＝イ借)  (バ)  (イ)   (バ)

          [Ia]          [ka]      [Matahari]   [ajak] [pacar] -[ne].
           彼           ～へ      デパート名    ～と   恋人    彼の
```

「彼は恋人とマタハリデパートへ行った。」

図2.1　BIコード混在から見た文の階層構造
バ：非共通バリ語要素
イ：非共通インドネシア語要素
バ＝イ共：バリ語＝インドネシア語共通要素
バ＝イ借：バリ語＝インドネシア語借用的要素
-neのハイフン：接辞が付加する場合の形態素の境界
下線：バリ語＝インドネシア語共通要素あるいはバリ語＝インドネシア語借用的要素

って構成される中間階層である。中間階層がその下に直接支配するのが末端階層であり、ここではそれぞれの領域にBIコード混在の最小単位が連続する。ここで、中間階層における2種類の領域とそれぞれが支配する末端階層における単位との対応関係に注意されたい。図示してある通り、交替領域は1つ以上の「交替単位」を支配する。交替単位には、上で述べた（i）非共通バリ語要素あるいは（ii）非共通インドネシア語要素が該当する。一

2.2 BIコード混在の起こりうる単位

方、非交替領域は、その下に「非交替単位」を支配する。非交替単位には、(iii) バリ語＝インドネシア語共通要素と (iv) バリ語＝インドネシア語借用的要素が該当する。

以上提案したBIコード混在の文の階層的内部構造を表すための諸概念を用い、具体例を示してみよう。図2.1の下末端に挿入されている6つの語彙要素によって形成されるBIコード混在文「彼は恋人とマタハリデパートへ行った」を見てほしい。この文で明らかな通り、表層のレベルにおいては、それぞれの構成要素が上述の (i) 非共通バリ語要素、(ii) 非共通インドネシア語要素、(iii) バリ語＝インドネシア語共通要素、(iv) バリ語＝インドネシア語借用的要素の4種類のどれかに該当する。いわば、それぞれの要素の言語的コードが実現している。この観点から見ると、この例文は図2.1にも示すように、

(i)	(iii)	(iv)	(i)	(ii)	(i)
バ	バ＝イ共	バ＝イ借	バ	イ	バ
[Ia]	[ka]	[Matahari]	[ajak]	[pacar]	-[ne].

という構成である。つまり、バリ語のia「彼」は (i)、バリ語とインドネシア語が同一形式であるka「～へ」[2]は (iii)、上述の「準借用語」に相当するインドネシア語のデパート名であるMatahari「マタハリデパート」は (iv)、バリ語のajak「～とともに」は (i)、インドネシア語のpacar「恋人」は (ii)、バリ語の-ne「彼の」は (i) に該当する。上述したように、(i) と (ii) に該当する要素は2言語間のコード交替が可能な領域（交替領域）であり、(iii) と (iv) に該当する要素は2言語間のコード交替が不可能な領域（非交替領域）である。したがって、図示する通り、(i) のiaは交替領域に支配され、(iii) のkaと (iv) のMatahariは非交替領域に支配され、(i) のajak、(ii) pacar、(i) の-neは交替領域に支配されている。この例では、これらの2種類の領域による3つの領域の連続が、文に支配され、直接構成素として中間階層を構成している。さらに、それぞれの領域は、そ

れぞれ末端階層に存在する1つ以上のBIコード混在の最小単位を直接支配する。末端階層における交替単位は中間階層の交替領域の直接構成素であり、非交替単位は非交替領域の直接構成素である。すなわち、1つめの領域である交替領域は1つの交替単位 ia を支配する。次の領域である非交替領域は2つの非交替単位 ka と Matahari を支配する。3つめの領域である交替領域は3つの交替単位 ajak, pacar, -ne を支配する。

　このような文内の2領域の分布は、当然のことながら、定義上2種類の領域が必ず交互に現れるという形をとる。この例においては、領域の分布は交替領域、非交替領域、交替領域という順で認められる。このように、文において同じ領域が隣接することはなく、常に交互に分布する。以上のことから明らかな通り、バリ語の文のすべての部分がコード交替に関与するのではない。文を構成する部分のうち、交替領域だけが潜在的にBIコード混在に関与することができるのである。このことは、BIコード混在の統語的な分布上の偏りを観測し、頻度を算出するに先立ち、必ず理解しておかねばならないことである（このような観測と算出は第3章で行う）。

　次に、文内のBIコード混在の最小単位は形態論的に、一体いかなる単位であるのかという問題を考えておこう。端的に言うと、問題は、「語」か「形態素」かである。もしも「語」が混在の最小単位だとすると、「語」内部におけるコードの混在は観察されないことになる。一方、もしも「形態素」がコード混在の最小単位であるとするならば、「語」内部におけるコード混在が予測される。たとえば、langsung ang「続ける」は、語幹 langsung と接辞 -ang の2つの形態素からなる1つの「語」を構成する。この「語」の1つめの形態素である語幹 langsung はインドネシア語コードであり、2つめの形態素である接辞 -ang はバリ語コードである。すなわち、この「語」の内部には、コード混在が観察される。この langsung-ang という「語」に見られるような語内部におけるコード混在は、本書の会話コーパスの中に多数確認されている。また、図2.1の例文に含まれる pacar-ne「彼の恋人」は、名詞 pacar に接辞 -ne が付加された名詞句である。語、かつ形態素である pacar はインドネシア語コード、形態素である -ne はバリ語コードであり、

句の内部にコード混在が認められる。このように、BIコード混在の最小単位は、「語」ではなく形態素であると結論づけることができる（詳しくは3.8節を参照）。

次いで、交替領域と非交替領域の形態論的な境界について重要な事実を指摘しておこう。これら2つの領域の境界は常に形態素の境界にあたる。そして、それは、(i) 語境界＝形態素境界の場合と、(ii) 語内部における形態素境界の場合がある。(i) の場合は、たとえば図2.1に示した例文のiaとkaの境界およびMatahariとajakの境界に見てとれる。これらは、いずれも領域の境界と語の境界と形態素の境界とが一致した例である。(ii) の場合について言うと、たとえば、ajah-in「教授する」という語は、この内部に2領域の境界が見られる。バリ語の語幹ajahは2言語の形式が異なる交替単位、すなわち交替領域であり、インドネシア語の等価的要素と交替し得る。一方、動詞接尾辞-inはバリ語とインドネシア語が同一形式である非交替単位、すなわち非交替領域である（ただし、インドネシア語では口語体にのみ現れる）。この例から明らかな通り、2つの領域の境界は語の境界と一致しないことがある。言い換えるならば、交替領域と非交替領域の境界は、複数の形態素からなる単一の語の内部に挿入されることがある（この現象の形式的（formal）表示の例は2.3節の例5を参照）。

上で、BIコード混在の最小単位は形態素であると述べた。おしまいに、交替領域内におけるバリ語とインドネシア語の対応する形態素の数についても触れておこう。交替領域において、対応する両言語の形態素は常に1対1となるとは限らない。インドネシア語のbesok「明日」という語を例にとろう。この語は、インドネシア語では1語かつ1形態素である。一方、これに対応するバリ語の等価的要素はbuin maniであり、この要素は2語かつ2形態素から構成される。つまり、「明日」という単語は、インドネシア語の1形態素にバリ語（普通語類）2形態素が対応している。このように、交替領域における両言語間の対応する形態素の数は同じであるとは限らない。

2.3 文内 BI コード混在の変異
── 新しい表示法の導入による記述

　本節では、上述の 2 種類の領域（交替領域と非交替領域）および 2 種類の単位（交替単位と非交替単位）をバリ語の文を例に認定し、交替領域が支配する交替単位を交替させることによって、文内における BI コード混在の度合いには変異（バリエーション）が認められることを示してみよう。図 2.1 では文の構成要素が相互にもつ階層的構造を樹形図で表示したが、同じ階層性を線状的に表現するために、本書ではこの樹形図による表示方法の他に、言語学で広く用いられる入れ子構造をもったラベル付き括弧を併用する。

　図 2.1 で示した末端階層の 2 種類の単位は、交替単位を $_{U1}$[ ]$_{U1}$ で括り、非交替単位を $_{U2}$[ ]$_{U2}$ で括って表す。また、中間階層における 2 種類の領域は、交替領域を $_{D1}$[ ]$_{D1}$ で括り、非交替領域を $_{D2}$[ ]$_{D2}$ で括って表す。表層レベルにおける言語コードの実現は、文字のスタイルで表す。つまり標準文字はバリ語要素を意味し、イタリックはインドネシア語要素を意味し、下線付き文字は非交替単位に該当する要素であることを意味する。さらに、接辞が付加される場合の形態素境界はハイフンで表す。

例 1：

$_{D1}$[$_{U1}$[Tiang]$_{U1}$　　$_{U1}$[tekcd]$_{U1}$]$_{D1}$　$_{D2}$[$_{U2}$[<u>di</u>]$_{U2}$]$_{D2}$　　$_{D1}$[$_{U1}$[umah]$_{U1}$-$_{U1}$[ne]$_{U1}$]$_{D1}$.
　　　　私　　　　　着く　　　　　〜に／で　　　　　　家 -his

「私は彼の家に着いた。」

　tiang「私」、teked「着く」、umah「家」、-ne「彼の」はインドネシア語の語彙目録に異なる語形が存在するバリ語要素である。すなわち、これら 4 つの単位はインドネシア語との交替が可能な交替領域に該当する。di「〜に／で」はインドネシア語との同源語 cognate であり、しかも同形である。すなわち、この語はインドネシア語との交替が不可能な非交替領域に該当する。この文は、交替領域、非交替領域、交替領域という順で 3 つの領域

2.3 文内BIコード混在の変異 — 新しい表示法の導入による記述

から構成される。1つめの交替領域は tiang, teked の2つの交替単位を支配する。次の交替領域は umah, -ne の2つの交替単位を支配する。交替領域がすべてバリ語要素から構成される文において交替領域を交替させた例をあげると以下のようになる。

例2：

(a) $_{D1}[_{U1}[\text{Tiang}]_{U1}$ $_{U1}[\text{teked}]_{U1}]_{D1}$ $_{D2}[_{U2}[\underline{\text{di}}]_{U2}]_{D2}$ $_{D1}[_{U1}[\text{umah}]_{U1}-_{U1}[\text{ne}]_{U1}]_{D1}$.
  ↕

(b) $_{D1}[_{U1}[\textit{Saya}]_{U1}$ $_{U1}[\text{teked}]_{U1}]_{D1}$ $_{D2}[_{U2}[\underline{\text{di}}]_{U2}]_{D2}$ $_{D1}[_{U1}[\text{umah}]_{U1}-_{U1}[\text{ne}]_{U1}]_{D1}$.
    ↕

(c) $_{D1}[_{U1}[\textit{Saya}]_{U1}$ $_{U1}[\textit{sampai}]_{U1}]_{D1}$ $_{D2}[_{U2}[\underline{\text{di}}]_{U2}]_{D2}$ $_{D1}[_{U1}[\text{umah}]_{U1}-_{U1}[\text{ne}]_{U1}]_{D1}$.
            ↕

(d) $_{D1}[_{U1}[\textit{Saya}]_{U1}$ $_{U1}[\textit{sampai}]_{U1}]_{D1}$ $_{D2}[_{U2}[\underline{\text{di}}]_{U2}]_{D2}$ $_{D1}[_{U1}[\textit{rumah}]_{U1}-_{U1}[\text{ne}]_{U1}]_{D1}$.
                ↕

(e) $_{D1}[_{U1}[\textit{Saya}]_{U1}$ $_{U1}[\textit{sampai}]_{U1}]_{D1}$ $_{D2}[_{U2}[\underline{\text{di}}]_{U2}]_{D2}$ $_{D1}[_{U1}[\textit{rumah}]_{U1}-_{U1}[\textit{nya}]_{U1}]_{D1}$.

以上の例は、例1のバリ語の文（(a)とする）から、交替領域の交替単位を順に1つずつ交替させていき（交替を↕で示す）、文内におけるBIコード混在の程度には変異が認められることを示したものである。

(a)は交替領域の交替単位がすべてバリ語要素である、最もバリ語度の高い、いわば完全バリ語文と呼べる文である。(b)は tiang と saya が交替したBIコード混在文であり、(a)よりもバリ語度が低くなるが、依然として交替領域におけるバリ語要素の割合（3/4）がインドネシア語要素のそれ（1/4）にくらべて優勢である。(c)はさらに teked と sampai が交替して、バリ語度が落ち、交替領域におけるバリ語要素とインドネシア語要素が拮抗している（2/4 対 2/4）。(d)は umah と rumah の交替が(c)に加わり、交替領域におけるインドネシア語要素（3/4）がバリ語要素（1/4）にくらべて優勢となった例である。最後に、(e)に至ると、さらに -ne と -nya が交替し、交替領域のすべての交替単位がインドネシア語となった状態である。すな

わち、(e)はいわばインドネシア語文と言える。もちろん、非交替領域のdiは交替しないため変化しない。要するに、(a)から(e)の例は、最もバリ語度の高い完全バリ語文 (a) と最もインドネシア語度の高い完全インドネシア語文 (e) を両極とする、バリ語度とインドネシア語度の変異の連続帯を示している。

このように、交替領域の交替単位がすべてバリ語要素であるバリ語文から、交替単位がすべてインドネシア語要素であるインドネシア語文までの間には、コード混在の程度が異なる複数のBIコード混在文が存在する。

2.4　文におけるBIコード混在

バリ人による実際のBIコード混在の会話において、交替領域と非交替領域の分布を分析した結果、次の3タイプの文が認められた。

(i) 交替領域のみから成る文
(ii) 交替領域と非交替領域の両方から成る文
(iii) 非交替領域のみから成る文

文の直接構成素として交替領域が認められる (i) と (ii) の2タイプの文には、2.3節で示したように、交替領域の交替単位が交替する割合によって、BIコード混在の変異が認められる。つまり、(i) と (ii) の2つのタイプには、交替領域の交替単位がまったく交替しない完全バリ語文もあれば、すべての交替単位が交替した完全インドネシア語文、またBIコード混在文も存在する。BIコード混在文には、交替領域においてバリ語要素がインドネシア語要素に比べて優勢である場合、バリ語要素とインドネシア語要素が拮抗している場合、インドネシア語要素がバリ語要素に比べて優勢である場合がある。一方、(iii) の文には、バリ語とインドネシア語の間でコード交替が不可能である非交替領域しか認められないため、BIコード混在はあり得ない。以下で、それぞれのタイプを具体的な事例を用いて示してみよう。例文は、1.7節で述べた現地調査において筆者が収集した会話資料に見られたものである。次章以降で分析対象となる会話事例に含まれる場

2.4 文におけるBIコード混在

合は、会話番号を付した（巻末227ページ付録1の表Ⅰ参照）。

例3：交替領域のみから成る文（BIコード混在文）
D1[U1[Getih]U1-U1[ne]U1 U1[nika]U1 U1[*cukup*]U1 U1[nggih]U1]D1?
　　　　血-the　　　　　　それ　　　　十分な　　　　particle
「その（料理に使う）血は十分でしょう？」(conv.10)

　この交替領域のみから構成される文は、交替領域の交替単位の一部が交替しているBIコード混在文の例である。交替領域は、その下にBIコード混在の最小単位としてgetih, -ne, nika, cukup, nggihの5つの交替単位を支配している。そのうち形容詞cukup「十分な」がインドネシア語コードの形で実現している。つまり、この例はバリ語要素がインドネシア語要素にくらべて優勢であるBIコード混在文にあたる。

　交替領域においてどの部分の交替単位が交替しやすいかという統語論的な交替の分布の偏りについては、第3章で論じる。

例4：交替領域と非交替領域から成る文（1）（BIコード混在文）
D1[U1[Kayang]U1]D1 D2[U2[tukang]U2]D2 D1[U1[*sampah*]U1-U1[ne]U1 U1[tuni]U1 U1[to]U1]D1.
　　～まで　　　　　　～屋　　　　　　　ごみ-the　　　　さっき　　　あれ
「あのさっきのゴミ屋までもがそうだった。」(conv. 54)

　この例は、交替領域と非交替領域の2種類の領域から構成され、交替領域の一部の交替単位が交替しているBIコード混在文である。この文は、2種類の領域による3つの領域の連続を支配し、その3つは交替領域、非交替領域、交替領域という順で認められる。非交替領域は、バリ語＝インドネシア語共通要素である1つの非交替単位tukangから成る。交替領域は非交替領域をはさんで2箇所に見られる。1つめは1つの交替単位kayangから成る領域で、2つめはsampah, -ne, tuni, toの4つの交替単位から成る領域である。名詞句tukang sampah-ne「そのゴミ屋」が非交替領域と2つめの交替領域にまたがっており、交替領域に属するsampah-neにBIコード混在が見られる。sampahがインドネシア語要素で、接尾辞-neがバリ語要素で

41

ある。

例5：交替領域と非交替領域から成る文（2）（BIコード混在文）

$_{D2}[_{U2}[\text{Nah}]_{U2}$ $_w<_{U2}[\text{pokok}]_{U2}]_{D2}$–$_{D1}[_{U1}[\text{ne}]_{U1}>_w$ $_{U1}[\textit{siap}]_{U1}$–$_{U1}[\text{ang}]_{U1}$ $_{U1}[\text{gen}]_{U1}$

  間投詞   とにかく(pokokne)   準備する(siapang) 〜のみ

$_{U1}[\text{pang}]_{U1}$ $_{U1}[\text{sing}]_{U1}$ $_{U1}[\text{kene}]_{U1}]_{D1}.$

〜になるように 否定詞 このような

「ま、とにかく、このようにならないように準備しておけ。」(conv.57)

　先の例と同じように、この例においても、文は交替領域と非交替領域の両方から構成され、交替領域の一部の交替単位が交替しているBIコード混在文である。このBIコード混在文は、非交替領域、交替領域の順で2つの領域から構成される。非交替領域は、バリ語＝インドネシア語共通要素である2つの非交替単位nah, pokokを直接の構成要素としている。交替領域は、7つの交替単位 -ne, siap, -ang, gen, pang, sing, keneを直接の構成要素とし、そのうちsiapがインドネシア語要素として言語コードが実現している。インドネシア語要素のsiapは、語内のBIコード混在に関与している。すなわち、動詞siap-angという語には、インドネシア語要素の動詞語幹siapとバリ語要素の動詞接尾辞-angの2言語の要素が認められる。

　また、このBIコード混在文は、先の例4と異なり、領域の境界と語の境界が必ずしも一致しないことを示す例である。領域と語の境界が一致していない場合は、語の境界を "< >" の記号で示してある（"<"が語の左端を、">"が語の右端を表す）。2つの領域の境界はpokok-neの語内に認められる。つまり、この例における2領域の境界は非交替領域のpokokと交替領域の-neから成るpokok-neの形態素境界にあたる。

　以上の例4と例5は、交替領域と非交替領域から構成され、交替領域の一部の交替単位が交替することによってBIコード混在が起きている例である。次の例は、非交替領域のみから成る文である。

例6：非交替領域のみから成る文

~D2~[~U2~[Galungan]~U2~ ~U2~[di]~U2~ ~U2~[Tabanan]~U2~]~D2~?
バリヒンドゥーの祝日名　〜で　　　　地名

「ガルンガンはタバナンにいるの？」

　この文は1つの非交替領域のみから構成される。したがって、非交替領域が支配する3つの要素 Galungan, di, Tabanan はすべて非交替単位である。di はバリ語とインドネシア語の同源語 cognate である。バリの祝日名である Galungan とバリの地名である Tabanan は、インドネシア語に翻訳することが不可能な要素で、借用語的に使われる「準借用語」であり、非交替単位に含まれる。

　以上で見てきたように、バリ人によるBIコード混在の会話には、文内における交替領域と非交替領域の2領域の分布から、(i) 交替領域のみから成る文、(ii) 交替領域と非交替領域から成る文、(iii) 非交替領域のみから成る文の3タイプの文が存在する。これらのうち、(i) と (ii) のタイプの文にBIコード混在が起こり得る。

2.5　バリ語とインドネシア語の共通語彙

　本節では、交替領域と非交替領域が具体的にいかなるものなのかを十分に理解するために、スワデシュの基礎語彙100語項目（Swadesh 1955）を用いて、バリ語とインドネシア語の語彙の比較を行う。比較を進めるにあたって、ここで指摘しておかなければならない点がある。それは、1.6節で簡単に触れた通り、敬語現象にかかわるバリ語語彙内部における語彙要素の敬語的下位分類に関係する。バリ語語彙には、敬語法にかかわる語彙群（敬語語彙）と敬語法にかかわらない語彙群（非敬語語彙）が存在し、敬語法にかかわる敬語語彙は敬意性をもつ要素（敬語類）とそれと対をなし敬意性を欠く要素（普通語類）の組（敬語セット）を形成する。それとは対照的に、敬語法にはかかわらない非敬語語彙、すなわち汎用語類には敬語セットを形成するような敬語的対立をもつ同義語は含まれない。した

がって、バリ語とインドネシア語の語彙的な対応は、必ずしも1対1の対応を示さず、インドネシア語1語に対しバリ語の敬語セット1組が対応する場合と、インドネシア語1語に対しバリ語汎用語類1語が対応する場合とがある。以下では、以上のような非対称性を含む語彙対応をふまえ、さらに、その対応パタンから、どのような語彙要素が、前節までに議論してきた交替領域と非交替領域のどちらに該当する可能性があるのかを、スワデシュの基礎語彙100語項目を使って例示する。

　この語彙比較をあげる前に、この方法の問題点について断っておかなければならないことがある。それは、そもそもスワデシュの基礎語彙100語項目は、歴史言語学的研究のひとつとしての語彙統計学のために提案されたもので（Swadesh 1955）、ここで用いているような2言語の語彙構造の比較のために考案されてはいないという点である。しかしながら、ここで目指しているような語彙比較のための語彙項目一覧は、現時点ではまだ存在せず、その考案は今後の研究にゆずらざるを得ない。したがって、本研究では、いわば次善の策として、スワデシュの基礎語彙100語項目が、この調査にある程度有効だという見通しで考察を行う。

表 2.1　スワデシュ基礎語彙 100 語項目におけるバリ語とインドネシア語の対応関係
単語はそれぞれの言語の正書法で表記した。バリ語とインドネシア語両方に共通する単語は太字で表した。表記上同じであるものの発音が異なる部分のある単語は、バリ語のその部分に発音記号を [ ] 内に付した。

番号	英語	インドネシア語	バリ語 （普通語類）	バリ語 （敬語類）	バリ語 （汎用語類）
1	I	saya	iang	tiang/titiang	―
2	you	anda/kamu	cai/iba	ragane/jerone	―
3	we	kami/kita	i raga	tiang sareng sami/ titiang sareng sami	―
4	this	ini	ene	niki/puniki	―
5	that	itu	ento	nika/punika	―
6	who	siapa	nyen	sira/sapasira	―
7	what	**apa**	**apa**[ə]	napi/punapi	―
8	not	tidak/bukan	sing/dong	ten/nenten	―
9	all	semua	onya/mekejang	sami	―

2.5 バリ語とインドネシア語の共通語彙

番号	英語	インドネシア語	バリ語 (普通語類)	バリ語 (敬語類)	バリ語 (汎用語類)
10	many	banyak	liu	akeh	—
11	one	satu	besik	siki	—
12	two	**dua**	**dua**[ə]	kalih	—
13	big	besar/**gede**	**gede**	ageng	—
14	long	**panjang**	dawa/lantang	**panjang**	—
15	small	kecil	cenik	alit	—
16	woman	perempuan	luh	istri	—
17	man	laki-laki	muani	lanang	—
18	person	orang	anak/jelma	wong	—
19	fish	ikan	be	ulam	—
20	bird	burung	kedis	paksi	—
21	dog	anjing	cicing	asu	—
22	louse	**kutu**	—	—	**kutu**
23	tree	pohon	punya	tarun	—
24	seed	biji	benih/binih	winih	—
25	leaf	**daun**	don	**daun**	—
26	root	akar	—	—	akah/bungkil
27	bark	kulit pohon	—	—	babakan
28	skin	**kulit**	**kulit**	carma	—
29	flesh	daging	be	ulam	—
30	blood	darah	getih	rah	—
31	bone	**tulang**	**tulang**	galih	—
32	grease	lemak	—	—	muluk
33	egg	telur	taluh	adeng/antiga	—
34	horn	**tanduk**	—	—	**tanduk**
35	tail	ekor	ikut/ikuh	buntut/untat	—
36	feather	**bulu**	—	—	**bulu**
37	hair	**rambut**	bok	**rambut**	—
38	head	kepala	tendas/tenggek/sirah	duur/prabu	—
39	ear	telinga/**kuping**	**kuping**	karna	—
40	eye	**mata**	**mata**[ə]/paningalan	panyingakan/ panyuryanan/ pangaksian	—
41	nose	hidung	cunguh	irung/ungasan	—
42	mouth	mulut	bungut	cangkem	—
43	tooth	**gigi**	**gigi**	untu	—
44	tongue	**lidah**	layah	**lidah**	—
45	claw	**cakar**	—	—	**cakar**

45

第 2 章　バリ語とインドネシア語のコード混在の記述の枠組み

番号	英語	インドネシア語	バリ語 （普通語類）	バリ語 （敬語類）	バリ語 （汎用語類）
46	foot	kaki	batis/kikil	cokor/pupu	—
47	knee	lutut	entud	lutud	—
48	hand	**tangan**	lima	**tangan**	—
49	belly	perut	basang	waduk/weteng	—
50	neck	leher	baong	kanta	—
51	breasts	**susu**	nyonyo	**susu**	—
52	heart	jantung	—	—	pepusuhan
53	liver	hati/**ati**	—	—	**ati**
54	drink	minum	inem/oyot	ajeng/rayunang	—
55	eat	makan	madaar	ajeng/rayunang	—
56	bite	gigit	—	—	cegut/singet/ cotot/gincer/ gutgut/tegor
57	see	lihat	tepuk/tingalin	cingakin	—
58	hear	dengar	dingeh	pireng/piarsa	—
59	know	tahu	tawang	uning	—
60	sleep	tidur	pules	masare/makolem/ sirep	—
61	die	**mati**	**mati**/bangka	seda/mantuk/ lina/lebar/lepas/ newata	—
62	kill	bunuh	matiang/rancab/ tampah	sedaang/ pademang	—
63	swim	berenang	—	—	ngalangi
64	fly	terbang	—	—	makeber/ nimbang
65	walk	berjalan/**jalan**	majalan/**jalan**	mamargi	—
66	come	datang	teka	rauh	—
67	lie	berbaring	—	—	nungkayak/ tengkurep/ ngebah
68	sit	duduk	negak	malinggih	—
69	stand	berdiri	majujuk	ngadeg	—
70	give	beri	baang	icen	—
71	say	berkata/**omong**	orang/**omong**	nikain	—
72	sun	matahari	matanai	surya	—
73	moon	**bulan**	**bulan**	candra	—

2.5 バリ語とインドネシア語の共通語彙

番号	英語	インドネシア語	バリ語 (普通語類)	バリ語 (敬語類)	バリ語 (汎用語類)
74	star	**bintang**	**bintang**	kartika	—
75	water	air	yeh	toya	—
76	rain	hujan/**ujan**	**ujan**	sabeh	—
77	stone	**batu**	—	—	**batu**/paras
78	sand	pasir	—	—	bias
79	earth	bumi/**tanah**	gumi/**tanah**	pretiwi/buana/jagat	—
80	cloud	**awan**	—	—	**awan**/mega
81	smoke	**asap**	andus	**asap**	—
82	fire	**api**	**api**	geni	—
83	ash	**abu**	**abu**	awu	—
84	burn	**bakar**	morbor/obor/ tunjel/enjut/enjit/ sedut/**bakar**	ngeseng	—
85	path	**jalan**	**jalan**	margi	—
86	mountain	**gunung**	**gunung**	giri	—
87	red	merah	barak/biing/baang	bang	—
88	green	hijau/**ijo**	—	—	**ijo**/gadang
89	yellow	**kuning**	—	—	**kuning**/gading
90	white	**putih**	**putih**	petak	—
91	black	hitam	selem/badeng	ireng	—
92	night	malam	peteng	wengi	—
93	hot	**panas**	—	—	**panes**/kebus/ongkeb
94	cold	**dingin**	—	—	**dingin**/nyem/tis
95	full	penuh	bek	akeh	—
96	new	baru	—	—	anyar/sukla
97	good	bagus	luung	becik	—
98	round	bunder	—	—	bunter
99	dry	kering	tuh/aking	garing	—
100	name	nama	adan	parab/wasta	—

　表2.1は、スワデシュの基礎語彙100語項目を用いて、バリ語とインドネシア語の単語がどれほど、どのように共通しているのかを明らかにするために、バリ語普通語類とインドネシア語の対応、バリ語敬語類とインドネシア語の対応、バリ語汎用語類とインドネシア語の対応を示したものである。バリ語敬語セットとインドネシア語が対応している場合は汎用語類

の語は存在せず、表では右端のバリ語汎用語類の列のセルが空欄となっている。バリ語汎用語類がインドネシア語と対応している場合はバリ語普通語類と敬語類の語は存在せず、そのセルは空欄となっている。バリ語の普通語類、敬語類、汎用語類のいずれかとインドネシア語が共通している単語は、太字で示した。

表2.1から、スワデシュの基礎語彙100語項目のうち、39項目においてバリ語とインドネシア語が同じ語形であることがわかる（そのうち65番と85番の2つの項目が同じ音形で品詞の異なる2単語であり、インドネシア語要素もバリ語要素も同一のものである。ここでは65番と85番を品詞の異なる2つの語として取り扱う）。ただし、バリ語とインドネシア語が正書法の表記上同じであるものの、発音上では異なる項目が2つあるが（7, 12番）、これらは接尾辞が付加すると同形になるため、共通の語形であるとみなした（たとえば、7番の「何」の場合、単独で現れると、バリ語の要素apa[apə]とインドネシア語の要素apa[apa]は語形が異なるが、バリ語のapa[apə]は接尾辞が付加されると、インドネシア語と同じ語形apa[apa]となるため、これら2つの要素は2言語に共通する語とみなした）。

バリ語とインドネシア語の共通する語彙の割合、すなわち、非交替領域に該当する語彙の割合は、100語項目の基礎語彙で見る限り、およそ4割である。グジンスキーの基礎語彙200語項目（Gudschinsky 1956）を対象に同じ計測を行ったが、ほぼ同じ割合が得られた（72/200、約4割）。

ここでひとつ付け加えておくと、これらの共通の語彙の起源は、バリ語とインドネシア語の同源語か、あるいはインドネシア語（マレー語）からバリ語への古い借用語と考えられる。バリ語からインドネシア語への借用は、それにくらべると考えにくい。

以上で見てきたように、バリ語とインドネシア語は、語彙に関しては約4割の共通性があると推測される。これは、残りの約6割の語彙が交替領域に該当することを意味している。

今、バリ語とインドネシア語の共通語彙が100語項目中39語項目あると述べたが、39語項目の語彙すべてが常に非交替領域の構成要素になるわけ

ではなく、時には交替領域になることもある。また、残りの61語項目の語彙も常に交替領域になるわけではなく、時として非交替領域になる。以下、その詳細を見てみよう。バリ語とインドネシア語の語彙の対応関係には、次の表2.2に対応パタンI～対応パタンIXとして示すような9通りの可能性が理論的にはあることがわかる。

対応パタンIにおいては、バリ語（普通語類）はインドネシア語と同一形式の要素であり、バリ語（敬語類）はそれとは異なる要素である。したがって、バリ語（普通語類）は同じ形式をもつインドネシア語とは交替し得ないが、バリ語（敬語類）が期待される敬語的文脈ではインドネシア語

表2.2　バリ語とインドネシア語の対応関係と交替の可能性

A：バリ語（普通語類）の要素で、インドネシア語と同一形式
B：バリ語（敬語類）の要素で、インドネシア語と同一形式
C：バリ語（汎用語類）の要素で、インドネシア語と同一形式
D：インドネシア語の要素で、バリ語に同一形式をもたない
―：等価的要素を欠く
○：インドネシア語要素（D）がバリ語の普通語類と敬語類両方（AとB）と交替し得る、あるいはバリ語の汎用語類（C）と交替し得る
△：インドネシア語要素（D）がバリ語の普通語類か敬語類のどちらか一方（AかB）と交替し得る
×：インドネシア語要素（D）がバリ語の普通語類と敬語類両方（AとB）と交替し得ない、あるいはバリ語の汎用語類（C）と交替し得ない

対応パタン	スワデシュ100語における該当数	交替の可能性	インドネシア語	バリ語（普通語類）	バリ語（敬語類）	バリ語（汎用語類）
I	21	△	A	A	B	―
II	7	△	B			
III	50	○	D			
IV	11	×	C	―	―	C
V	―	×	―			
VI	11	○	D	―	B	―
VII	―	×	―			
VIII	―	×	B			
IX	―	○	D			

と交替する可能性がある。たとえば「皮膚」（表2.1の28番）は、バリ語（普通語類）(kulit) はインドネシア語 (kulit) と同一形式であるため交替しないが、バリ語（敬語類）(carma) の使用が敬語的文脈から期待されるところではインドネシア語と交替する可能性がある。このような、バリ語に存在する一部の語類（この場合、敬語類1つ）とインドネシア語が交替し得るタイプの語彙には、スワデシュの基礎語彙100語項目では21語項目が該当する。

対応パタンIIは、バリ語（敬語類）とインドネシア語が共通の形式をもつが、バリ語（普通語類）はそれとは異なる要素の場合である。この場合、バリ語（敬語類）はインドネシア語と同一形式であるため交替しないが、バリ語（普通語類）が敬語上期待される文脈ではインドネシア語と交替する可能性がある。「葉」を意味する表2.1の25番を例にとると、バリ語（敬語類）(daun) はインドネシア語 (daun) と同一形式であるため交替しないが、バリ語（普通語類）(don) の使用が敬語上期待されるところではインドネシア語と交替し得る。このように、バリ語に存在する一部の語類（この場合、普通語類1つ）とインドネシア語が交替し得るタイプの語彙には、100語項目中7語項目が該当する。

対応パタンIIIは、バリ語（普通語類）、バリ語（敬語類）、インドネシア語の3種類が形式を異にしている。そのため、敬語的文脈からバリ語（普通語類）の使用が期待される場合とバリ語（敬語類）の使用が期待される場合のいずれにおいても、インドネシア語と交替する可能性がある。たとえば「わたし」（表2.1の1番）は、バリ語の普通語類 (icang)、バリ語の敬語類 (tiang/titiang)、インドネシア語 (saya) は形式が相異なり、敬語的な文脈からバリ語の普通語類 (icang) の使用が期待される場合とバリ語の敬語類 (tiang/titiang) の使用が期待される場合のいずれにしても、インドネシア語と交替する可能性がある。このような、バリ語に存在するすべての語類（この場合、普通語類と敬語類の2つ）とインドネシア語が交替し得るタイプの語彙には、100語項目のうち50語項目が該当する。

対応パタンIVは、バリ語には汎用語類のみが存在し、その語類がインド

ネシア語と同一形式の要素をもつパタンである。この場合、2言語間の交替はあり得ない。「虱(しらみ)」(表2.1の22番)を例にとると、バリ語では汎用語類(kutu)しかなく、それはインドネシア語要素(kutu)と同一形式であるため、2言語間で交替が起こることはあり得ない。このようなバリ語に存在するすべての語類(この場合、汎用語類1つ)とインドネシア語の交替が不可能である対応関係を示す語彙には、100語項目のうち11語項目があてはまる。

　対応パタンVは、バリ語には汎用語類のみが存在し、それに対応するインドネシア語の等価的要素を欠いたパタンである。当然、2言語間の交替は生じ得ない。このパタンは、スワデシュの基礎語彙100語項目には該当するものがないが、実際には存在する。

　対応パタンVIは、バリ語には汎用語類のみが存在し、それに対応するインドネシア語要素が異なる形式をもつパタンである。このパタンでは、バリ語(汎用語類)はインドネシア語と同一形式でないため交替し得る。たとえば「根」(表2.1の26番)は、バリ語の汎用語類(akah)がインドネシア語要素(akar)と同一形式でないため交替し得る。このような、バリ語に存在するすべての語類(この場合、汎用語類1つ)がインドネシア語要素と交替し得る対応関係をもつ語彙には、100語項目中11語項目が該当する。

　残りの3種類の語彙対応パタンVII, VIII, IXはバリ語には普通語類が存在せず、敬語類のみ認められる語彙項目である。これら3種類のパタンにあてはまる語彙項目はごく少数であり、スワデシュの基礎語彙100語項目には該当するものはない。対応パタンVIIでは、バリ語では敬語類のみが存在し、インドネシア語に等価的要素がないため、2言語間の交替はあり得ない。対応パタンVIIIは、バリ語では敬語類のみが存在し、それとインドネシア語の要素は同一の形式をもつ。そのため2言語間の交替は起こりえない。対応パタンIXは、バリ語では敬語類のみが存在し、それとインドネシア語は形式が異なる。したがって、2言語間の要素の交替があり得る。

　このように、バリ語とインドネシア語の語彙対応パタンによって、語彙

項目には、バリ語要素とインドネシア語要素の交替の可能性が100％のもの（インドネシア語要素がバリ語の普通語類と敬語類両方と交替し得る、あるいはバリ語の汎用語類と交替し得る場合。表2.2では○で示す）、50％のもの（インドネシア語要素がバリ語の普通語類か敬語類のどちらか一方と交替し得る場合。表2.2では△で示す）、0％のもの（インドネシア語要素がバリ語の普通語類と敬語類両方と交替し得ない、あるいはバリ語の汎用語類と交替し得ない場合。表2.2では×で示す）という3つのタイプが存在するということがわかる。交替の可能性が100％である語彙項目は完全に交替領域に該当するが、交替の可能性が50％の語彙項目は、敬語上期待されるバリ語の語類が普通語類と敬語類のどちらであるかによって交替領域の要素か非交替領域の要素かが決まる。交替の可能性が0％である語彙項目は、もちろん非交替領域に該当する。スワデシュの基礎語彙100語項目に基づくと、交替の可能性が100％のもの（○）は61語項目、50％のもの（△）は28語項目、0％のもの（×）は11語項目認められる。

　すでに述べたように、スワデシュの基礎語彙100語項目はそもそも語彙統計学の目的のために設定された基礎語彙項目であり、本節で行ったような2言語の語彙構造がもつコード交替の可能性を調査するためのものではない。しかしながら、この基礎語彙100語項目は、言語の語彙の中核に含まれる語彙群について分析を行うには有効であると仮定しよう。この仮定に基づくと、インドネシア語とバリ語の語彙の中核に含まれる語彙群においては、常に交替領域に該当する語彙項目は約6割、敬語的文脈によって交替領域と非交替領域のどちらかに該当する語彙項目は約3割、常に非交替領域に該当する語彙項目は約1割であると言うことができる。

　このような交替領域と非交替領域の割合についての研究は、語彙の側面から見ると同時に、テキスト内に分布する割合からも探求しなければならない。本書では、このトピックは2.7節で触れる。

2.6　借用とBIコード混在

　2.1節で非交替領域に属する非交替単位として、バリ語とインドネシア語の同源語を主とする共通語彙（(iii) バリ語＝インドネシア語共通要素）と2言語間の借用語と準借用語（(iv) バリ語＝インドネシア語借用的要素）の2種類の要素があることを述べた。ただし、(iii)の2言語の共通語彙については、前節の2.5節で、バリ語語彙の内部構造に注目することによって、敬語的文脈によって交替領域にもなり得ることを指摘した。本節では、(iv)の借用語・準借用語の特徴およびBIコード混在との連続性について述べておく。

　本書の主題であるコード混在を考察する場合、借用という現象も考慮せざるを得ない。なぜならば、一般的に、借用語はコード混在を経て徐々にもう一方の言語の中に入りこみ、最終的にそのレキシコン（語彙目録）に定着するため、借用とコード混在は連続するプロセスと言えるからである。Myers-Scotton（1993：16）が述べるように、借用要素とコードスイッチング（コード混在）要素の違いは、借用する方の言語のmental lexicon（心的辞書）に定着しているかどうかである。しかし、その性質上2つの現象を厳密に区別し、その違いを明示的な形で示すのは難しい。

　私は、原（2003：188-189）でバリ語とインドネシア語の間に見られる借用語には、主にインドネシア語からバリ語へという方向で「文化語彙借用」と「中核語彙借用」の2つのタイプが見られ、そのうちとくに中核語彙借用はコード混在との区別が難しいことを指摘している。まず、文化語彙借用は、ある言語から他の言語へ、新たな技術や文化の概念や事物に関する語彙が入りこむ現象である。前章で述べたように、バリ社会はインドネシア語がH変種（高位変種）、バリ語がL変種（低位変種）であるダイグロシアが認められる社会であるため、多くの分野で国語のインドネシア語がバリ語にくらべて影響力が強く、インドネシア語からバリ語への文化語彙借用が多数見られる。すなわち、インドネシア語で表現される行政や司法、教育などにかかわる用語、そして新たに入ってきた技術や文化、生活

習慣およびそれらに関する事物を表す単語がバリ語に借用されている。もう1つのタイプの中核語彙借用は、両言語に同じ概念や事物を表す要素がありながら、一方の言語の要素がもう一方の言語に借用される現象である。やはりH変種としてさまざまな分野においてインドネシア語の影響力が大きいためか、バリ語にも同じ概念や事物を表す語彙がありながら、インドネシア語の語彙が借用される事例が多く認められる。この借用語の中にはバリ語語彙とほぼ同じ意味を表すがニュアンスの違いがあったり、使い分けがなされているものもある。

文化語彙借用は、一方の言語から他の言語のレキシコンのギャップ（空白）に入り込む現象であるため、つまり借用する側（ここでは主にバリ語）に等価的要素がないため、コード混在との区別が容易である。本書で「準借用語」と呼ぶ組織名、地名といった固有名詞も、もともと一方の言語に等価的な要素がない語彙項目であるため、コード混在との区別は難しいものではない。それに対して、そもそも両言語に同じ概念や事物を表す語彙がありながら、一方の言語（主にインドネシア語）の要素がもう一方の言語（主にバリ語）へ借用される中核語彙借用の場合、コード混在と区別することは困難である。

このようにバリ語とインドネシア語の間では、コード混在と借用（とくに中核語彙借用）を厳密に常に区別することは難しく、限界がある。本書では、その困難さと限界を理解した上で、当該語彙要素（主にインドネシア語）の等価的要素がもう一方の借用する側のレキシコン（主にバリ語）に存在するかどうか、そのインドネシア語の要素がバリ語に定着しているかどうかに関するバリ語話者の意識を参考にし、収集した会話において借用とBIコード混在の判断を行った。

2.7　会話におけるBIコード混在の程度

本節では、本書の第3章以降で用いるコーパスについて述べておく。1.4節で予告したように、バリ語要素がインドネシア語要素にくらべて優勢で

2.7 会話におけるBIコード混在の程度

あるテキストおよび両言語の要素が拮抗しているテキストの認定をおこなう。具体的には、1.7節で述べた現地調査において収集したBIコード混在が認められる会話資料を対象に、各会話の交替領域と非交替領域を認定し、各領域内の要素数を数える。そして、それぞれの領域に認められる要素数に基づき、各会話の2言語コード混在の程度を計る。その混在の程度についてすべての会話を比較することによって、2言語拮抗の混在およびバリ語優勢の混在を示す会話を認定する。その結果に基づき、収集した会話資料から次章以降で用いる会話コーパスを設定する。

まず、表2.3を見てほしい。各会話について、A、B、C、D、E、F、Gの列に示す7つのパラメータを設定した。AとBの列は、2.2節で述べた基準に基づき、交替領域の交替単位でバリ語として現れた要素（バリ語要素）とインドネシア語として現れた要素（インドネシア語要素）をそれぞれ数えたものである。列Cは、AとBから成り立つ交替領域（A + B）におけるインドネシア語要素（列Bの数値）の割合（B/A+B、%、小数点第1位を四捨五入）を示した。この表は、交替領域におけるインドネシア語要素の割合（つまりCの数値）の小さい順で並べてある。Dの列は、非交替領域の単位数（つまりバリ語とインドネシア語と同一形式の要素数）である。前節の表2.2における対応パタンVとVII、つまりインドネシア語に等価的要素のない語彙項目（借用語および準借用語）も非交替領域に含まれる。Eの列には、交替領域と非交替領域の両領域の全要素（A + B + D）におけるインドネシア語要素（B）の割合（B/A+B+D、%、小数点第1位を四捨五入）を示した。列Cは交替領域内に限っているのに対し、列Eは両領域から見たものである。列Fは、交替領域と非交替領域の両領域の全要素（A + B + D）におけるインドネシア語要素と非交替領域の要素（B + D）の割合（B+D/A+B+D、%、小数点第1位を四捨五入）を示した。すなわち、列Eは各会話における両領域の全要素における"純粋な"インドネシア語要素の割合を示したものであるが、列Fはそれにバリ語とインドネシア語の同一形式の要素（非交替領域）を足したものの割合、つまり会話の中で表層的にはインドネシア語とみなすことのできる要素の割合を示している。

したがって、これには未分析の段階における、いわば"見てくれの"インドネシア語形式度と言える。

　また、列Gは、両領域の全要素（A + B + D）における交替領域の要素（A + B）の割合（A+B/A+B+D、%、小数点第1位を四捨五入）を示したものである。前節では、スワデシュの基礎語彙100語項目を用いて、語彙の側面で交替領域と非交替領域がそれぞれ占める割合を推測したが、列Gから、テキスト内において2領域の割合がどれほどであるのかを探ることができる。各会話において交替領域が占める割合の平均値は75%（55%から91%の範囲；標準偏差 7%）である。つまり、非交替領域が占める割合は25%である。この数値は、語彙の側面からの推測結果、すなわち、常に交替領域に該当する語彙項目は約60%、敬語的文脈によって交替領域と非交替領域のどちらかに該当する語彙項目は約30%、常に非交替領域に該当する語彙項目は約10%という推測結果と大きくかけ離れたものではないと言えるだろう。

表2.3　各会話のバリ語要素とインドネシア語要素およびそれらの比率

A：交替領域のバリ語要素
B：交替領域のインドネシア語要素
C：交替領域の全要素におけるインドネシア語要素の割合（B/A+B）
D：非交替領域の要素（つまり非交替要素であるバリ語＝インドネシア語要素）
E：両領域の要素における交替領域のインドネシア語要素の割合（B/A+B+D）
F：両領域の要素における交替領域のインドネシア語要素と非交替領域の要素の和の割合（B+D/A+B+D）
G：両領域における交替領域の要素数の割合（A+B/A+B+D）

会話番号	A：交替領域のバリ語要素数	B：交替領域のインドネシア語要素数	C：交替領域のインドネシア語要素の割合（%）	D：非交替領域の要素数	E：両領域のインドネシア語要素の割合（%）	F：両領域でのインドネシア語要素＋非交替領域要素の割合（%）	G：両領域での交替領域の要素の割合（%）
1	30	1	3	6	3	19	84
2	392	26	6	126	5	28	77
3	76	6	7	26	6	30	76
4	560	48	8	223	6	33	73

2.7 会話におけるBIコード混在の程度

会話番号	A：交替領域のバリ語要素数	B：交替領域のインドネシア語要素数	**C：交替領域のインドネシア語要素の割合（％）**	D：非交替領域の要素数	E：両領域のインドネシア語要素の割合（％）	F：両領域でのインドネシア語要素＋非交替領域要素の割合（％）	G：両領域での交替領域の要素の割合（％）
5	531	49	**8**	171	7	29	77
6	305	31	**9**	105	7	31	76
7	3216	388	**11**	978	8	30	79
8	48	6	**11**	22	8	37	71
9	340	45	**12**	134	9	34	74
10	688	96	**12**	242	9	33	76
11	61	9	**13**	47	8	48	60
12	129	20	**13**	49	10	35	75
13	119	19	**14**	53	10	38	72
14	425	68	**14**	145	11	33	77
15	111	18	**14**	59	10	41	69
16	107	18	**14**	44	11	37	74
17	201	34	**14**	104	10	41	69
18	218	37	**15**	96	11	38	73
19	189	33	**15**	53	12	31	81
20	242	46	**16**	102	12	38	74
21	309	69	**18**	150	13	41	72
22	142	32	**18**	47	14	36	79
23	207	48	**19**	67	15	36	79
24	56	13	**19**	21	14	38	77
25	67	16	**19**	20	16	35	81
26	93	25	**21**	49	15	44	71
27	209	58	**22**	98	16	43	73
28	25	7	**22**	14	15	46	70
29	112	33	**23**	70	15	48	67
30	191	59	**24**	115	16	48	68
31	84	28	**25**	38	19	44	75
32	9	3	**25**	5	18	47	71
33	90	30	**25**	59	17	50	67
34	70	24	**26**	14	22	35	87
35	72	25	**26**	93	13	62	51
36	200	70	**26**	93	19	45	74

第2章　バリ語とインドネシア語のコード混在の記述の枠組み

会話番号	A：交替領域のバリ語要素数	B：交替領域のインドネシア語要素数	C：交替領域のインドネシア語要素の割合（%）	D：非交替領域の要素数	E：両領域のインドネシア語要素の割合（%）	F：両領域でのインドネシア語要素＋非交替領域要素の割合（%）	G：両領域での交替領域の要素の割合（%）
37	610	220	27	238	21	43	78
38	445	162	27	201	20	45	75
39	550	213	28	372	19	52	67
40	244	95	28	111	21	46	75
41	7	3	30	1	27	36	91
42	43	20	32	31	21	54	67
43	424	207	33	230	24	51	73
44	467	231	33	188	26	47	79
45	22	11	33	12	24	51	73
46	98	51	34	46	26	50	76
47	65	35	35	59	22	59	63
48	42	24	36	22	27	52	75
49	1058	606	36	299	31	46	85
50	171	99	37	59	30	48	82
51	135	86	39	90	28	57	71
52	213	147	41	146	29	58	71
53	192	134	41	115	30	56	74
54	126	89	41	71	31	56	75
55	154	113	42	144	27	63	65
56	68	54	44	39	34	58	76
57	202	162	45	104	35	57	78
58	16	13	45	13	31	62	69
59	75	65	46	27	39	55	84
60	363	326	47	292	33	63	70
61	939	846	47	568	36	60	76
62	112	103	48	53	38	58	80
63	81	80	50	117	29	71	58
64	146	148	50	93	38	62	76
65	5	5	50	4	36	64	71
66	293	312	52	185	39	63	77
67	104	127	55	75	42	66	75
68	201	292	59	123	47	67	80

2.7 会話におけるBIコード混在の程度

会話番号	A:交替領域のバリ語要素数	B:交替領域のインドネシア語要素数	**C:交替領域のインドネシア語要素の割合（%）**	D:非交替領域の要素数	E:両領域のインドネシア語要素の割合（%）	F:両領域でのインドネシア語要素＋非交替領域要素の割合（%）	G:両領域での交替領域の要素の割合（%）
69	22	33	**60**	21	43	71	72
70	249	382	**61**	126	50	67	83
71	57	94	**62**	53	46	72	74
72	24	40	**63**	11	53	68	85
73	468	813	**63**	227	54	69	85
74	48	84	**64**	49	46	73	73
75	75	132	**64**	87	45	74	70
76	18	35	**66**	34	40	79	61
77	11	22	**67**	10	51	74	77
78	149	300	**67**	146	50	75	75
79	12	27	**69**	12	53	76	76
80	210	540	**72**	112	63	76	87
81	410	1104	**73**	326	60	78	82
82	42	114	**73**	26	63	77	86
83	123	351	**74**	127	58	80	79
84	553	2008	**78**	602	63	83	81
85	67	266	**80**	111	60	85	75
86	223	902	**80**	286	64	84	80
87	252	1147	**82**	395	64	86	78
88	7	33	**83**	17	58	88	70
89	291	1419	**83**	460	65	87	79
90	72	400	**85**	164	63	89	74
91	6	34	**85**	14	63	89	74
92	4	27	**87**	3	79	88	91
93	4	29	**88**	5	76	89	87
94	27	260	**91**	85	70	93	77
95	133	1531	**92**	475	72	94	78
96	2	61	**97**	27	68	98	70

第 2 章　バリ語とインドネシア語のコード混在の記述の枠組み

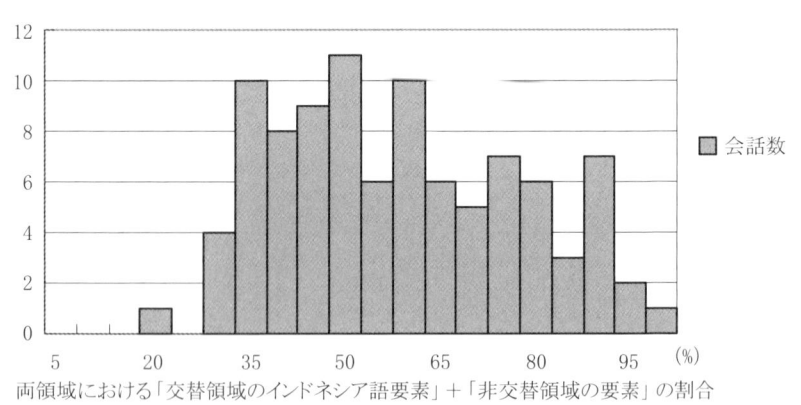

表 2.4　会話における表層のインドネシア語形式度の度数分布表

インドネシア語形式度（％）	会話数
5	0
10	0
15	0
20	1
25	0
30	4
35	10
40	8
45	9
50	11
55	6
60	10
65	6
70	5
75	7
80	6
85	3
90	7
95	2
100	1

（1）表層におけるインドネシア語形式度

次に表 2.4 と図 2.2 を見てほしい。表 2.4 と図 2.2 は、表 2.3 の列 F をもとに作ったものである。列 F の数値は、上で述べたように、"見てくれの" インドネシア語の形式をもつ要素の最大限の割合、すなわち、各会話における表層のインドネシア語形式度を表している。この列 F の数値から、インドネシア語形式度ごとの会話の頻度を示す度数分布表を作成し、表 2.4 に示した。階級はインドネシア語形式度（単位はパーセント、小数点第 1 位で四捨五入）であり、その間隔は 5 ％ とした。度数は会話数である。この度数分布表を図示したものが、図 2.2 のヒストグラムである。図 2.2 の横軸は、会話におけるインドネシア語形式度の階級を表す。縦軸は各階級に属する度数（会話

両領域における「交替領域のインドネシア語要素」＋「非交替領域の要素」の割合

図 2.2　会話における表層のインドネシア語形式度の分布

数)である。

度数分布表とグラフによって分布を観察すると、明瞭ではないものの、30〜60%の範囲に集中していると言えないこともない。しかし、会話におけるインドネシア語形式度を示す数値は、BIコード混在についての知見を何ももたらしていない。すなわち、"見てくれ"インドネシア語形式度はBIコード混在を正しく観察するための数値ではなく、混在の本質を不透明にするものである。なぜなら、会話における表層のインドネシア語形式をもつ要素は、実際はバリ語と同一形式のものを含んでしまっているからである。そのため、この形式を用いた観察は、BIコード混在の実現にとっての関連性・非関連性（relevance）を無視していると言える。BIコード混在を理解するためには、混在の実現が関連する交替領域内で何が起きているかを分析しなければならない。

表2.5 会話における交替領域内のインドネシア語要素の度数分布表

交替領域内の インドネシア語 要素の割合（%）	会話数
5	2
10	6
15	9
20	8
25	9
30	7
35	6
40	4
45	7
50	7
55	2
60	2
65	6
70	4
75	4
80	3
85	5
90	2
95	2
100	1

（2）交替領域内のインドネシア語要素度

BIコード混在について、表層ではなく、交替領域で何が起きているかを理解するために、ここで表2.5と図2.3を示す。表2.5は、表2.3の列C（交替領域におけるインドネシア語要素の割合）をもとにした、交替領域内のインドネシア語要素の割合ごとの会話の頻度を示す度数分布表である。階級は交替領域内のインドネシア語要素の割合（単位はパーセント、小数点第1位で四捨五入）であり、その間隔は5%とした。その階級に属する度

第 2 章　バリ語とインドネシア語のコード混在の記述の枠組み

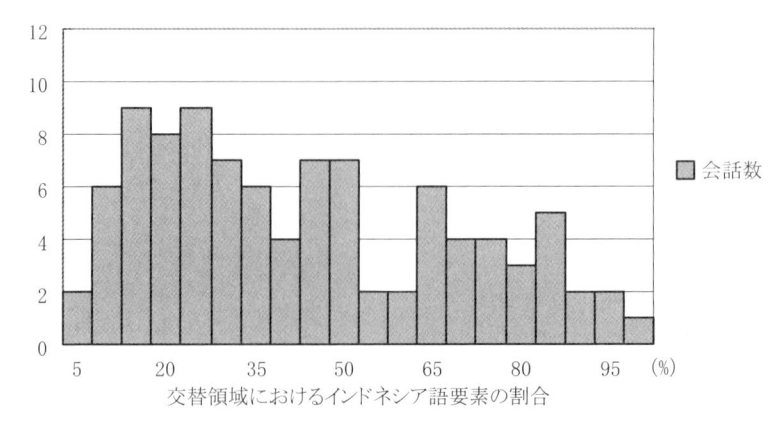

図 2.3　会話における交替領域内のインドネシア語要素度の分布

数は会話数である。図 2.3 は、度数分布表に基づくヒストグラムを示している。図 2.3 の横軸は交替領域内のインドネシア語要素の割合を示す階級であり、縦軸は各階級に属する度数（会話数）である。

交替領域内のインドネシア語要素が 50％の場合に、会話の交替領域内でバリ語要素とインドネシア語要素が拮抗していると解釈し、50％以下の場合はバリ語要素がインドネシア語要素にくらべて優勢であると解釈する。また、50％以上の場合はインドネシア語要素がバリ語要素に比べて優勢であると解釈する。

度数分布表とグラフによって分布を観察すると、45 〜 50％の階級と 50 〜 55％の階級の間には明瞭な境界があることがわかる。そして、50％以下の階級では、0 〜 5％の階級の 2 ケースを除いて、すべて会話数が 4 ケースから 9 ケースの度数を示している。それに対して、50％以降の部分の階級では会話数が 1 ケースから 6 ケースであり、50％以下の階級における会話数の多さを越えることはない。このように、交替領域内のバリ語要素に対するインドネシア語要素の占める割合を 50％以下と 50％より上とに分け、会話数を比較してみると、50％以下の会話数は 96 ケース中 65 ケースで、50％より上の会話数は 31 ケースである。しかも、50 〜 60％の階級の範囲には分布上の谷が認められる。したがって、大まかに見て、収集した

2.7 会話におけるBIコード混在の程度

会話事例の分布は、交替領域内のインドネシア語要素の割合が50％以下の会話群とそれが50％より大きい会話群の2つに分けることができる。

本書では、収集した会話資料のうち、交替領域内のインドネシア語要素の割合が50％以下の会話、つまり交替領域内においてバリ語要素がインドネシア語要素にくらべて優勢であるかバリ語要素とインドネシア語要素が拮抗している会話に該当する65ケースを分析対象とする。これらの会話は、2.4節で述べた、交替領域と非交替領域の分布から見た3タイプの文から成り立ち、それぞれの数は以下の通りである。2.4節で述べたように、BIコード混在は、(i) と (ii) のタイプの文に起こり得る。

(i) 交替領域のみから成る文（3103例／7515例）
(ii) 交替領域と非交替領域の両方から成る文（3628例／7515例）
(iii) 非交替領域のみから成る文（784例／7515例）

なお、これらの会話の選定は、交替領域における2言語の要素数の統計的な分布による判断に基づくだけでなく、実際にバリ社会で見られる典型的な会話と一致しているという理由に基づく。

この典型的な会話のタイプの判断について補っておこう。私は、バリでの現地滞在中に、バリ人の日常会話に対する質的な観察も続けてきた。そこから得られた、彼らの会話テキストに関する目立った印象は、バリ語要素のインドネシア語要素に対する優勢（圧倒性）であった。この質的観察による特徴に基づき、バリ語がインドネシア語にくらべて優勢な会話を本研究で分析対象としようとした。このようなバリ語がインドネシア語にくらべて優勢であるという主観的な観察を補うために、ここでは要素数の割合を比較するという手法を用いた。この手法に基づいて分析したところ、図2.3で見られるように、交替領域のインドネシア語要素の割合が50～60％の階級の範囲には分布上の谷が認められた。交替領域のインドネシア語要素の割合が50％以下の会話群が、私がバリ社会において典型的と判断するタイプの会話と一致していると判断し、次章以降の分析対象として設定する。すなわち、本書で分析対象とする会話事例は、バリ語が優勢で、インドネシア語が劣勢なBIコード混在（非対称的なBIコード混在）を含む

会話である。

　このように選定されたコーパスの会話には、交替領域におけるバリ語要素とインドネシア語要素が拮抗しているものも含まれるが、このような会話もバリ語が優勢な典型的会話であると言えるのかという疑問が残る。したがって、私は、交替領域において2言語の要素が拮抗しているBIコード混在の会話録音のすべてをあらためて注意深く聞きなおし、それらはバリ語が優勢な典型的会話であるという質的観察を確認した。また、ある会話参加者は、この録音に含まれる2言語要素が拮抗する会話を聞いて「通常のバリ語の会話である」と述べたことも付け加えておこう。

　以上、本書で分析の対象とする会話の設定にあたり、バリ語とインドネシア語の要素数に基づく手法を用いた。もちろん、その手法に問題がないとは言えない。つまり、交替領域のインドネシア語要素の割合が50％以下の会話すべてが、バリ社会の典型的な会話であるという私の質的観察をそのまま反映しているかどうかは不明である。また、仮に要素数に基づく手段が正しいとしても、交替領域のインドネシア語要素の割合が50％を上回る会話、つまりインドネシア語が優勢で、バリ語が劣勢であるBIコード混在を含む会話（すなわち非典型的なタイプ）も、バリ言語社会の理解のためには無視することはできない。インドネシア語が優勢な非対称的BIコード混在が見られる会話については、今後の調査研究でまず十分な事例を蓄積し、そしてそこに現れるBIコード混在を考察したい。このトピックについては、本書では最終章で予備的調査の結果に触れるにとどまる。

2.8　扱う会話資料

　おしまいに、本書で扱う会話資料の会話状況に関する情報を提示しておこう。分析の対象となる会話事例は、前節で明らかにした交替領域におけるインドネシア語の要素の割合が50％を下回った65ケースである。この65ケースの各会話について、会話参加者の社会的属性、場面、話題について記したものを巻末に付録1の表Iとして掲げてある。

2.8 扱う会話資料

　ここで、1.7節で述べた私自身の現地における観察やインフォーマントのコメントから、BIコード混在が起きやすい会話の参加者と領域の特徴について、もう一度触れながら、本書で扱うコーパスはすべてBIコード混在の関与が期待される事例であることを指摘しておく。

　まず最初に、BIコード混在は、会話参加者の社会的属性が、次の3つの場合に起きやすい。つまり、(i) 世代が幼年層と老年層以外である場合、(ii) 職業が近代社会的なものである場合、(iii) 都市の居住者である場合、である。付録1における表Ⅰの (1) の列には、会話参加者の社会的属性が記されている。ここを見ると、ほとんどの会話の参加者が、上記の (i)、(ii)、(iii) の場合に該当する社会的属性をもっていることがわかる。したがって、会話参加者の社会的属性から考えて、本書で取り扱おうとしている会話事例には、BIコード混在が関与することが予測される。

　次に、BIコード混在は、私の直接観察およびインフォーマントのコメントに基づくと、会話の場面がインフォーマルな場合に起きやすいと言える。同じく表Ⅰの (2) の列に記されている通り、本書のコーパスでは、家、市場、電話、職場の休憩時間、大学キャンパスなど、どの会話もインフォーマルな場面で行われている。逆に、演説や式典といったフォーマルな場面ではBIコード混在は起きにくいと言える。よって、会話の場面から考えて、ここで取り扱おうとしている会話事例にはBIコード混在が起きることが期待される。

　さらに、BIコード混在は、話題がバリの生活に密着している日常的話題である場合に起こりやすいと考えられる。表Ⅰの (3) の列を見ると、会話コーパスの事例は、家族、友人、ヒンドゥー教の儀礼など、どれもバリの日常生活に深く結びついた話題であることがわかる。したがって、話題から考えても、これらの会話事例にはBIコード混在が関与することが予測される。

　要するに、本書で取り扱うコーパスの会話は、すべてBIコード混在が期待されるもので、本書の目的に適った事例であると判断できる。

　また、これらに加えて、話者の社会的属性にはカーストに関する情報を

付してあるが、それは、第5章で議論するバリ語の敬語使用とBIコード混在の相互作用の考察に必要なものである。

2.9 本章の要約

本章を締めくくるにあたり、以上の節で述べた内容を要約する。まず、2.2節では、交替領域と非交替領域の概念を提案し、BIコード混在文の要素が相互に持つ階層構造を、樹形図で表示することによって明らかにした。そして、BIコード混在文の最小単位が形態素であることを典型的な例を用いて示した。2.3節では、BIコード混在文の階層的内部構造を表すために、入れ子構造をもつ括弧による表示法という新しい記述の枠組みを導入しながら、バリ人による会話にはBIコード混在の変異が認められることを示した。この新しい表示法は、次章以降の記述でも用いられることになる。次に、2.4節では、文における交替領域と非交替領域の分布から、BIコード混在のテキストには、(i) 交替領域のみから成る文、(ii) 交替領域と非交替領域から成る文、(iii) 非交替領域のみから成る文の3タイプが認められることを例示した。次いで、2.5節では、スワデシュの基礎語彙リストを用いたバリ語とインドネシア語の語彙比較を行い、その入り組んだ共通性と対応関係を考察することによって、次のことがわかった。すなわち、語彙項目によって2言語間の語彙の交替の可能性が100%, 50%, 0%と異なり、その可能性が語彙項目の交替領域と非交替領域の区別を決定するということである。2.6節では、非交替領域に該当する借用語には、主にH変種のインドネシア語からL変種のバリ語への方向性をもつ文化語彙借用と中核語彙借用の2つのタイプがあり、とくに中核語彙借用はBIコード混在との区別が困難であることを指摘した。次に2.7節では、本書の第3章以降で用いる会話コーパスについて述べた。2.4節で指摘したバリ人の会話で多数見られるBIコード混在の比率、すなわち交替領域のバリ語要素がインドネシア語要素にくらべて優勢である会話および両言語の要素が拮抗している会話の認定をおこなった。2.8節では、2.7節で設定した本書で分析

2.9 本章の要約

対象とする会話について、会話参加者の社会的属性、会話の場、会話の話題といった会話状況に関する情報を要約して提示し、これらの情報からBIコード混在が予測されることを確認した。会話状況に関する情報のうち、会話参加者の社会的属性の1つであるカーストにかかわる情報は、第5章でおこなうバリ語の敬語使用とBIコード混在の相互作用の考察に密接に関係している。

次の第3章では、2.7節で設定した会話コーパスを対象に、統語構造からみたBIコード混在の分布を記述し、考察する。そこで扱う主要な問題は、BIコード混在文の交替領域においてバリ語要素とインドネシア語要素がどのような分布の傾向を示すのか、その分布は文の構成要素によって異なるのかというものである。

注

1) 途中で途切れているなど不完全な発話もあるが、統語的な枠組みがその背後にあると仮定し、それも文とみなす。
2) このバリ語とインドネシア語の同源語は同形［kə］であるが、綴りが相異なる。バリ語ではkaと綴り、インドネシア語ではkeと綴る。ここではバリ語の綴りにしたがっている。

第3章

統語構造におけるBIコード混在の分布と談話マーカー

3.1 はじめに

　本章の主な目的は、前章で述べたBIコード混在の記述の枠組みを用いて、バリ語母語話者による実際の会話に起きる、文内のBIコード混在の一次資料を詳細に分析し、記述しながら、その事例を統語論的に分類し、統語構造とBIコード混在の分布的関係を考察することにある。記述の対象とする会話は、前章で述べたように、交替領域においてバリ語要素がインドネシア語要素にくらべて優勢である会話およびバリ語要素とインドネシア語要素が拮抗している会話である。そのようなBIコード混在の比率の会話において、文の構成要素のうちいずれにBIコード交替が起きているかを観察・分析し、コード混在に関する統語論的アプローチによる一般化を試みる。そして、BIコード交替が起きる要素に偏りが見られるならば、それはなぜかという問題を論じる。

　1つめの「文の構成要素のどの要素にBIコード交替が起きているか」という問題について私は、すでに原（2000）、原（2001）、原（2002）で予備的な議論をおこない、言語学的な一般化を示している。その要点は次に述べる通りである。

第3章　統語構造におけるBIコード混在の分布と談話マーカー

（1）文の構成要素である主語・述語・付加詞のいずれの要素にもBIコード混在が認められる。
（2）そのうちとくに付加詞にBIコード交替が多く起きるという分布上の傾向が観察される。
（3）付加詞の中でとりわけ談話マーカーとして機能する接続詞と接続詞的な文副詞にBIコード交替がきわめて多く見られる。

当然のことながら、ここでなぜこの（2）と（3）のような分布の偏りが見られるかが問題になる。（2）の偏りについてはうまく説明がつかないが、（3）の偏りについては原（2000）、原（2001）、原（2002）では次のような解釈を提案した。

> 談話マーカーは一般的にポーズやイントネーションによって際立たせられる性質をもつ。このことに注目し、談話マーカーにおけるBIコード混在が接続詞と接続詞的な副詞である談話マーカーを際立たせる機能を果たすのではないかという解釈が立てられる。

しかしながら、原（2000）、原（2001）、原（2002）では扱った会話コーパスの数がいずれも限られており、また、その中には本書が記述の対象とする、交替領域においてバリ語要素がインドネシア語要素にくらべて優勢である会話およびバリ語要素とインドネシア語要素が拮抗している会話に該当しないもの（つまり、典型的とはみなし難いBIコード混在会話）が含まれていた。本章では、原（2000）、原（2001）、原（2002）で用いた会話事例から、本書で設定した条件を満たす会話を選び、さらに追加的資料も補った上で、十分な事例数を対象とすることによって、またそれと同時に、第2章で導入した記述の形式的表現手段（formalism）を用いることによって、より精密な観察と記述を行いながら、上記の一般化の有効性を改めて検証し、解釈を再検討する。結論を先取りして言っておくと、一般化の有効性を検証することにより、（1）については新しい知見がもたらされ、（2）についてはそれとは異なる結果が得られ、（3）については同様の

結果があらためて確認された。

　本章の構成は次の通りである。まず、はじめに、3.2節では、記述のための枠組みとして、バリ語統語論の伝統文法の主要カテゴリーを用いて、文の内部構造を記述する準備をする。次に3.3節では、文の構成要素である主語・述語・付加詞それぞれの内部におけるBIコード混在の割合を観察し、それら3つの文構成要素間のBIコード混在の分布の比較をおこなう。3.4節、3.5節、3.6節では、それぞれ主語、述語、付加詞において、それらを形成する句の主要部と指定部のいずれにBIコード交替がより高頻度で起きているかを解明し、具体例を観察・分析しながら、BIコード混在を記述する。次いで3.7節では、3.6節で得られた、付加詞を構成する副詞句においてBIコード混在の分布に偏りがあり、談話マーカーとして機能する接続詞と文副詞にコード交替がきわめて多く認められるという観察結果を受けて、それがいったい何を意味しているのかを、統語構造を越えた談話現象を考慮に入れながら論じる。最後に、3.8節では、BIコード混在の分布の偏りが、統語構造・談話構造とは異なる形態論的・語彙的に条件づけられる場合があることを指摘する。

3.2　文の構成要素とその構成要素の内部構造

　本章の主な課題である、文のどの部分にBIコード交替が起きるかという問題を明らかにするにあたって、本節では記述と分析のために伝統的バリ語統語論から3つのカテゴリーを導入する。さらに、それら3つを形成する5種類の句の内部構造を分析するための2つの要素、主要部（head）と指定部（specifier）も導入する。

　まず、最初に扱うのは、主語・述語・付加詞という3つの構成要素である。これら3つは、バリ語学以外でも広く一般的に用いられている伝統的カテゴリーである。たとえばそれはLyons（1968：334-345、日本語訳　1973：371-372）でも用いられている。Lyonsは、これら3つについて次のように述べている。

第 3 章　統語構造における BI コード混在の分布と談話マーカー

（1）主語と述語は「義務的構成素」である。
（2）それに対して付加詞は文の構造上なくてもすむ「随意的構成素」である。
（3）ここで言う付加詞は名詞句内での名詞を修飾する形容詞、動詞句内での動詞を修飾する副詞などを除いた、時や場所などを表す文付加詞（sentence-adjuncts）と通常みなされているものである。

バリ語学におけるこれら 3 つのカテゴリーは、代表的なバリ語文典である Anom *et al.*（1983）に示されるように、Lyons の定義と一致する。しかし、後で示す例文に見られる通り、実際のバリ語会話では、文脈から明らかな場合には主語が省略されることがある。ここで 1 つ付け加えておくと、本章の以下の記述において用いる主語・述語・付加詞の構成要素は、単文を構成し、また重文の各文を構成し、さらに複文の各節を構成する。

　以上述べた主語・述語・付加詞は 5 種類の句から形成される。すなわち、主語は常に名詞句から、述語は動詞句、形容詞句、名詞句、前置詞句から、そして付加詞は副詞句から形成される。これら 5 つの句の内部構造をとらえるために、主要部と指定部という 2 つの要素を設定する。主語・述語・付加詞を形成する 5 種類の句の内部構造は次のようにとらえることができる。まず、以下で扱う資料のすべての主語を形成する名詞句は、義務的な構成素である主要部（名詞）と随意的構成素である指定部（形容詞など）から成る。次に、述語を構成する動詞句、形容詞句、名詞句、前置詞句は、それぞれ動詞、形容詞、名詞、前置詞を主要部とし、随意的構成素である指定部を伴うことがある。最後に、付加詞を構成する句には副詞を主要部とする副詞句があり、それに加えて、ここでは接続詞も付加詞を形成する要素とみなす（接続詞が付加詞としてふるまう点については 3.6 節で述べる）。

　なお、受身構文は、理論的に重要な問題を含み、とくに第 4 章で扱うため、本章の分析には含まれない。

3.3 3つの文構成要素におけるBIコード混在の頻度差

本節では、2.7節で設定した会話、つまりBIコード混在の度合いがバリ語とインドネシア語の間で拮抗している会話およびバリ語がインドネシア語にくらべて優勢である会話に該当する65のケースを対象に、そこに現れるBIコード混在文の主語、述語、付加詞の3つの文構成要素の間およびそれら3つの文構成要素内部におけるBIコード混在の分布を分析した結果を提示する。

本書で扱う会話事例には、前章で述べた通り、交替領域と非交替領域の分布の観点から見ると、以下の3種類の文が認められる。

(i) 交替領域のみから成る文
(ii) 交替領域と非交替領域から成る文
(iii) 非交替領域のみから成る文

これらのうち、本章で問題となるのは、交替領域が認められ、BIコード交替が起きる可能性のある (i) と (ii) のタイプである。(i) と (ii) に該当する文で、BIコード混在が見られる文 (BIコード混在文) は、65のケースの会話に現れるすべての文7515例のうち1772例 (24%) あった。このBIコード混在文のうち、受身構文 (4章で扱う) と主語・述語・付加詞以外の文構成要素外の要素 (間投詞、文末詞particleなど) のみがインドネシア語要素である文、およびそれとは逆に3つの文構成要素以外の要素のみがバリ語要素である文を除くすべての文 (1443例) を対象に、前節で導入した枠組みを用いて統語論的に分析した。まず、最初に、文の基本的構成要素である主語、述語、付加詞の間にBIコード混在の分布の偏りがあるかどうかを計測した。

3.3.1 3つの文構成要素間およびそれらの内部におけるBIコード混在の頻度差

表3.1は、受身構文と主語・述語・付加詞以外の文構成要素外の要素 (間投詞、particleなど) のみがインドネシア語要素である文および3つの構成

要素外の要素のみがバリ語要素である文を除いたBIコード混在文（1443例）における、主語・述語・付加詞のそれぞれについて、BIコード混在を含む度数とBIコード混在を含まない度数を比較したものである。記されている数値は、それぞれの度数を示し、（　）内はその割合（%、小数点第1位で四捨五入、以下の表も同様）を示している。

表3.1　文の3構成要素内部におけるコード混在の度数分布の偏り

	主語	述語	付加詞	合計
BIコード混在含む	257（37%）	984（57%）	540（52%）	1781（52%）
	∧	∨	‖	‖
BIコード混在含まない	431（63%）	739（43%）	489（48%）	1659（48%）
合計	688（100%）	1723（100%）	1029（100%）	3440（100%）

　この観測結果に示されるように、3.1節で触れた原（2000）、原（2001）、原（2002）の一般化（1）、「文の構成要素である主語・述語・付加詞のいずれの要素にもBIコード混在が認められる」は、明らかに有効である。ただし、主語・述語・付加詞はBIコード混在の割合に関しては異なる比率を示している。つまり、主語においてはBIコード混在を含まない事例がより大きい割合（63%）を占め、述語においては逆にBIコード混在を含む事例がより大きい割合（57%）を占め、付加詞においてはBIコード混在を含む事例とBIコード混在を含まない事例の間の割合の差はほとんどない（52%対48%）。これらの文構成要素の違いによるBIコード混在の分布の差は、不等号の記号を縦向きに用いて、表3.1中のようにパタンとして示すことができる。

　次に、表3.2は、BIコード混在を含む度数とBIコード混在を含まない度数を主語・述語・付加詞の3つの文構成要素の間で比較したものである。

3.3 3つの文構成要素におけるBIコード混在の頻度差

表3.2 文の3構成要素間に見られるコード混在の度数分布の偏り

	主語	述語	付加詞	合計
BIコード混在含む	**257（15%）**	**984（55%）**	**540（30%）**	**1781（100%）**
BIコード混在含まない	431（26%）	739（45%）	489（29%）	1659（100%）
合計	688（20%）	1723（50%）	1029（30%）	3440（100%）

 太字で示されている行に注目してほしい。BIコード混在を含む主語・述語・付加詞を比較すると、度数の上でも、その割合の上でも、述語におけるBIコード混在がもっとも高い数値を示している。統計的検定を行ってみると、述語と主語の間、述語と付加詞の間、主語と付加詞の間には、有意差があることが示された（$P<0.01$、カイ二乗検定による）。つまり、BIコード混在の出現の頻度は、主語・述語・付加詞の間で有意に異なり、主語、付加詞、述語の順に高くなる。このような文構成要素間に見られるコード混在の比率における序列は、不等号の記号によって次のようなパタンとして表現することができる。

　　　述語　＞　付加詞　＞　主語

この結果は、3.1節で述べた原（2000）、原（2001）、原（2002）から得られた、「主語・述語・付加詞のうち特に付加詞にBIコード交替が多く起きるという分布上の傾向が観察される」という一般化（2）とは異なる。

 では、表3.1で示した主語・述語・付加詞のそれぞれの内部におけるBIコード混在の比率のパタンと、表3.2で示したそれら3つの文構成要素の間のBIコード混在の比率のパタンは何を意味しているのだろうか。ここには2つの問題が認められる。1つは、それら2つのパタンは、BIコード混在に特有の言語個別的な特徴かという問題である。今の時点では、以上の主語・述語・付加詞のそれぞれの内部におけるBIコード混在の比率のパタンと、それら3つの文構成要素の間のBIコード混在の比率のパタンを説明するバリ語とインドネシア語の内部構造におけるメカニズムは、不明である。もう1つの問題は、それら2つのパタンは、通言語的にも認められる

特徴か、そして、もし通言語的に認められる特徴ならば、どんな原理に基づいているのかという類型論的な問題である。先に行ったような文構成要素間と文構成要素内部のコード混在の分布パタンを比較した研究は、私の知る限り、これまでに他の言語についてもなされてはいない。ここで私が提起した上記2つの問題は、理論的な考察の展開を可能にするという意味で重要な問題だと言うことができる。つまり、この問題提起は、今後のコード混在研究にとっての新しい研究トピックを提供するものである。

3.3.2　3つの文構成要素を形成する句における BIコード混在の頻度差

本項では、BIコード混在の見られる主語・述語・付加詞を形成する句に目を向けてみる。それら3つの文構成要素を形成する句の内部において、コード混在の分布に偏りがあるかどうかを分析し、その結果を要約したものが表3.3と表3.4である。前節で述べたように、主語・述語・付加詞を構成する句はすべて、BIコード交替が起こる部分の違いによって、次の4つに分類することができる。線で囲んだ部分はインドネシア語要素が全体あるいは一部に認められることを示している（次節以降も同様）。

(i)　　|主要部|のみ
(ii)　　|主要部|＋指定部
(iii)　主要部＋|指定部|
(iv)　|主要部|＋|指定部|

BIコード混在が認められる主語・述語・付加詞の3つの文構成要素を対象に、それら3つを形成する句において（i）から（iv）のそれぞれのタイプが占める割合と度数を示したのが表3.3である。ただし、（ii）において指定部が非交替領域である例と（iii）において主要部が非交替領域である例は、この集計から除いてある（次表以降も同様）。表中では、主要部（Head）は"H"、指定部（Specifier）は"S"で表す（次表以降も同様）。また、主語・述語・付加詞を形成する句について、統語的構造の違いから、主要部のみから構成される（i）と主要部と指定部の両方から構成される（ii）、 (iii)、(iv) との間のコード混在の分布の差を見たものが表3.4である。

表3.3 主語・述語・付加詞を形成する句におけるコード混在の分布

(i) ⬛Hのみ	(ii) ⬛H+S	(iii) H+⬛S	(iv) ⬛H+⬛S	合計
42%（688例）	23%（339例）	22%（342例）	13%（222例）	100%（1591例）

表3.4 主語・述語・付加詞を形成する主要部のみの句
　　　vs.主要部＋指定部の句におけるコード混在の分布

(i) ⬛Hのみ	(ii) ⬛H+S, (iii) H+⬛S, (iv) ⬛H+⬛S	合計
42%（688例）	58%（903例）	100%（1591例）

表3.4において、(i) の割合にくらべて (ii) + (iii) + (iv) の割合が有意に大きい（P＜0.01、カイ二乗検定による）。つまり、主語・述語・付加詞を形成する句において、主要部のみから構成されるか主要部と指定部の両方から構成されるかという統語構造の差とコード混在の間に相関が認められると言える。

次に、主要部と指定部のいずれにBIコード混在がより頻繁に起きているかを明らかにするために、表3.3から主要部のみから成る (i) を除き算出し直し、主要部と指定部から構成される句のタイプ (ii)、(iii)、(iv) を比較した表3.5を以下に示した。

表3.5 主要部＋指定部の構造をもつ主語・述語・付加詞の句におけるコード混在の分布

(ii) ⬛H+S	(iii) H+⬛S	(iv) ⬛H+⬛S	合計
37%（339例）	38%（342例）	25%（222例）	100%（903例）

表3.5における (ii) と (iii) の割合の差は、統計的には有意ではない（P＞0.01、カイ二乗検定による）。したがって、本書で扱うBIコード混在文の事例においては、主語・述語・付加詞のすべての文構成要素において、それらを形成する句の内部にBIコード混在の分布の偏りが認められると判断する理由は統計的にはない。

以上、3つの文構成要素の間およびそれら構成要素内部に見られるBIコード混在の分布の偏り、そして3つの文構成要素を形成する句の内部におけるBIコード混在の分布の偏りを考察した。その結果、(1) 文の構成要素によってBIコード混在の比率が異なること、(2) 主語、付加詞、述語の順でBIコード混在の頻度が高いこと、(3) そして文構成要素を形成する句の内部構造に注目すると、主要部のみから構成される句にくらべて主要部と指定部から構成される句により高頻度にBIコード混在が起きているが、主要部と指定部においてBIコード混在の分布に偏りが認めがたいことが明らかになった。(1) と (2) のBIコード混在の頻度差については、3.3.1項で問題を提起した。以下では、主語、述語、付加詞それぞれにおいて、それらを形成する句の内部構造によるBIコード混在の偏りとその構成要素の主要部と指定部におけるBIコード混在の分布の偏りを考察する。

3.4　主語にBIコード混在を含む場合

　BIコード混在文において、BIコード混在が含まれる主語を形成する句には名詞句が観察される。主語にBIコード混在が含まれるというのは、主語の交替領域全体または一部分にインドネシア語要素が認められることを意味する。BIコード混在が認められる名詞句から形成される主語は、前節で見た文の3構成要素を形成する句と同様に、インドネシア語要素が認められる部分の違いから、次の4つのタイプに分類することができる。この4タイプは、述語を形成する動詞句・形容詞句・名詞句・前置詞句、付加詞を形成する副詞句においても共通である。

(i) 　 主要部 のみ
(ii) 　 主要部 +指定部
(iii) 　主要部+ 指定部
(iv) 　 主要部 + 指定部

　表3.6は、BIコード混在が見られるすべての主語を形成する名詞句において各タイプが占める割合（％、小数点第1位で四捨五入）と度数を示し

3.4 主語にBIコード混在を含む場合

たものである。ただし、(ii)において指定部が非交替領域である例と (iii) において主要部が非交替領域である例は、この集計から除いてある（以下の表においても同様である）。表3.7は、主語を形成する名詞句の統語的内部構造の違いによってコード混在の分布の差があるかどうかを見るために、主要部のみから構成される句の (i) と主要部と指定部の両方から構成される句の (ii)、(iii)、(iv) とに分けて示したものである。

表3.6 主語の名詞句におけるコード混在の分布

(i) $\boxed{\text{H}}$のみ	(ii) $\boxed{\text{H}}$＋S	(iii) H＋$\boxed{\text{S}}$	(iv) $\boxed{\text{H}}$＋$\boxed{\text{S}}$	合計
33%（67例）	37%（83例）	8%（23例）	22%（45例）	100%（218例）

表3.7 主語の名詞句における主要部のみの句
　　　 vs.主要部＋指定部の句のコード混在の分布

(i) $\boxed{\text{H}}$のみ	(ii) $\boxed{\text{H}}$＋S, (iii) H＋$\boxed{\text{S}}$, (iv) $\boxed{\text{H}}$＋$\boxed{\text{S}}$	合計
33%（67例）	67%（151例）	100%（218例）

表3.7において (i) にくらべて (ii) ＋ (iii) ＋ (iv) の割合が有意により大きい（P＜0.01、カイ二乗検定による）。つまり、主語を形成する名詞句において、主要部のみから構成されるか主要部と指定部の両方から構成されるかという統語構造の差とコード混在の間に相関があると言える。

次に、主要部と指定部のどちらにBIコード混在がより頻繁に起きているかを明らかにするために、表3.6から主要部のみから構成される (i) を除き算出し直し、主要部と指定部から構成される句のタイプ (ii)、(iii)、(iv) を比較した表3.8を示す。なお、(i) から (iv) の各タイプの事例は以下で示される。例7、例8は (i) の例を、例9～12は (ii) の例を、例13、例14は (iii) の例を、例15～18は (iv) の例を示している。

表3.8 主要部＋指定部の構造をもつ主語の名詞句におけるコード混在の分布

(ii) $\boxed{\text{H}}$＋S	(iii) H＋$\boxed{\text{S}}$	(iv) $\boxed{\text{H}}$＋$\boxed{\text{S}}$	合計
55%（83例）	15%（23例）	30%（45例）	100%（151例）

表3.8において、主要部にBIコード交替が見られる（ii）と指定部にBIコード交替が見られる（iii）をくらべると、（ii）の方が（iii）にくらべて割合が大きく、有意差が認められる（P＜0.01、カイ二乗検定による）。したがって、主語を形成する名詞句において、指定部よりも主要部にBIコード交替の起こる頻度が高いと言える。

以下では、BIコード混在が関与する名詞句の（i）から（iv）のタイプについて典型的な例を選んで記述する。以下にあげる文の表記方法は、句読点を含め、バリ語には1974年に制定された完全バリ語ローマ字綴字法（Ejaan Bahasa Daerah Bali Yang Disempurnakan [Huruf Latin]）を、インドネシア語には1972年に制定された完全インドネシア語綴字法（Ejaan Bahasa Indonesia Yang Disempurnakan）を採用している。それに加えて、正書法では表記しない、接辞が付加された場合の形態素境界をハイフンによって示す。

原文表記の下には逐語訳を付与した。その下には、主節、従属節、補文のそれぞれのレベルにおける主語、述語、付加詞がどの語句に相当するかを示した。2語以上の場合は、[　]によってその範囲が表されている。さらに、その下の行に文全体の自由訳を記した。文の自由訳の後ろの数字は、その文が見られた会話事例の番号である（付録1の表Ⅰを参照）。

また、前章で導入した入れ子構造の括弧によるBIコード混在文の階層構造の表記法は、引き続き用いる。ただし、非交替領域および非交替単位には括弧をつけず、文字タイプは標準のままとする。

以上の具体例の表記法は、次節以降も同様である。本節であげるBIコード混在が関与する名詞句から形成される主語の例において、例7～12、例14、例15、例17の文は、左端と右端（最も外側の両端）が $_{DI}[$　$]_{DI}$ で括られる。すなわち、それらの文は交替領域のみから成り立ち、すべての要素にBIコード交替が起き得ることを意味する。残りの例13、例16、例18においては、文の中に $_{DI}[$　$]_{DI}$ が複数認められる。つまり、それらの文は交替領域と非交替領域の2種類の領域が存在し、交替領域に該当する要素のみにBIコード交替が起き得ることを意味する。

3.4 主語にBIコード混在を含む場合

(i) 主語の名詞句＝ 主要部 （単独の名詞）

例7：

$_{Dl}[_{Ul}[Air]_{Ul}\ _{Ul}[ngandeng]_{Ul}]_{Dl}.$

  水   浸る

  主語   述語

「水が上がってくる。」(conv.49)

 この例は、主要部のみから成り立つ名詞句から形成される主語全体にBIコード交替が認められることを示す。この文は、文の両端が $_{Dl}[\ \ ]_{Dl}$ によって括られることで示されている通り、交替領域のみから成り立っている。主語は主要部のみから構成される名詞句air「水」である。airはインドネシア語要素である（したがって、例文中でイタリックにしてある）。

例8：

$_{Dl}[_{Ul}[MeN]_{Ul}\text{-}_{Ul}[tari]_{Ul}\ _{Ul}[wenten]_{Ul}]_{Dl}.$

 踊る（こと）(menari) ある

  主語   述語

「踊りがあります。」(conv.44)

 上の例と同じく交替領域のみから構成されるこの例では、主語が主要部のみから成る動名詞句であり、それがインドネシア語要素として現れている。その動名詞句はmenari（meN-tari）「踊る」であり、動詞接辞と語幹の両方がインドネシア語要素である[1]。

(ii) 主語の名詞句＝ 主要部 ＋指定部

例9：

$_{Dl}[_{Ul}[Dija]_{Ul}\ _{Ul}[rumah]_{Ul}\ _{Ul}[ci]_{Ul}]_{Dl}?$

  どこで 家 お前

  述語 [主語]

「お前の家はどこだ？」(conv.15)

 この文も、文の両端が $_{Dl}[\ \ ]_{Dl}$ で括られていることからわかるように、交

替領域のみが認められる。この例の主語を形成する名詞句は、主要部の名詞と指定部の人称代名詞から成り立ち、主要部にBIコード交替が起きていることを示している。主要部は名詞rumah「家」、指定部は人称代名詞ci「お前」であり、主要部がインドネシア語要素として実現している。

例10：

$_{DI}[_{UI}[\text{Buin}]_{UI} \quad _{UI}[dua]_{UI} \quad _{UI}[juta]_{UI} \quad _{UI}[enu]_{UI}]_{DI}.$
　　　さらに　　　　2　　　　～百万　　　まだある
[　　　　　主語　　　　　　　]　述語
「さらに200万（ルピア）残っている。」(conv.7)

　この文も前例と同様、交替領域のみから成り立つ。この例の主語は、名詞の主要部と副詞の指定部から構成される名詞句であり、主要部にインドネシア語要素が観察される。この主語を形成する名詞句buin dua juta「さらなる200万」は指定部buin「さらに」と主要部dua juta「200万」から構成され、主要部dua juta「200万」がインドネシア語要素である。3.8節で述べるが、数詞はコード交替が起きやすい語彙カテゴリーである。

例11：

$_{DI}[_{UI}[\text{Sing}]_{UI} \quad _{UI}[dewasa]_{UI}, \quad _{UI}[ber]_{UI}\text{-}_{UI}[pikir]_{UI} \quad _{UI}[keto]_{UI}]_{DI}.$
　　　否定詞　　　大人の　　　考える(こと)(berpikir)　そのような
[　　述語　　]　[　　　　　　主語　　　　　　　]
「大人ではない、そのように考えるのは。」(conv.49)

　この交替領域のみから成り立つ文は、主語が名詞句から形成され、名詞句の主要部がインドネシア語の動名詞である例である。名詞句ber-pikir keto「そのように考えること」は、主要部の動名詞ber-pikir「考えること」と指定部の副詞keto「そのように」から成り立ち、主要部ber-pikirにBIコード交替が認められる。動詞接辞ber-と語幹pikirのいずれもインドネシア語要素である。

3.4 主語にBIコード混在を含む場合

例12：

~~~
DI[UI[*Hobi*]UI-UI[ne]UI   UI[apa]   UI]DI?
     趣味²⁾ -the            何
        主語                述語
~~~

「その（君の）趣味は何？」(conv.13)

　この例においては、主語を形成する、主要部＋指定部から成る名詞句において主要部にBIコード交替が起きている。この名詞句hobi-n-e「その（あなたの）趣味」は主要部に該当する名詞hobi「趣味」と接辞-e（前述や既知のものを特定する定冠詞の機能をもつ）から成り立ち、主要部がインドネシア語要素である。バリ語の接尾辞-eは母音で終わる形態素に後続する時、子音nが挿入される。この挿入規則はバリ語の規則にしたがっており、インドネシア語にはない。

　この例の「名詞＋定冠詞機能をもつ接辞-e」や、「名詞＋3人称所有を表す接辞-ne³⁾」の構造をもつ句にコード混在が見られる場合、名詞はインドネシア語で、接辞はバリ語（接尾辞-e/-ne）であるという傾向が見られる。この観察から、接辞-eあるいは-neが指定部である句にBIコード混在が見られる場合、その構成する要素間にコード交替の偏りが存在すると言える。つまり、語彙的な要素がインドネシア語要素になりやすく、文法的な要素はインドネシア語要素になりにくい。言い換えると、接辞がインドネシア語要素の場合、名詞部分もインドネシア語要素であることを含意する。このような含意関係（依存関係）を仮説として提案することができるだろう。このトピックに関する具体的な数値に基づく分析は、3.8節で行う。

(iii)　主語の名詞句＝主要部＋ 指定部

例13：

~~~
DI[UI[Nika]UI   UI[*juga*]UI,   UI[nika]UI]DI   N-DI[UI[krana]UI-UI[ang]UI]DI.
     それ         ～もまた         それ              原因となる (ngranang)
  [    主語    ]                  主語                  述語
~~~

「それもまた…、それも一因です。」(conv.49)

第3章　統語構造におけるBIコード混在の分布と談話マーカー

　この例は、主語を形成する名詞句が主要部と副詞である指定部から構成され、指定部にBIコード交替が認められることを示している。例10も、主語を形成する名詞句の指定部が副詞であったが、BIコード交替が主要部に起こっていたという点で、この例と異なっている。

　この文の領域は、交替領域、非交替領域、交替領域の順に3つ認められる。2つの交替領域がそれぞれ$_{DI}$[　]$_{DI}$で括られることによって、3つの領域の区別が示されている。1つめの交替領域にBIコード交替が起こっており、この交替領域は主語と一致している。この文は主語が2つ見られるが、2つめの主語nika「それ」は1つめの主語nika juga「それもまた」を繰り返し言ったものである。BIコード混在が見られるのは1つめの主語を構成する名詞句nika jugaである。主要部の指示代名詞nikaと指定部の副詞jugaから成り立ち、指定部にインドネシア語要素が見られる。

例14：

$_{DI}$[$_{UI}$[Amonto]$_{UI}$　　$_{UI}$[a]$_{UI}$-$_{UI}$[tugel]$_{UI}$　　$_{UI}$[itu]$_{UI}$
　　　その程度　　　　1　　〜切れ(atugel)　　それ
[　　　　　　　　　　主語　　　　　　　　　　]
$_{UI}$[se]$_{UI}$-$_{UI}$[ribu]$_{UI}$　　$_{UI}$[empat]$_{UI}$　　$_{UI}$[ratus]$_{UI}$]$_{DI}$.
　　1　　〜千(seribu)　　　4　　　　〜百
[　　　　　　　　　　述語　　　　　　　　　　]

「一切れの量のものは1,400（ルピア）です。」（conv.7）

　この文は交替領域のみから成り立ち、主語と述語の両方にBIコード混在が認められるが、ここでは主語を形成する名詞句において指定部がインドネシア語要素として現れている例として示す。主語を形成する名詞句amonto atugel itu「その一切れ程度のもの」は主要部amonto a-tugel「一切れ程度のもの」と指定部の指示代名詞itu「それ」から成り、指定部のituにBIコード交替が起きている。

3.4 主語にBIコード混在を含む場合

(iv)　主語の名詞句＝ 主要部 ＋ 指定部

例15：

$_{DI}[_{UI}[\text{Kenken}]_{UI} \quad _{UI}[peN]_{UI}-_{UI}[dapat]_{UI} \quad _{UI}[kamu]_{UI}]_{DI}$？

　　　どのような　　　意見（pendapat）[4)]　　　　　お前

　　　　述語　　　　[　　　　主語　　　　　]

「あんたの意見はどう？」（conv.59）

　この文は、交替領域のみが認められ、主語を形成する、主要部と指定部から成る名詞句全体にBIコード交替が起こっている例である。この名詞句の指定部は人称代名詞である。主語を形成する名詞句pendapat kamu「お前の意見」は、主要部の名詞pendapat（peN-dapat）と指定部の人称代名詞kamuから成り立ち、どちらもインドネシア語要素である。

例16：

$_{DI}[_{UI}[Jadi]_{UI}]_{DI} \quad _W<\text{tuju-}_{DI}[_{UI}[an]_{UI}]_{DI}>_W \quad \text{utama-}_{DI}[_{UI}[nya]_{UI}$

　だから　　　　　　　　目的（tujuan）　　　　　　主要な-the

　　付加詞　　　　［　　　　補文の主語　　　　　　

$_{UI}[\text{ma}]_{UI}-_{UI}[\text{lali}]_{UI} \quad _{UI}[\text{keto}]_{UI}]_{DI}$？

　遊びに行く（malali）　　　そのような

　　補文の述語　　　　主節の述語

「すると、主な目的は遊びに行くということ？」（conv.62）

　この例は、主語を形成する名詞句に交替領域と非交替領域の2領域がまたがり、主語における交替領域がすべてインドネシア語要素に交替している。この文は、補文tujuan utamanya malaliと主節ketoから成り立ち、BIコード混在に関与する部分は、補文の主語を形成する名詞句tujuan utamanya「その主な目的」である。この名詞句は、主要部のtujuan utama「主な目的」と指定部の接辞-nya（既述の内容を示す定冠詞機能をもつ）とから構成される。tuju-an utama-nyaは表層的にはインドネシア語コードであるが、tujuとutamaはバリ語とインドネシア語が同一形式である非交替領域に、-anと-nyaが交替領域に該当し、その2つの交替単位にBIコード交替が起きてい

ると判断できる。

　主要部に含まれるtuju-an「目的」は、語幹と接辞の両方がバリ語とインドネシア語のいずれにも存在するが、この組み合わせの派生語はインドネシア語のみに見られ、バリ語にはない。インドネシア語のtuju-anに相当するバリ語の単語はtetujon（te-tuju-an）である。つまり、語幹tujuに語幹1音節目の重複te-[5)]と接尾辞-anが加わり、さらに接尾辞-anの付加にはuとaの融合が起こっている。したがって、コード混在の観点から見ると、この単語については2言語間に派生にかかわる要素と規則に差異があると考えることができ、接尾辞-anをインドネシア語要素とみなすことができる。

　また主要部tujuan utamaのutamaは単独で現れる場合はバリ語では[utamə]、インドネシア語では[utama]と異なり、交替領域に該当する。しかし、この例のようにバリ語のutama[utamə]に接尾辞が付加されると、語末のシュワーは[a]となり、インドネシア語と同一形式である非交替領域に該当する。2.5節でも示したが、このように、バリ語には、独立した語として現れる場合と接辞が付加される場合とでは、該当する領域が変わる語彙がある。

例17：

$_{DI}[_{U1}[\textit{Pengantin}]_{U1}\ _{U1}[\textit{baru}]_{U1}\ _{U1}[\text{keto}]_{U1}\text{-}_{U1}[\text{ang}]_{U1}\ _{U1}[\text{malu}]_{U1}\ _{U1}[\text{nah}]_{U1}]_{DI}.$
　　新郎／新婦　　　新しい　　そのようにする(ketoang)　　まず　　particle
[　　　　主語　　　　]　[　　　　　　述語　　　　　　]
「新婚はまずそのようにするのだ。」（conv.9）

　この文は交替領域のみから成り立つ。この例の主語は、複合語pengantin baru「新婚者」である[6)]。pengantin baruは指定部が形容詞である名詞句であり、主要部と指定部の両方がインドネシア語要素である。

3.4 主語にBIコード混在を含む場合

例18：

Jam ₁ₐ[ᵤ₁[kuda]ᵤ₁]ₐ₁   Pak,   ₁ₐ[ᵤ₁[*berangkat*]ᵤ₁-ᵤ₁[*nya*]ᵤ₁]ₐ₁?
〜時　　　いくつ　　　　Mr.　　　　　　出発する　　-the
[　　述語　　]　　　　　　　　　　　　　　　主語
「何時ですか、出発するのは？」（conv.60）

　この文は、述語の一部である文頭のjamと呼称のpakのみが非交替領域に該当し、残りの要素は交替領域に該当する。交替領域は ₁ₐ[　]ₐ₁ に括られることによって示されている。2つめの交替領域に該当する、主語を形成する動名詞句全体がインドネシア語要素として現れている。主語を形成する動名詞句berangkat-nyaは主要部の動詞berangkat「出発する」と指定部の接辞-nya（名詞化の機能を果たす）とから成り立つ。この動名詞句のコードの分布は、前項で述べた「名詞＋3人称所有／定冠詞」という構造の名詞句における含意関係（依存関係）に関する仮説を支持している。すなわち、接辞がインドネシア語の場合、語幹部分もインドネシア語であるという含意関係である。

　以上、具体例の記述を通して見てきたように、入れ子構造の括弧による表示方法を用いると、線状的に交替領域と非交替領域の区別を明示することができる。すなわち、潜在的にBIコード交替の作用し得る部分とそうでない部分をテキストの中で表示することが可能となる。

　最後に、本項で述べた内容を要約しておく。表3.7で見たように、主語を形成する名詞句において、主要部のみから成る（i）主要部 にくらべて、主要部と指定部の両方から成る（ii）主要部 ＋指定部、（iii）主要部＋ 指定部 、（iv）主要部 ＋ 指定部 の割合の合計がより大きく、2つの間には有意差が認められた。表3.8において、主要部＋指定部の構造をもつ（ii）、（iii）、（iv）から、主要部と指定部のどちらにBIコード交替が高頻度に起きているかを見ると、それは主要部であることがわかった。

　ここで付け加えておくべきことは、「名詞＋3人称所有／定冠詞を表す接尾辞」の構造をもつ句の内部にコード混在が認められる場合、名詞がイン

ドネシア語要素、接尾辞がバリ語要素（-e/-ne）である例が多いという事実である。また、数詞がインドネシア語要素である例が多く見られることも指摘すべきことである。これらの観察は、具体的数字に基づいて 3.8 節で分析する。

3.5　述語に BI コード混在を含む場合

　述語に BI コード混在が見られる、つまり交替領域に該当する述語全体または述語の一部分にインドネシア語要素が認められる場合、述語には次の 4 種類の句が観察される。

　1）動詞句
　2）形容詞句
　3）名詞句
　4）前置詞句

以下では、それぞれの種類の句においてどの部分にインドネシア語要素が認められるかに注目し、第 2 章で導入した入れ子構造の括弧による表示方法で典型的な例を記述する。

3.5.1　述語の動詞句における BI コード混在

　述語を形成する動詞句は、BI コード交替が認められる部分の違いから、主語を形成する名詞句と同様に、4 つのタイプに分類することができる。表 3.9 は、BI コード混在が見られる述語を形成するすべての動詞句において、各タイプが占める割合（％、小数点第 1 位で四捨五入）と度数を示したものである。表 3.10 は、句の内部構造の違いによって BI コード混在の分布の差があるかどうかを見るために、主要部のみから成る（i）と主要部＋指定部の構造をもつ（ii）、(iii)、(iv) とに分類し、2 つの割合（％）と度数を比較したものである。

3.5 述語にBIコード混在を含む場合

表3.9 述語の動詞句におけるコード混在の分布

(i) Hのみ	(ii) H+S	(iii) H+S	(iv) H+S	合計
20%（102例）	23%（117例）	42%（220例）	15%（77例）	100%（516例）

表3.10 述語の動詞句における主要部のみの句
vs.主要部＋指定部の句のコード混在の分布

(i) Hのみ	(ii) H+S, (iii) H+S, (iv) H+S	合計
20%（102例）	80%（414例）	100%（516例）

表3.10が示す通り、主要部と指定部の両方から構成される (ii)、(iii)、(iv) の割合は、主要部のみから構成される (i) にくらべて有意に大きい（P＜0.01、カイ二乗検定による）。つまり、述語を形成する動詞句において、主要部のみから成り立つか主要部と指定部の両方から成り立つかという統語構造の違いは、BIコード混在と相関があると言える。言い換えると、主要部＋指定部の構造をもつ動詞句から成る述語は、主要部のみの動詞句から成る述語にくらべて、よりBIコード交替が起きやすい。

では、述語を形成する、主要部＋指定部の構造をもつ動詞句において、主要部と指定部のいずれにBIコード交替が起きているだろうか。表3.9から主要部のみから成る (i) を除き、主要部＋指定部の構造をもつ (ii)、(iii)、(iv) を比較したものが表3.11である。

表3.11 主要部＋指定部の構造をもつ述語の動詞句におけるコード混在の分布

(ii) H+S	(iii) H+S	(iv) H+S	合計
28%（117例）	53%（220例）	19%（77例）	100%（414例）

表3.11を見る限り、(iii) の割合と度数が他のタイプにくらべて高い。表3.11に示した数値をもとに、主要部にBIコード交替が起きている (ii) と指定部にBIコード交替が起きている (iii) を比較してみると、(iii) の割合が有意に大きいことがわかる（P＜0.01、カイ二乗検定による）。したがって、本書で扱う事例に基づくと、述語を形成する、主要部と指定部を構成

要素とする動詞句においては、指定部にBIコード交替が起きる頻度がより高いと言える。

　以下では、主語を形成する名詞句と同様に、BIコード混在が関与する動詞句の（i）から（iv）のタイプを典型的な例を選んで記述する。

(i)　述語の動詞句＝ 主要部 のみ（単独の動詞）

例19：

$_{DI}[_{UI}[Dija]_{UI}\ _{UI}[makan]_{UI}]_{DI}?$

　　　どこで　　　食べる

　　　付加詞　　　述語

「（あんたは）どこで食べる？」（conv.19）

　この例は交替領域のみから構成されている。この文は主語が存在しないが、文脈から2人称だと推測できる。この文の述語を形成する、主要部のみから成る動詞句、すなわち動詞makan「食べる」がインドネシア語要素である。

(ii)　述語の動詞句＝ 主要部 ＋指定部

例20：

$_{DI}[_{UI}[Rebus]_{UI}\ _{UI}[don]_{UI}\ _{UI}[sotong]_{UI}]_{DI}.$

　　　茹でる　　　葉　　　グアバ

　[　　　　　　　述語　　　　　　　]

「（人々は）グアバの葉を茹でる。」（conv.38）

　この例も交替領域のみから成る。この文も主語が存在せず、述語のみから構成される。述語は、動詞＋目的語の構造をもつ動詞句から形成され、主要部の動詞rebus「茹でる」がインドネシア語要素として現れている。

3.5 述語にBIコード混在を含む場合

例21：

SMA ₍Dl₎[₍Ul₎[sai]₍Ul₎ ₍Ul₎[*bolos*]₍Ul₎]₍Dl₎.
　高校　　　しばしば　　　さぼる
付加詞 [　　　述語　　　]
「高校時代、（私は）よくさぼっていた。」（conv.39）

　この文は主語が存在しないが、文脈から1人称だと推測できる。この文では、付加詞が非交替領域に該当し、述語が交替領域に該当する。述語は「副詞＋動詞」の構造をもつ動詞句 sai bolos「よくさぼる」から形成され、主要部の bolos「さぼる」がインドネシア語要素として現れている。

例22：

O　　₍Dl₎[₍Ul₎[*libur*]₍Ul₎]₍Dl₎ ₍w₎<N-₍Dl₎[₍Ul₎[odal]₍Ul₎]₍Dl₎-in>₍w₎?
間投詞　　休む　　　　　　祭りをする(ngodalin)
　　　　[　　　　　　述語　　　　　　]
「あー（あなたは）祭りをするために休んだの？」（conv.17）

　この文は主語を欠いており、述語のみから成る。この例の述語は「動詞＋動詞」の構造をもつ動詞句から形成され、主要部の動詞にインドネシア語が認められる。この文を領域の面から見ると、非交替領域、交替領域、非交替領域、交替領域、非交替領域と5つが認められ、2つの交替領域は ₍Dl₎[　　]₍Dl₎ で括られている。1つめの交替領域にインドネシア語要素が観察される。それは述語を形成する動詞句の主要部である libur「休む」である。

　非交替領域に該当する接頭辞 N- と接尾辞 -in は、バリ語とインドネシア語に共通する接辞であるが、インドネシア語では口語体にしか現れない[7]。この文は、口語体が用いられることが期待されるため、N- と -in は非交替領域であると判断できる。

第3章　統語構造におけるBIコード混在の分布と談話マーカー

例23：

$_{DI}[_{UI}[Ba]_{UI}\ _{UI}[\textit{tidur}]_{UI}\ _{UI}[kali]_{UI}\ _{UI}[jani]_{UI}]_{DI}$?
　　すでに　　　寝る　　　　〜の頃　　　今
　　[　　述語　　]　　[　　付加詞　　]
「（彼女は）今からもう寝ているの？」(conv.12)

　この例は主語が現れていないが、文脈から3人称であると推測できる。交替領域のみが認められるこの文では、述語を形成する動詞句 ba tidur「すでに寝ている」が「助動詞＋動詞」の構造をもち、主要部 tidur「寝る」にインドネシア語要素が観察される。

例24：

$_{DI}[_{UI}[Nak]_{UI}\ _{UI}[ane]_{UI}\ _{UI}[len]_{UI}\text{-}_{UI}[len]_{UI}\ _{UI}[sing]_{UI}\ _{UI}[\textit{peduli}]_{UI}]_{DI}$.
　particle　　関係代名詞　　　他の　　　　　〜ない　　　気にする
　　　　　　　[　　主語　　]　　[　　述語　　　]
「他の人たちは気にかけない。」(conv.49)

　この文は、交替領域のみが認められ、すべての要素にBIコード交替が起こり得る。この例が示すのは、動詞句から成り立つ述語に見られるBIコード混在である。動詞句 sing peduli「気にかけない」は主要部の peduli「気にかける」と指定部の否定詞 sing から構成され、主要部がインドネシア語要素として実現している。

例25：

$_{DI}[_{UI}[To]_{UI}\ _{UI}[ter]_{UI}\text{-}_{UI}[\textit{masuk}]_{UI}\ _{UI}[mudah]_{UI}\ _{UI}[to]_{UI}]_{DI}$.
　　それ　　　含まれる(termasuk)　　　安い　　　それ
　　主語　[　　　述語　　　　]　　主語
「それは安いうちに入る、それは。」(conv.49)

　この文は交替領域のみから構成される。この例では、述語を形成する動詞句が「動詞＋補語」の構造をなし、そこにBIコード混在が認められる。動詞句 termasuk mudah「安いうちに含まれる」において、BIコード交替が

3.5 述語にBIコード混在を含む場合

起きているのは主要部に該当する動詞ter-masuk「含まれる」である。ter-masukの接頭辞と語幹の両方がインドネシア語要素として現れている。

(iii)　述語の動詞句＝主要部＋指定部

例26：

w<N-_{Dl}[_{Ul}[gelah]_{Ul}>_w　_{Ul}[*usaha*]_{Ul}　_{Ul}[kone]_{Ul}　_{Ul}[jani]_{Ul}]_{Dl}　T.A　Jalan Nangka.
　　持つ(ngelah)　　　　　事業　　　　～らしい　　　今　　　　人名　　通り名
[　　　述語　　　　　]　付加詞　　付加詞　　[　主語　　]
「ナンカ通りのT.Aは今事業をやっているらしい。」（conv.7）

　この例は、述語を形成する動詞句が「動詞＋目的語」の構造をもち、指定部である目的語にインドネシア語要素が現れていることを示す。この文は、非交替領域、交替領域、非交替領域の3つの領域が認められ、文頭に位置する述語には非交替領域と交替領域の2つの領域が関与している。述語を形成する動詞句ngelah（N-gelah）usaha「事業を持つ」は主要部のN-gelah「持つ」と指定部の名詞usaha「事業」から構成され、主要部の動詞接頭辞N-が非交替領域に該当し、主要部の動詞語幹gelahと指定部のusahaは交替領域に該当する。そのような動詞句においてBIコード交替が起きているのは、指定部のusahaである。

例27：

_{Dl}[_{Ul}[Ia]_{Ul}　_{Ul}[*enak*]_{Ul}-_{Ul}[*enak*]_{Ul}]_{Dl}　w<N-_{Dl}[_{Ul}[ledek]_{Ul}>_w　_{Ul}[lantas]_{Ul}]_{Dl}.
　彼　　　　好き勝手に　　　　　馬鹿にする(ngaledek)　　それから
主語　[　　　　　述語　　　　　　　　　]　付加詞
「彼はそれから身勝手に馬鹿にするだけなんだ。」（conv.49）

　この文は、述語を形成する動詞句が副詞と動詞から成り、指定部の副詞にインドネシア語要素が見られる例である。この文には交替領域、非交替領域、交替領域の順で3つの領域が認められ、2つの交替領域は_{Dl}[　]_{Dl}で括られた部分である。述語には3つの領域すべてがかかわっている。述語を形成する動詞句enak-enak ngaledek「好き勝手に馬鹿にする」は、主要部

93

N-ledek（ngaledek）「馬鹿にする」と指定部の副詞enak-enak「好き勝手に」とから構成される。主要部は動詞接辞N-が非交替領域に、動詞語幹ledekが交替領域に該当し、指定部enak-enakは交替領域に該当する。そのうち指定部のenak-enakがインドネシア語要素として現れている。

例28：

_{Dl}[_{Ul}[Suud]_{Ul}　_{Ul}[*masak*]_{Ul},　_{Ul}[ba]_{Ul}　_{Ul}[keto]_{Ul}]_{Dl}　anu
　　　　終わる　　　料理する　　　　　　　それから　　　　あれ
［　　　述語　　　］　［　　付加詞　　　］

_w＜N-_{Dl}[_{Ul}[or(ah)]_{Ul}-_{Ul}[ang]_{Ul}＞_w　_{Ul}[awak]_{Ul}-_{Ul}[ne]_{Ul}]_{Dl}　sakit.
　　　　言う（ngorang）　　　　　　　　　　体-her　　　　病気の
［　　　　　　　　　　　述語　　　　　　　　　　　　　］

「（彼女は）料理し終わって、それから、あの、具合が悪いと言ったんだ。」
（conv.38）

　この文は、suud masak「料理し終える」とngorahang awakne sakit「自分の具合が悪いと言う」の2つの節が接続詞ba keto「それから」によって結びつけられた重文である。BIコード混在が見られるのは、述語のみから構成される1つめの節である。その述語を形成する動詞句suud masakは交替領域を示す_{Dl}[　]_{Dl}に含まれており、動詞句の構成要素はすべて交替単位に該当する。主要部の動詞suudはバリ語要素として、指定部の補語動詞masakはインドネシア語要素として実現している。

例29：

_{Dl}[_{Ul}[Saget]_{Ul}　_{Ul}[ba]_{Ul}　_{Ul}[tiang]_{Ul}]_{Dl}　_w＜N-_{Dl}[_{Ul}[orah]_{Ul}]_{Dl}-in＞_w　_{Dl}[_{Ul}[*setuju*]_{Ul}]_{Dl}.
　　　　突然　　　particle　　　私　　　　　　言う（ngorahin）　　　　賛成する
［　付加詞　］　主語　［　　　　述語　　　　　］

「もちろん、私は賛成だと言う。」（conv.49）

　この例は、述語を形成する、動詞と補語から成る動詞句において指定部の補語にBIコード交替が起きていることを示している。この文には交替領

3.5 述語にBIコード混在を含む場合

域、非交替領域、交替領域、非交替領域、交替領域の順で5つの領域が認められ、この例が示す述語には2つめ以降の4つの領域がかかわっている。述語を形成する動詞句 ngorahin (N-orah-in) setuju「賛成だと言う」は、主要部の N-orah-in「言う」と指定部の補語動詞 setuju「賛成する」とから構成される。主要部は、動詞接頭辞 N- と動詞接尾辞 -in が非交替領域に該当し、動詞語幹 orah が交替領域に該当する。指定部の setuju は交替領域に該当する。このような動詞句において指定部の setuju がインドネシア語要素として現れている。

例30：

_{DI}[_{UI}[Ada]_{UI}　_{UI}[*solusi*]_{UI}　_{UI}[keto]_{UI}]_{DI}.
　　　ある　　　　解決　　　　そのような
[　　補文の述語　　]　主節の述語
「解決があるということだ。」（conv.49）

　交替領域のみから成るこの例は、「存在動詞＋補語」の構造をもつ存在文であり、補語の名詞にインドネシア語要素が認められる。この文は補文 ada solusi「解決がある」と主節 keto「そのような」とから成り、BIコード混在が見られるのは動詞句から成り立つ補文である。動詞句は主要部 ada と指定部 solusi から構成され、インドネシア語要素は指定部 solusi である。

例31：

_{DI}[_{UI}[Mancan]_{UI}　_{UI}[ma]_{UI}-_{UI}[banten]_{UI}　_{UI}[nak]_{UI}]_{DI}　Kuningan
　　　～するなら　　お供えする(mabanten)　　particle　　祝日名
　　付加詞　[　　　　従属節の述語　　　　　]
_{DI}[_{UI}[*harus*]_{UI}　_{UI}[semeng]_{UI}　_{UI}[ma]_{UI}-_{UI}[banten]_{UI}]_{DI}.
　　　must　　　　朝　　　　お供えする(mabanten)
[　主節の述語(主節の付加詞)　　　　　　　　　　]
「クニンガンのお供えをするなら、朝にしなければならない。」（conv.6）

　この文は、「助動詞＋動詞」の構造をもつ動詞句から成る述語において指

定部の助動詞にインドネシア語要素が見られる例である。この文の領域は、交替領域、非交替領域、交替領域の順で3つが認められ、3つめの領域である交替領域（2つめの $_{D1}$[　]$_{D1}$ に括られている）にBIコード交替が起きている。この文は、従属節mancan mabanten nak Kuningan「クニンガンのお供えをするなら」と主節harus semeng mabanten「朝にお供えしなければならない」の2つの節から成り、BIコード混在が関与するのは主節である。主節は動詞句から形成される述語harus ma-banten「お供えしなければならない」のみを構成要素としている。この動詞句は、主要部のma-banten「お供えする」と指定部の助動詞harus「〜なければならない」から成り立ち、指定部のharusがインドネシア語要素として現れている。

(iv)　述語の動詞句＝ 主要部 ＋ 指定部

例 32：

$_{D1}$[$_{U1}$[*Siap*]$_{U1}$-$_{U1}$[ang]$_{U1}$　　$_{U1}$[anak]$_{U1}$-$_{U1}$[e]$_{U1}$　　$_{U1}$[*pel--an*]$_{U1}$ $_{U1}$[*ajar*]$_{U1}$-$_{U1}$[e]$_{U1}$

　　準備する(siapang)　　　　particle(anake)　　　　勉強(pelajaran)-the

[　　　　　　　　　　　主節の述語　　　　　　　　　　　　　　　　]

$_{U1}$[apang]$_{U1}$]$_{D1}$…

〜になるように

　付加詞

「学習内容を準備しておくんだよ、というのは…。」（conv.63）

　この交替領域のみから成り立つ文は、述語を形成する動詞句の主要部と指定部の両方にインドネシア語要素が認められることを示している。この文は、主節の後に従属節が続くことが期待されるが、節をつなぐ接続詞で途切れている。主節は命令文を形成し、その動詞句siapang pelajarane「（その）学習内容を準備する」は主要部のsiap-ang「準備する」と指定部の目的語pel-ajar-an-e「（その）学習内容」から構成され、主要部と指定部の両方にBIコード混在が見られる。動詞句の主要部siap-angは、語幹siapがインドネシア語要素、接尾辞-angがバリ語要素として現れ、語内のコード混在が見られる。指定部のpel-ajar-an-eは、さらに名詞pel-ajar-anと接尾辞-e（前

3.5 述語にBIコード混在を含む場合

述・既知のものを指す定冠詞的機能をもつ) から成る名詞句を形成しているが、名詞のpel-ajar-anの接辞部分pel--an (非連続形態素) と語幹ajarの両方がインドネシア語要素である。

今見たように、動詞派生語siap-angに見られる語内のBIコード混在の例においては、語幹がインドネシア語で、接辞がバリ語である。BIコード混在の事例において、このような文法的な機能を果たす接辞にはインドネシア語要素が現れない例が多く観察される。また、先にも指摘したが、pelajaran-eに見られたように、3人称の所有・定冠詞を表す接辞が付加されている名詞句では、接辞にインドネシア語要素が見られにくい。具体的な数値に基づいた考察については、3.8節でおこなう。

例33:

$_{DI}[_{UI}[\text{Tiang}]_{UI} \quad _{UI}[sempat]_{UI} \quad _{UI}[ketemu]_{UI}]_{DI}.$

  私   暇がある   会う

  主語 [述語   ]

「私は会うことができました。」(conv.49)

この文は交替領域のみから成る。この例は、助動詞+動詞の構造をもつ動詞句から形成される述語全体にBIコード交替が起きていることを示す。すなわち、述語をなす動詞句sempat ketemu「会う機会がある」の主要部と指定部の両方がインドネシア語要素である。

以上、BIコード混在が見られる述語を形成する動詞句の典型的な例を提示して観察し、それらを入れ子構造による表示法を用いながら記述した。そして、主要部のみから構成される (i) 主要部 の割合と主要部と指定部の両方から構成される (ii) 主要部 +指定部、(iii)主要部+ 指定部 、(iv) 主要部 + 指定部 の3タイプを足したものの割合とを比較した結果、主要部と指定部から成る (ii) + (iii) + (iv) が主要部のみから成る (i) にくらべて有意に大きいことがわかった。つまり、述語を形成する動詞句において、統語構造の違いとBIコード混在の相関があることが示され、主要部

＋指定部の構造をもつ動詞句から形成される述語は、主要部のみの動詞句から形成される述語にくらべて、よりBIコード交替が起きやすいと言える。また、主要部＋指定部の構造をもつ（ii）、（iii）、（iv）の間を比較すると、そのうち（iii）が高い割合を示していた。したがって、述語を形成する動詞句においては、本書の扱う事例に基づくと、主要部にくらべて指定部にBIコード交替がより高い頻度で起こっていると言える。

また、動詞において語内の形態論レベルでのBIコード混在が頻繁に観察されるが、ほとんどの例では動詞語幹がインドネシア語要素として現れ、接辞がバリ語要素として現れている。このことは、内容語と機能語の語彙クラスの違いとコード交替の起こりやすさの関係との平行性という側面から捉えることができる。これについては、3.8節で改めて述べる。

3.5.2 述語の形容詞句におけるBIコード混在

BIコード混在が関与する述語を形成する形容詞句の分類は、3.4節で述べたように、3つの文構成要素を形成する他の4種類の句に共通する。表3.12は、BIコード混在が見られる述語を形成するすべての形容詞句において、各タイプが占める割合（％）と度数を示したものである。表3.13は、句の内部構造の違いによってBIコード混在の分布の差があるかどうかを明らかにするために、主要部のみから成り立つ（i）と主要部と指定部から成り立つ（ii）、（iii）、（iv）とに分け、割合と度数を示したものである。

表3.12 述語の形容詞句におけるコード混在の分布

(i) H のみ	(ii) H ＋S	(iii) H ＋S	(iv) H ＋S	合計
39%（41例）	34%（35例）	14%（15例）	13%（14例）	100%（105例）

表3.13 述語の形容詞句における主要部のみの句
　　　　vs.主要部＋指定部の句のコード混在の分布

(i) H のみ	(ii) H ＋S, (iii) H ＋S, (iv) H ＋S	合計
39%（41例）	61%（64例）	100%（105例）

3.5 述語にBIコード混在を含む場合

表3.13で、主要部のみから成る（i）の割合を主要部と指定部から成る（ii）、（iii）、（iv）の割合の和と比べると、（ii）+（iii）+（iv）が有意に大きい（P＜0.01、カイ二乗検定による）。したがって、述語を形成する形容詞句において、句の内部構造の違いはBIコード混在と相関があると言える。つまり、述語を形成する形容詞句では、主要部＋指定部の構造をもつ句に、主要部のみから成る句にくらべてBIコード交替がより頻繁に起きている。

次に、主要部＋指定部の構造をもつ（ii）、（iii）、（iv）を比較し、主要部と指定部のどちらにBIコード交替が起こる頻度が高いかを見てみよう。表3.14は、表3.12から（i）を除き改めて算出したものである。

表3.14　主要部＋指定部の構造をもつ述語の形容詞句におけるコード混在の分布

(ii) H + S	(iii) H + S	(iv) H + S	合計
55%（35例）	23%（15例）	22%（14例）	100%（64例）

表3.14で「主要部＋指定部」の構造をもつ句のタイプである（ii）と（iii）を比較すると、主要部にBIコード交替が起きている（ii）がより大きい割合を占めており（55%）、指定部にBIコード交替が起きている（iii）とは有意な差がある（P＜0.01、カイ二乗検定による）。したがって、本書の扱う事例に基づく限り、形容詞句から成る述語においては、主要部にBIコード交替がより頻繁に起きると言うことができる。

以下で、BIコード混在が認められる述語を構成する形容詞句の4つのタイプをそれぞれ典型的な例を用いて記述する。

（i）　述語の形容詞句＝ 主要部 のみ（単独の形容詞）

例34：

$_{\text{DI}}[_{\text{UI}}[Lancar]_{\text{UI}} \quad _{\text{UI}}[\text{kone}]_{\text{UI}}]_{\text{DI}}$.

　　　スムーズな　　　〜らしい

　　　　述語　　　　　付加詞

「（仕事は）スムーズらしい。」（conv.7）

交替領域のみから成るこの文は、主語を欠いているが、文脈から明らかである。この例の述語は1つの形容詞のみから成り立ち、その形容詞がインドネシア語要素として現れている。

(ii)　述語の形容詞句＝ 主要部 ＋指定部
例35：
Nah　bis　_{DI}[_{UI}[to]_{UI}　_{UI}[*mahal*]_{UI}　_{UI}[*masih*]_{UI}]_{DI}.
particle　土管　　それ　　　　高価な　　　　〜も
　　　　［　主語　］　［　　　　述語　　　　］
「そう、あの土管はまた高くもある。」(conv.49)

この例は、述語を形成する形容詞句が「副詞＋形容詞」という構造をもち、主要部がインドネシア語要素であることを示している。この文は、非交替領域と交替領域から成り立つ。交替領域に該当する述語を形成する形容詞句mahal masih「また高くもある」は、主要部のmahal「高い」と指定部の副詞masih「〜もまた」とから構成され、主要部にBIコード交替が起きている。

例36：
_{DI}[_{UI}[Ba]_{UI}　_{UI}[keto]_{UI}　_{UI}[ampun]_{UI}　_{UI}[*lengkap*]_{UI}　_{UI}[*kan*]_{UI}]_{DI}?
　　すでに　　そのような　　すでに　　　　完全な　　　　particle
［　　付加詞　　］　［　　　　述語　　　　］
「そうすると、もう完全でしょう？」(conv.10)

この文は交替領域のみが認められる。この例は、述語を形成する形容詞句が助動詞と形容詞とから成り、主要部にインドネシア語要素が認められることを示している。述語を形成する形容詞句ampun lengkap「すでに完全である」は、主要部のlengkap「完全な」と指定部の助動詞ampun「すでに」とから構成され、BIコード交替が起きているのは主要部である。

3.5 述語にBIコード混在を含む場合

(iii)　述語の形容詞句＝主要部＋ 指定部

例37：

$_{Dl}[_{Ul}[Ane]_{Ul}$　$_{Ul}[dini]_{Ul}$　$_{Ul}[\mathit{malah}]_{Ul}$　$_{Ul}[liu]_{Ul}]_{Dl}$.
　　関係代名詞　　　ここで　　　ましてや　　　多い
[　　　主語　　　]　[　　　述語　　　]

「ここのは、ましてや多い。」(conv.49)

　この例は、述語を形成する形容詞句にBIコード混在が見られ、その指定部にコード交替が起こっている。交替領域のみが認められるこの文において、述語を形成する形容詞句 malah liu「ましてや多い」は主要部のliu「多い」と指定部の副詞malah「ましてや」から成り立ち、指定部がインドネシア語要素である。

例38：

$_{Dl}[_{Ul}[\mathit{Masih}]_{Ul}$　$_{Ul}[jejeh]_{Ul}\text{-}_{Ul}[jejeh]_{Ul}]_{Dl}$.
　　まだ〜　　　　　　怖い
[　　　　述語　　　　　　]

「（私は）まだびくびくしている。」(conv.61)

　この文の領域には交替領域のみが認められる。この例は、「助動詞＋形容詞」の構造をもつ形容詞句から成る述語にBIコード混在が見られ、指定部の助動詞にコード交替が起きていることを示している。述語をなす形容詞句masih jejeh-jejeh「まだびくびくしている」は、主要部jejeh-jejeh「びくびくした」と指定部である助動詞masih「まだ」を構成要素とし、指定部にインドネシア語要素が見られる。

例39：

Ujan　$_{Dl}[_{Ul}[bales]_{Ul}$　$_{Ul}[\mathit{sekali}]_{Ul}]_{Dl}$.
　雨　　　大降りの　　　とても
主語　[　　　述語　　　　]

「雨はとても大降りだった。」(conv.7)

この文には交替領域と非交替領域の両方が見られる。主語が非交替領域に該当し、述語が交替領域に該当する。この例では、例37と同様に、述語を形成する「形容詞＋副詞」の構造をもつ形容詞句において指定部の副詞にコード交替が起きているが、語順が逆である。述語を形成する形容詞句bales sekali「とても大降りな」は、主要部のbales「大降りな」と指定部の副詞sekali「とても」から構成され、指定部がインドネシア語要素として現れている。

(iv) 述語の形容詞句＝ 主要部 ＋ 指定部
例40：
DI[UI[Ia]UI UI[*ingin*]UI UI[*akrab*]UI, UI[keto]UI]DI.
　　　彼女　　〜したい　　親しい　　　そのような
補文の主語 [　　補文の述語　　]　主節の述語
「彼女は親しくなりたい、ということなんだ。」（conv.44）

この例は、述語を形成する形容詞句全体にBIコード交替が起きていることを示している。この文は交替領域のみが認められ、主節と補文から成り立っている。補文の述語を形成する形容詞句ingin akrab「親しくなりたい」は、主要部のakrab「親しい」と指定部の助動詞ingin「〜したい」とから構成され、両方がインドネシア語要素である。

以上、述語を形成する形容詞句において、どの部分にBIコード交替が起きているかを観察し、入れ子構造の表示方法を用いて記述した。そして、BIコード交替が起きる部分の違いから分類した4つの形容詞句のタイプ、すなわち(i) 主要部 のみ、(ii) 主要部 ＋指定部、(iii) 主要部＋ 指定部 、(iv) 主要部 ＋ 指定部 を、句の内部構造の違いから、主要部のみから成る(i)と主要部＋指定部の構造をもつ(ii)、(iii)、(iv)とに分け比較したところ、(ii)＋(iii)＋(iv)の割合が(i)にくらべて有意に大きいことがわかった。したがって、述語を形成する形容詞句において、句の内部構造の違いとBIコード混在の間には相関があると言える。つまり、述語を形成

する形容詞句に関しては、主要部＋指定部の構造をもつ句に、主要部のみから成る句にくらべてBIコード交替がより頻繁に起きている。次に、主要部と指定部の両方の要素から成り立つ形容詞句である (ii)、(iii)、(iv) を比較すると、指定部にくらべて主要部により多くBIコード交替が起こっていることがわかった。次に、名詞句が述語を形成する場合を見ていこう。

3.5.3 述語の名詞句におけるBIコード混在

BIコード交替が起きる述語を形成する名詞句には、先述したように、同じく述語を形成する名詞句以外の句と主語・付加詞を形成する句に共通する4タイプが見られる。表3.15は、BIコード混在が見られる述語を形成するすべての名詞句において4タイプがそれぞれ占める割合（％）と度数を示したものである。表3.16は、句の内部構造の違いとBIコード混在の分布の間に相関があるかどうかを見るために、主要部のみから構成される (i) と主要部と指定部の両方から構成される (ii)、(iii)、(iv) を比較したものである。

表3.15 述語の名詞句におけるコード混在の分布

(i) $\boxed{H}$のみ	(ii) $\boxed{H}$＋S	(iii) H＋$\boxed{S}$	(iv) $\boxed{H}$＋$\boxed{S}$	合計
23%（48例）	36%（74例）	24%（48例）	17%（34例）	100%（204例）

表3.16 述語の名詞句における主要部のみの句
　　　　vs.主要部＋指定部の句のコード混在の分布

(i) $\boxed{H}$のみ	(ii) $\boxed{H}$＋S, (iii) H＋$\boxed{S}$, (iv) $\boxed{H}$＋$\boxed{S}$	合計
23%（48例）	77%（156例）	100%（204例）

表3.16を見る限り、主要部＋指定部の構造をもつ句の割合が、主要部のみを構成要素とする句の割合にくらべて有意に大きい（P＜0.01、カイ二乗検定による）。したがって、述語を形成する名詞句に関しては、主要部のみを構成要素とするか主要部と指定部を構成要素とするかという統語構造の違いとBIコード混在の分布は相関がある。つまり、述語を形成する名詞句

については、主要部＋指定部の構造をもつ場合は主要部のみを構成要素とする場合にくらべてBIコード交替がより頻繁に起きると言える。

では、次に、主要部＋指定部の構造をもつ名詞句から成る述語において、主要部と指定部のいずれにBIコード交替がより起きやすいのか見てみよう。表3.17は、表3.15から（i）を除いた上で算出をやり直し、主要部＋指定部の構造をもつ、述語を形成する名詞句3タイプを比較したものである。

表3.17 主要部＋指定部の構造をもつ述語の名詞句におけるコード混在の分布

(ii) H + S	(iii) H + S	(iv) H + S	合計
47%（74例）	31%（48例）	22%（34例）	100%（156例）

表3.17で主要部と指定部におけるBIコード交替の頻度を比較すると、主要部にBIコード交替が起きている（ii）の割合は指定部にBIコード交替が起きている（iii）の割合にくらべて有意に大きい（p＜0.01、カイ二乗検定による）。

これまで扱ってきた句と同様に、述語を形成する名詞句に見られるBIコード混在のそれぞれのタイプを、典型的な例を用いて以下に記述する。

(i) 　述語の名詞句＝ 主要部 のみ（名詞のみ）

例41：

DI[UI[Ba]UI　　UI[keto]UI　　UI[jani]UI　　UI[*satu*]UI　　UI[*empat*]UI　　UI[*sembilan*]UI,
　　そうして　　　　今　　　　　　　　　　1　　　　　　4　　　　　　　9
［　付加詞　　］　付加詞　　　　［　　　　　　　述語

UI[*tiga*]UI　　UI[*satu*]UI]DI…
　　3　　　　　1
　　述語　　　　　］

「それから、今は149-31で…。」（conv.49）

　この文は交替領域のみから構成される。この例は、述語を構成する名詞句が主要部のみから成り立ち、そこにコード交替が起きていることを示す。この名詞句の構成要素は数詞であり、それがインドネシア語要素として現

3.5 述語にBIコード混在を含む場合

れている。このような数詞がインドネシア語要素である例は多く観察されている。数詞のBIコード交替については、具体的な数値をあげ3.8節で後述する。

(ii) 述語の名詞句＝ 主要部 ＋指定部

例42：

~D1~[~U1~[*Yang*]~U1~   ~U1~[ba]~U1~]~D1~   anu   ~D1~[~U1~[*kan*]~U1~]~D1~?
　関係代名詞　　すでに　　　　あれ　　　　particle
[　　　　　述語　　　　　　　　　　　]
「もうあれになったやつでしょう？」（conv.60）

　この例が示すのは、述語をなす主要部と指定部を構成要素とする名詞句にBIコード混在が見られ、その主要部にコード交替が起きていることである。この文は述語のみから成り、交替領域と非交替領域の2種類の領域がかかわっている。述語を形成する名詞句yang ba anu「もうあれになったやつ」は、主要部の関係代名詞yangと指定部の動詞句ba anuとから成り立ち、主要部のyangは交替領域に該当し、指定部のbaは交替領域、anuは非交替領域に該当する。この名詞句において主要部にBIコード交替が起きている。

例43：

~D1~[~U1~[Men]~U1~   ~U1~[*anak*]~U1~-~U1~[*anak*]~U1~   ~U1~[muani]~U1~   ~U1~[*kan*]~U1~]~D1~?
　particle　　　　　子供たち　　　　　　男　　　　particle
　　　　　　　[　　　　　述語　　　　　　　　　　　]
「（きょうだいは）男の子たちでしょう？」（conv.60）

　この文は、両端が~D1~[　]~D1~の括弧で括られていることからわかるように、交替領域のみが認められる。この例は前例と同様に、述語を形成する、主要部＋指定部の構造をもつ名詞句において主要部にBIコード交替が起きていることを示している。述語を形成する名詞句anak-anak muani「男の子たち」は主要部のanak-anak「子供たち」と指定部のmuani「男」から成り立ち、主要部がインドネシア語要素として現れている。

(iii) 述語の名詞句＝主要部＋|指定部|

例44：

~~D1~~[~~U1~~[Aji]~~U1~~ ~~U1~~[*lima*]~~U1~~ ~~U1~~[*ribu*]~~U1~~]~~D1~~.
　　　値段　　　　5　　　　〜千
[　　　　　　述語　　　　　　　]
「(その品物は) 5千 (ルピア) という値です。」(conv.25)

　名詞句から形成される述語のみから成り立つこの文は、すべての要素が交替領域に該当する。BIコード交替が起きているのは、その述語を形成する、主要部と指定部を構成要素とする名詞句の指定部である。述語を形成する名詞句aji lima ribu「5千 (ルピア) の値段」は、主要部のaji「値段」と指定部のlima ribu「5千」とから構成され、指定部がインドネシア語要素である。この例においても数詞にはインドネシア語要素が現れている。

例45：

~~D1~~[~~U1~~[*Satu*]~~U1~~ ~~U1~~[kene]~~U1~~ ~~U1~~[dadi]~~U1~~-~~U1~~[ne]~~U1~~ ~~U1~~[driki]~~U1~~ ~~U1~~[nggih]~~U1~~]~~D1~~.
　　　　1　　　このようなもの　その結果(dadinne)　　こちらで　　　particle
[　　　述語　　　]　　　　付加詞　　　　　付加詞
「こちらでは1つのこのようなものになりますね。」(conv.61)

　この交替領域のみから成る文は、前例と同じく、述語を形成する名詞句の指定部にBIコード交替が起こっており、それが数詞であることを示している。名詞句satu kene「1つのこのようなもの」は、主要部のkene「このようなもの」と指定部のsatu「1」とから構成され、指定部がインドネシア語要素である。

例46：

~~D1~~[~~U1~~[Umah]~~U1~~ ~~U1~~[*baru*]~~U1~~]~~D1~~.
　　　　家　　　　新しい
[　　　　述語　　　　]
「(それは) 新しい家である。」(conv.30)

3.5 述語にBIコード混在を含む場合

　この例は、述語を形成する名詞句にBIコード混在が見られ、形容詞である指定部にコード交替が起きていることを示している。この文は、名詞句から成る述語のみから構成され、そのすべての要素が交替領域に該当する。述語を形成する名詞句umah baru「新しい家」は「名詞＋形容詞」の構造をもち、指定部の形容詞baruにインドネシア語要素が見られる。

(iv)　述語の名詞句 ＝ 主要部 ＋ 指定部

例47：
$_{Dl}[_{Ul}[Anak]_{Ul}$　$_{Ul}[pertama]_{Ul}$　$_{Ul}[soal]_{Ul}\text{-ne}]_{Ul}]_{Dl}.$
　　　　子供　　　　　最初の　　　　　というのも(soalne)
　　[　　　　述語　　　　　]　　付加詞
「(彼は) 1番目の子供ですから。」(conv.17)

　この交替領域のみから構成される文は、述語を形成する、主要部と指定部から成り立つ名詞句全体にBIコード交替が起きていることを示す例である。述語を形成する名詞句anak pertama「1番目の子供」は、主要部のanakと指定部のpertamaの両方がインドネシア語要素である。

例48：
$_{Dl}[_{Ul}[Nika]_{Ul}$　$_{Ul}[yang]_{Ul}]_{Dl}$　$_{w}<\text{ke-}_{Dl}[_{Ul}[tiga]_{Ul}]_{Dl}>_{w}?$
　　　そちら　　　関係代名詞　　　　　3番目の(ketiga)
　　　主語　　[　　　　述語　　　　　]
「そちらは3番目 (の子供) ですか？」(conv.41)

　この文は、交替領域、非交替領域、交替領域の順で3つの領域から成る。この例も前例と同様に、述語を形成する名詞句の主要部と指定部の両方にBIコード交替が起きていることを示している。表層的にはインドネシア語である名詞句yang ke-tiga「3番目の者」の主要部yang (関係代名詞) は交替領域に該当し、指定部ke-tiga「3番目の」の順序を表す接辞ke-は非交替領域、数詞tigaは交替領域に該当する。この名詞句において交替領域に該当する主要部のyangと指定部の一部分をなすtigaはどちらもインドネシア

語要素として実現している。

　以上、述語を形成する名詞句において、BIコード交替が起きている部分を観察し、入れ子構造の括弧による表示方法を用いて記述した。表3.16に示されるように、主要部＋指定部の構造をもつ句、すなわち (ii) 主要部 ＋指定部、(iii) 主要部＋ 指定部 、(iv) 主要部 ＋ 指定部 の割合の和が、主要部のみを構成要素とする句である (i) 主要部 の割合にくらべて有意に大きく、統語構造とコード混在の相関があることがわかった。つまり、述語を形成する名詞句については、主要部＋指定部の構造をもつ句は主要部のみから成る句にくらべてBIコード交替がより頻繁に起きると言える。また、表3.17が示すように、(ii) の割合が (iii) の割合にくらべて有意に大きく、主要部により高頻度にBIコード交替が起きると言うことができる。これらの結果は、主語を形成する名詞句と共通しており、文構成要素の違いにかかわらず、名詞句の統語構造とBIコード混在の間に相関があることを示していると言えるだろう。

　主語を形成する名詞句と共通するBIコード混在にかかわる特徴が2つ観察された。1つは、数詞にBIコード交替が起きる傾向があるということである。その傾向には、句の内部構造のどの部分に数詞が現れるかは影響しない。もう1つは、具体例は示さなかったが、「名詞＋3人称所有・定冠詞を表す接辞」という構造をもつ句の内部にBIコード混在が見られる場合、名詞がインドネシア語要素であり、接辞がバリ語要素であるという分布になることが多いということである。これら2つの観察に関しては、3.8節で改めて扱う。

3.5.4　述語の前置詞句におけるBIコード混在

　ここで扱う前置詞句は、文の随意的構成素である付加詞に見られるものではなく、文の義務的構成素である述語としての前置詞句である。バリ語でもインドネシア語でも前置詞句が述語を形成し得る。前置詞句は、他の種類の句と同じように、主要部と指定部を構成要素とする句の交替領域の

3.5 述語にBIコード混在を含む場合

どの部分にインドネシア語要素が認められるかという観点から、4タイプに分類できる[8]。表3.18は、BIコード混在が見られる述語を形成する前置詞句すべてにおいて、各タイプが占める割合（％）と度数を示したものである。表3.19は、句の統語構造の違いから、主要部のみから成る（i）と主要部と指定部から成る（ii）、（iii）、（iv）の割合と度数を比較したものである。

表3.18 述語の前置詞句におけるコード混在の分布

(i) ⬜H⬜のみ	(ii) ⬜H⬜＋S	(iii) H＋⬜S⬜	(iv) ⬜H⬜＋⬜S⬜	合計
0%（0例）	15%（6例）	54%（21例）	31%（12例）	100%（39例）

表3.19 述語の前置詞句における主要部のみの句
　　　　vs.主要部＋指定部の句のコード混在の分布

(i) ⬜H⬜のみ	(ii) ⬜H⬜＋S，(iii) H＋⬜S⬜，(iv) ⬜H⬜＋⬜S⬜	合計
0%（0例）	100%（39例）	100%（39例）

表3.18と表3.19からわかる通り、述語を形成する前置詞句にBIコード交替が起きている例は、主要部のみを構成要素とする句には観察されず、すべて主要部と指定部を構成要素とする句に観察された。したがって、本書が扱うデータを見る限り、句の内部構造とBIコード混在の分布は相関があると言える。表3.18において（ii）と（iii）から主要部と指定部のBIコード交替が起こる頻度をくらべてみると、指定部にBIコード交替が起こっている（iii）の割合（54%）が主要部にBIコード交替が起こっている割合（15%）にくらべてより大きく、本書の対象とする事例に基づくと、指定部にBIコード交替がより頻繁に起こっていると言うことができる。

以下で、BIコード交替が関与する前置詞句から成る述語の3タイプをそれぞれ典型的な例を用いて記述する。

(i)　述語の前置詞句＝⬜主要部⬜のみ
該当例なし

第3章 統語構造におけるBIコード混在の分布と談話マーカー

(ii)　述語の前置詞句＝ 主要部 ＋指定部

例49：

~~D1~~[~~U1~~[*Dengan*]~~U1~~]~~D1~~　Ibu　~~D1~~[~~U1~~[sira]~~U1~~　~~U1~~[nggih]~~U1~~]~~D1~~, Bu?
　　～へ／に　　　　Mrs.　　　どなた　　particle　　Mrs.
[　　　　　　　述語　　　　　　　　　]

「どなた様宛になりますか？」（conv.58）

　この文は、「前置詞＋名詞」の構造をもつ前置詞句から成る述語のみから構成され、その主要部の前置詞にBIコード交替が起きていることを示す例である。この例では、交替領域、非交替領域の順で4つの領域が見られる。2つの非交替領域に該当するのはいずれも女性への敬称・呼びかけのibu/buである。前置詞句 dengan Ibu sira「どなた様に」の交替領域においてインドネシア語要素として現れているのは、主要部のdenganである。

(iii)　述語の前置詞句＝主要部＋ 指定部

例50：

~~D1~~[~~U1~~[Sareng]~~U1~~　~~U1~~[*mertua*]~~U1~~]~~D1~~?
　　～に／と　　　　姑
[　　　　述語　　　　　]

「お姑さんに（預けるの）ですか？」（conv.43）

　この例は、前例とは異なり、述語を形成する前置詞句における指定部にBIコード交替が見られる。この交替領域のみから成り立つ文は、述語を形成する前置詞句 sareng mertua「姑に」のみから構成され、指定部mertuaにインドネシア語要素が認められる。

(iv)　述語の前置詞句＝ 主要部 ＋ 指定部

例51：

~~D1~~[~~U1~~[Sing]~~U1~~　~~U1~~[ja]~~U1~~　~~U1~~[keto]~~U1~~,　~~U1~~[nak]~~U1~~　~~U1~~[*demi*]~~U1~~　~~U1~~[*ber*]~~U1~~-~~U1~~[*sama*]~~U1~~]~~D1~~.
　　～ない　particle　そのような　particle　～のため　一緒にいる(bersama)
[　　　　述語1　　　　　]　　　　　　　　[　　　　述語2　　　　　]

「そういうことではなく、皆の共同のためだ。」(conv.49)

この文は、主要部と指定部を構成要素とする前置詞句から成る述語の全構成要素がインドネシア語となっている例である。この文は、2つの節 sing keto「そうではない」と demi bersama「共同のためである」とからなる複文であり、すべての要素が交替領域に該当する。BIコード混在に関与しているのは2つめの節である。2つめの節を構成する述語は、主要部の demi と指定部の動詞 ber-sama から成り立つ前置詞句であり、両方の構成素がインドネシア語要素である。

以上、述語をなす前置詞句の交替領域においてどの部分にBIコード交替が起きるかを観察し、それを入れ子構造の表示方法を用いて記述した。記述の過程で、句の内部構造においてBIコード交替が関与する部分の違いから分類した4タイプの前置詞句、すなわち (i) 主要部 のみ、(ii) 主要部 ＋指定部、(iii) 主要部＋ 指定部 、(iv) 主要部 ＋ 指定部 のうち、(i) が観察されず、BIコード交替が起きている例はすべて「主要部＋指定部」の構造をもつ句であることがわかった。また、「主要部＋指定部」の構造をもつ (ii)、(iii)、(iv) を比較した結果、主要部にくらべて指定部にBIコード交替の起こる頻度が高いことがわかった。付加詞におけるBIコード混在を扱う前に、次項で以上見てきた述語のBIコード混在について要約しておく。

3.5.5 述語にBIコード混在が認められる事例の総括

本節では、BIコード混在が認められる述語を形成する動詞句・形容詞句・名詞句・前置詞句を対象に、句の交替領域のどの部分にBIコード交替が起こっているかを分析し、典型的な事例を選んで記述してきた。記述を行う過程で、主要部と指定部から成る句の内部構造を考慮しながら、4種類の句におけるインドネシア語要素の現れる部分を考察した結果、次のことがわかった。4種類の句いずれにおいても、(i) 主要部 のみと、主要部と指定部の両方から成る (ii) 主要部 ＋指定部、(iii) 主要部＋ 指定部 、(iv) 主要部 ＋ 指定部 の割合とを比較すると、(ii)、(iii)、(iv) の割合

の和が (i) にくらべて有意に大きいことがわかった。つまり、主要部のみか主要部+指定部かという句の統語構造はBIコード混在と相関があることが示された。次に、主要部と指定部を構成要素とする (ii)、(iii)、(iv) を対象に、主要部と指定部におけるBIコード交替の頻度を比較すると、動詞句と前置詞句では、(iii) が目立って多く見られ、主要部にくらべて指定部にBIコード交替がより頻繁に起こっていることがわかった。一方、形容詞句と名詞句では、(ii) が多く認められ、指定部にくらべて主要部にBIコード交替がより頻繁に起こっていた。

次に、以上で考察した述語を形成する動詞句・形容詞句・名詞句・前置詞句すべてを通して、句の内部にBIコード混在の分布の偏りがあるかどうかを見る。以下にあげる表3.20は、BIコード混在が認められる述語を形成する動詞句・形容詞句・名詞句・前置詞句すべてを対象に、これまで行った分析と同様に、コード交替が起こっている部分の違いから4タイプ (i) 主要部 のみ、(ii) 主要部 +指定部、(iii)主要部+ 指定部 、(iv) 主要部 + 指定部 に分類し、その割合と度数を示したものである。表3.21は、句の統語構造とコード混在の分布の相関を見るために、主要部のみから構成される (i) と主要部と指定部の両方から構成される (ii)、(iii)、(iv) とを比較したものである。さらに、句の構成要素である主要部と指定部のどちらにBIコード交替が高い頻度で見られるかを明らかにするために、表3.22を示した。表3.22は、表3.20から指定部が存在しない (i) を除き、算出し直したものである。

表3.20 述語を構成するすべての句におけるコード混在の分布

(i) Hのみ	(ii) H + S	(iii) H + S	(iv) H + S	合計
22%（193例）	27%（232例）	35%（304例）	16%（137例）	100%（866例）

3.5 述語に BI コード混在を含む場合

表 3.21　述語を構成するすべての句における主要部のみの句
　　　　vs. 主要部＋指定部の句のコード混在の分布

(i) H のみ	(ii) H + S, (iii) H + S, (iv) H + S	合計
22%（193 例）	78%（673 例）	100%（866 例）

表 3.22　主要部＋指定部の構造をもつ述語のすべての句におけるコード混在の分布

(ii) H + S	(iii) H + S	(iv) H + S	合計
34%（232 例）	45%（304 例）	20%（137 例）	100%（673 例）

いずれの句においても主要部＋指定部の構造をもつタイプの割合が主要部のみのタイプよりも有意に大きいという結果から当然推測されるように、また、表 3.21 から明らかな通り、述語を形成するすべての句において主要部＋指定部の構造をもつ (ii)、(iii)、(iv) の割合の和は、主要部のみから成る (i) の割合にくらべて有意に大きい（$P<0.01$、カイ二乗検定による）。したがって、述語を形成する句に関しては、主要部のみから成るか主要部と指定部の両方から成るかという句の統語構造の違いは、BI コード混在の分布と相関がある。つまり、述語においては、主要部＋指定部の構造をもつ句には主要部のみから成る句にくらべて BI コード交替が起きやすいと言える。また、表 3.22 において、主要部＋指定部の構造をもつ (ii)、(iii)、(iv) を比較すると、(iii) が最も大きく、主要部に BI コード交替が起きている (ii) とは有意差が認められる（$P<0.01$、カイ二乗検定による）。すなわち、述語を構成するすべての種類の句を見た場合、「主要部＋指定部」の構造をもつ句において指定部に BI コード交替がより頻繁に起こると言える。

　このように、述語全体では、指定部に BI コード交替がより高頻度で起こっているという結果が示された。しかし、それぞれの項で述べてきたように、句の種類によって句内部における BI コード混在の分布が異なり、述語を形成するすべての句の種類を通じた BI コード混在の分布の一貫性は見られない。したがって、BI コード混在が認められる述語を形成する 4 種類の句の間に、統語的に共通するコード混在に関する特徴を認めるのは困難で

ある。

　また、「名詞＋3人称所有・定冠詞を表す接辞」という構造をもつ名詞句内部にBIコード混在が認められる事例では、主語を形成する名詞句でも観察されたように、インドネシア語要素はほぼ名詞に認められ、接辞に認められることは少ない。そのような内部構造で、もし接辞部分にインドネシア語要素が認められる場合は、たいてい名詞にもインドネシア語要素が見られる。このことは、動詞の語内部にも共通して観察できる。つまり、動詞語幹と接辞からなる動詞派生語では、インドネシア語要素は動詞語幹に認められ、接辞には認められることは少ない。もし動詞接辞部分にインドネシア語要素が認められる場合は、たいてい動詞語幹もインドネシア語要素である。このような、指定部に3人称所有・定冠詞機能をもつ接辞が現れる名詞句と接辞が付加された動詞派生語の内部におけるBIコード混在の考察は、3.8節で具体的な数値に基づき、あらためて行う。

3.6　付加詞にBIコード混在を含む場合

　主語・述語に引き続き、ここでは付加詞に見られるBIコード混在を扱う。本節では、付加詞に見られるBIコード混在を、付加詞を構成する要素に注目しながら、典型的な事例を選んで記述する。そして、3.1節で記した、原（2000）、原（2001）、原（2002）の分析結果から得られた一般化（3）、つまり「付加詞においてはとりわけ談話マーカーとして機能する接続詞と接続詞的な文副詞にBIコード交替がきわめて多く見られる」ことが、本書で用いる拡大した事例にも有効であるかどうか検証する。接続詞的な文副詞とは、節あるいは文全体を修飾する副詞であるが、前の節・文とつなぐ接続詞と類似する機能をもつものである。

　3.2節で述べたように、付加詞を構成する句には副詞を主要部とする副詞句がある。ここで言う副詞句は、時・場所を表す副詞句や、節あるいは文全体を修飾する文副詞である。この文副詞には今述べた接続詞的な文副詞も含まれる。それに加えて、ここでは接続詞も付加詞を形成する要素と

3.6 付加詞にBIコード混在を含む場合

みなす。なぜ接続詞も付加詞に含めるかは、上述の原（2000）、原（2001）、原（2002）の分析結果から得られた一般化（3）と関連する。そこでは、BIコード交替の分布に関して、接続詞は文副詞、とりわけ接続詞的な機能を果たす文副詞と同様のふるまいをしていることが示されたためである。

まず、付加詞を形成する副詞句にBIコード混在が認められる例は、インドネシア語要素の見られる部分の違いによって、前節までで考察した主語・述語を形成する句に共通する4タイプに分類できる。ここでも主要部（Head、表中ではH）と指定部（Specifier、表中ではS）を枠で囲んである場合は、その一部あるいは全体にコード交替が起きていることを意味する。

(i) 　主要部　のみ
(ii) 　主要部　＋指定部
(iii) 主要部＋　指定部
(iv) 　主要部　＋　指定部　

表 3.23 は、BIコード混在が見られる付加詞を形成するすべての副詞句および接続詞において各タイプが占める割合（％、小数点第1位で四捨五入）と度数を示したものである。接続詞は、単一の単語のみのものしか観察されず、主要部のみから成る副詞句 (i) に分類してある。表 3.24 は、副詞句の句構造の違いから、主要部のみから成る (i) と主要部と指定部の両方から成る (ii)、(iii)、(iv) を比較したものである。

表 3.23 付加詞の副詞句および接続詞におけるコード混在の分布
(i) には接続詞を含む。

(i) 　H　のみ	(ii) 　H　＋S	(iii) H＋　S	(iv) 　H　＋　S	合計
82%（417例）	8%（41例）	2%（12例）	8%（39例）	100%（509例）

表 3.23 から、4タイプのうち (i) の割合が他のタイプにくらべて圧倒的に大きいことは明白である。主語を形成する名詞句、述語を形成する動詞句・形容詞句・名詞句・前置詞句に認められるBIコード混在のタイプ別の割合をそれぞれ表した表 3.6、表 3.9、表 3.12、表 3.15、表 3.18 と比較しても、付加詞を形成する副詞句のようにある1つのタイプに割合がこれほど

偏っている現象は見られない。

さらに、主要部と指定部におけるBIコード混在の分布の偏りを見るために、表3.24を示した。表3.24は、表3.23から主要部のみから構成される(i)を除き算出し直したものである。

表3.24 主要部＋指定部の構造をもつ付加詞の副詞句におけるコード混在の分布

(ii) ﾎH + S	(iii) H + ﾎS	(iv) ﾎH + ﾎS	合計
45%（41例）	13%（12例）	42%（39例）	100%（92例）

表3.24において、主要部にBIコード交替が起きている(ii)と指定部にBIコード交替が起きている(iii)を比較してみると、(ii)がより大きい割合を示し、指定部にくらべて主要部にBIコード交替がより高い頻度で起こっていることがわかる。この主要部と指定部のどちらにBIコード交替がより高頻度に見られるかという問題については、すでに観察した他の文構成要素と共通する一貫した傾向を導きだすことは難しく、統語的にBIコード混在の分布を明らかにするのは困難である。

(i)から(iv)の4つのタイプは、副詞句および接続詞におけるコード交替の位置に基づくものであるが、これらの副詞句および接続詞がどのような機能をもつ要素であるかを見てみると、それらのうち主要部のみから構成される(i)のみに他の3タイプと異なっている点があることがわかる。つまり、4タイプの句のいずれにも時・場所の副詞句が見られるが、(i)のみに接続詞といわゆる文副詞が存在する。

このような要素の違いに注目し、以下で副詞句のそれぞれのタイプを、典型的事例を用いて記述する。本節の最後に、(i)がなぜ他のタイプにくらべてはるかに大きい割合を示すのかという問題について論じる。

(i) 副詞句＝ 主要部 のみ（接続詞を含む）

上で述べたように、このタイプに分類される副詞句は(ii)、(iii)、(iv)にくらべて圧倒的に割合が高い。このタイプにのみ、接続詞と文副詞が見

3.6 付加詞にBIコード混在を含む場合

られる。文副詞とは、文の一部を修飾するのとは違って、文の残りの部分全体を修飾する機能をもつ副詞の伝統的な呼称である（今井　2001: 148）。文副詞は、話者の態度や評価、蓋然性などを表す。また、このような文副詞の他に、時・場所の副詞が見られた。これらの典型例を以下に記述する。

例 52：

$_{DI}[_{UI}[Mungkin]_{UI}]_{DI}$　PSTP　$_{DI}[_{UI}[sing]_{UI}]_{DI}$　$_w<_{UI}N-_{DI}[_{UI}[gelah]_{UI}]>_w$　$_{UI}[dana]_{UI}$
多分　　　　　学科名　　～ない　　　　　　　もつ(ngelah)　　資金
付加詞　　主語　[　　　　　　　　　　　述語

$_{UI}[untuk]_{UI}$　$_w<_{UI}[N]_{UI}]_{DI}$-beli$>_w$.
～のため　　買う(meli)9)
　　述語　　　　　　　　　]

「多分、農業技術学科は買うための資金をもってない。」（conv.52）

　この例は、付加詞を形成する副詞句が主要部のみから成り、そこにBIコード交替が起きていることを示している。この文は、交替領域から始まる計6つの領域から成り立ち、付加詞は交替領域に該当する。この付加詞を形成する副詞句の構成要素は、インドネシア語要素である文副詞mungkin「多分」である。

例 53：

O　$_{DI}[_{UI}[wenten]_{UI},$　$_{UI}[tapi]_{UI}$　$_{UI}[jumah]_{UI}]_{DI},$　Pak.
間投詞　　ある　　　　しかし　　　家に　　　　　　Mr.
　　　　　述語　　　　付加詞　　　述語

「あー、ありますけど、家です。」（conv.40）

　この例が示すのは、付加詞のカテゴリーに含めた接続詞に見られるBIコード交替である。この文は、非交替領域、交替領域、非交替領域の順で3つの領域から成り立つ。交替領域に接続詞tapi「しかし」が含まれ、それはインドネシア語要素である。

117

例54：

ᴅᴵ[ᵤᴵ[Iang]ᵤᴵ ᵤᴵ[sing]ᵤᴵ]ᴅᴵ ᵥ<N−ᴅᴵ[ᵤᴵ[sida]ᵤᴵ−ᵤᴵ[ang]ᵤᴵ>ᵥ ᵤᴵ[*Senin*]ᵤᴵ ᵤᴵ[mai]ᵤᴵ]ᴅᴵ.
　　　　私　　　～ない　　　　　できる(nyidaang)　　　　月曜　　　こっちへ
　　主語　[　　　　述語　　　　　　　　　（付加詞）　　　　　　　　]
「私は月曜にこっちへ戻って来られない。」(conv.14)

　この例は、付加詞を形成する副詞句が主要部のみから成り、そこにBIコード交替が起きていることを示している。この文の領域は、交替領域、非交替領域、交替領域の3つが認められ、付加詞は2つめの交替領域に含まれる。BIコード交替が起きているのは、付加詞を形成する副詞句の唯一の構成要素である曜日名Seninである。曜日名には、文の構成要素の違いにかかわらず、コード交替が頻繁に見られる。

（ii）　副詞句＝ 主要部 ＋指定部

　このタイプには、時・場所を表す副詞句が見られる。主要部のみから成る（i）に見られる接続詞と文副詞は観察されない。以下の残りのタイプ（iii）と（iv）も同様である。

例55：

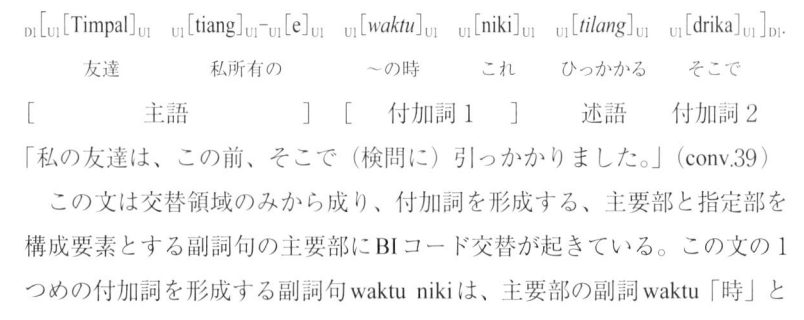

ᴅᴵ[ᵤᴵ[Timpal]ᵤᴵ ᵤᴵ[tiang]ᵤᴵ−[e]ᵤᴵ ᵤᴵ[*waktu*]ᵤᴵ ᵤᴵ[niki]ᵤᴵ ᵤᴵ[tilang]ᵤᴵ ᵤᴵ[drika]ᵤᴵ]ᴅᴵ.
　　　　友達　　　　私所有の　　　　　～の時　　　これ　　　ひっかかる　　そこで
　[　　　主語　　　]　[　付加詞1　]　　述語　　付加詞2
「私の友達は、この前、そこで（検問に）引っかかりました。」(conv.39)

　この文は交替領域のみから成り、付加詞を形成する、主要部と指定部を構成要素とする副詞句の主要部にBIコード交替が起きている。この文の1つめの付加詞を形成する副詞句waktu nikiは、主要部の副詞waktu「時」と指定部の代名詞niki「時」とから成り立つ、時の副詞句である。インドネシア語要素は主要部のwaktuである。

3.6 付加詞にBIコード混在を含む場合

例56：

O ₍DI₎[₍UI₎[*Jumat*]₍UI₎ ₍UI₎[ne]₍UI₎ ₍UI₎[sing]₍UI₎ ₍UI₎[ada]₍UI₎ ₍UI₎[nak]₍UI₎]₍DI₎ masuk?
間投詞　金曜　　これ　　否定詞　　ある　　　人　　出勤する
　　　　[　付加詞　]　[　　　　　述語　　　　　　]

「あー、この金曜日には出勤した人はいなかったの？」(conv.29)

　この例は、前例と同様、付加詞を形成する、主要部と指定部から構成される副詞句の主要部にコード交替が見られるが、この副詞句は曜日を表す。この文は、非交替領域、交替領域、非交替領域の3つの領域から成り、付加詞は交替領域に含まれている。この例の付加詞を形成するのは、時を表す副詞句Jumat ne「この金曜」である。この句は、主要部のJumat「金曜」と指定部のne「これ」とから成り立ち、主要部にインドネシア語要素が認められる。例54でも見たように、このような曜日の要素にはBIコード交替が起きている例が多い。

(iii)　副詞句＝主要部＋指定部

例57：

₍DI₎[₍UI₎[Uli]₍UI₎ ₍UI₎[*pagi*]₍UI₎]₍DI₎　jam ₍DI₎[₍UI₎[lima]₍UI₎ ₍UI₎[ma]₍UI₎-₍UI₎[gae]₍UI₎
　～から　　　朝　　　　～時　　　　5　　　働く(magae)
[　　　　　付加詞1　　　　　　　]　　　　述語
₍UI₎[sig]₍UI₎]₍DI₎　Pak　Patra-₍DI₎[₍UI₎[ne]₍UI₎]₍DI₎.
　～で　　Mr.　人名-the
[　　付加詞2　　　]

「朝5時から（彼は）パトラさんの所で働いている。」(conv.7)

　この例は、付加詞を形成する、主要部と指定部の構造をもつ副詞句の指定部にBIコード混在が認められることを示している。領域から見ると、この文は交替領域からはじまり4つの領域から構成され、BIコード混在にかかわる副詞句uli pagi jam lima「朝5時から」には交替領域、非交替領域、交替領域の3つが認められる。その副詞句は、主要部uli「～から」と指定部pagi jam lima「朝5時」とから成り、主要部のuliが交替領域に該当し、

119

第3章　統語構造におけるBIコード混在の分布と談話マーカー

指定部のpagiが交替領域、jamが非交替領域、limaが交替領域に該当する。このような副詞句において、指定部pagi jam limaのpagiがインドネシア語要素として実現している。

(iv)　副詞句 = 主要部 + 指定部

例58：

$_w$<Se-$_{Dl}$[$_{Ul}$[*tiap*]$_{Ul}$>$_w$　$_{Ul}$[*Minggu*]$_{Ul}$　$_{Ul}$[mulih]$_{Ul}$　$_{Ul}$[keto]$_{Ul}$]$_{Dl}$?
　　　毎〜（setiap）　　　　　　　日曜　　　　　　帰る　　　そのような
[　　　　補文の付加詞　　　　]　　補文の述語　主節の述語
「毎週日曜に帰る、ということ？」(conv.7)

　この例は、付加詞を形成する副詞句にBIコード混在が見られ、その主要部と指定部の両方にコード交替が起きている。この文には、非交替領域と交替領域の2種類の領域が認められるが、副詞句の内部に領域の境界がある。見かけ上は全要素がインドネシア語であるこの例の副詞句は、主要部Mingguと指定部se-tiapからなり、非交替領域に該当する指定部se-tiapの接頭辞se-を除き、両方の要素にコード交替が見られる。

例59：

$_{Dl}$[$_{Ul}$[*Sampai*]$_{Ul}$　$_{Ul}$[*pagi*]$_{Ul}$　$_{Ul}$[ba]$_{Ul}$　$_{Ul}$[ne]$_{Ul}$　$_w$<$_{Ul}$[*peN--an*]$_{Ul}$]$_{Dl}$ pilih>$_w$
　　〜まで　　　　朝　　　すでに　　これ　　　　選挙（pemilihan）
[　補文の付加詞　　]　[　　　　　　　補文の述語　　　　　　　　]
$_{Dl}$[$_{Ul}$[kone]$_{Ul}$　$_{Ul}$[to]$_{Ul}$]$_{Dl}$.
　　〜らしい　　そのような
補文の付加詞　主節の述語
「朝まで選挙があったらしい、ということだ。」(conv.54)

　例58と同様に、この文も、付加詞を形成する副詞句の主要部と指定部のいずれにもBIコード交替が起きていることを示す。この文の領域は、交替領域、非交替領域、交替領域の順で3つ認められ、BIコード交替は1つめの交替領域の内部で起きている。この例の付加詞を形成する副詞句sampai

3.6 付加詞にBIコード混在を含む場合

pagiは、主要部sampaiと指定部pagi から構成され、いずれもインドネシア語要素として実現している。

　以上、BIコード混在が認められる付加詞を形成する副詞句および接続詞の4つのコード混在のタイプである（i）主要部 のみ、（ii）主要部 + 指定部、（iii）主要部 + 指定部 、（iv）主要部 + 指定部 の典型的な事例を、副詞句の構成要素に注目しながら記述した。これら4つのタイプのうち、（i）がとりわけ大きい割合を占めていた。（i）に分類されるのは、時・場所の副詞と文副詞から成る副詞句および接続詞である。一方、（ii）、（iii）、（iv）は、いずれも時・場所を表す副詞句である。つまり、これら4つのタイプのうち、BIコード混在の頻度が高い（i）のみに接続詞・文副詞が見られる。この点に注目し、以下では、なぜ主要部のみから成る副詞句および接続詞にコード交替が起きている例が圧倒的に多いのか、そしてそれは何を意味しているのかという問題について検討する。

　（i）のみに現れる文副詞と接続詞を詳細に観察してみると、文副詞と接続詞は同様の機能を果たしていることがわかる。つまり、文副詞は接続詞的な機能を果たしている。この文副詞と接続詞の間の機能的類似性によるリンクは、驚くべきことではないだろう。たとえば、英語においても、評価の文副詞は、接続詞と類似する機能をもつと言われている（Kato 1993）。このような文副詞・接続詞を含む、（i）に該当する副詞と接続詞のすべての事例を文のレベルを越えた談話の中で捉え直してみると、多くの接続詞・文副詞が談話マーカーとして機能していることがわかった。

　先にあげた（i）の事例である例52を含め、談話マーカーとして機能する接続詞・文副詞を、改めて談話構造の中で観察する。以下にいくつかの会話からそれぞれ該当する部分を例示する。その際、以下に例示する会話では、1人の話者の発話（ターン）が複数の文から成り立つ場合、文ごとに改行し、原則として1行に1文を配置した。ただし、1文が1行に入り切らない場合は2行にまたがる。"S1"は、話者Sの1番目の発話を意味する。"Y1-1"は、話者Yの1番目の発話中1つめの文を意味する。

第3章　統語構造におけるBIコード混在の分布と談話マーカー

談話マーカーとして機能する接続詞と文副詞

例60（例52を含む）：

S1:　Dl[Ul[Maan]Ul]Dl　medali　Dl[Ul[kok]Ul]Dl　PSTP　Dl[Ul[kok]Ul[sing]Ul]Dl?
　　　得る　　　　　　　メダル　particle　　　　　　学科名　particle　　〜ない

「農業技術学科はどうしてメダルをとれないんだろう？」

Y1-1:　Wah　Dl[Ul[sing]Ul　Ul[tawang]Ul　Ul[to]Ul]Dl.
　　　　間投詞　　　〜ない　　　　知る　　　　　　それ

「わあ、それはわからない。」

Y1-2:　Dl[Ul[***Mungkin***]Ul]Dl　PSTP　Dl[Ul[sing]Ul]Dl　w<N-Dl[Ul[gelah]Ul]Dl>w
　　　　　多分　　　　　　　　　　　学科名　　　〜ない　　　　　もつ(ngelah)
　　　　　文副詞　　　　　主語　　[　　　　　　　　　　　　　述語

　　　Ul[dana]Ul　Ul[untuk]Ul　w<Ul[N]Ul]Dl–beli>w.
　　　　資金　　　　〜のため　　　　　　買う(meli)
　　　　　　　　　　　　　　　　述語　　　　　　　]

多分、農業技術学科は買うための資金をもってない。」（conv.52）

大学の友人の関係であるSとYの対話におけるY1-2の文は、先に例52で主要部のみを構成要素とする副詞句にBIコード混在が見られる例として取り上げたものである。Y1-2における文副詞mungkinは、文を越えた談話の中で改めて観察すると、「談話マーカー」として機能していることがわかった。ここで言う談話マーカーとは、「話のユニット（"units of talk"）」を括弧でくくる要素である（Schiffrin 1987：31）。この例において、mungkin「多分」は、その前の発話の連続、S1：「農業技術学科はなぜメダルをとれないんだろう？」、Y1-1：「わあ、それはわからない」に対して、評価を表すとともに、理由を表す接続詞的な機能を果たしている。つまり、文副詞mungkin「多分」を介して、結果と原因の「話のユニット」が形成され、この２つの「話のユニット」が相互に依存する関係にある（Schiffrin 1987：31）（以下、Schiffrinの言う「話のユニット」は談話的ユニットと呼ぶことにする）。このように、mungkinは談話マーカーとして機能していると言える。この文副詞mungkinを介した２つの談話的ユニットの関係は次の図3.1

3.6 付加詞にBIコード混在を含む場合

として理解することができる。

```
                           BIコード交替
                              ↓
   ┌─────────────┐         ─  mungkin  ─     ┌─────────────┐
   │ 結果の談話的ユニット │                              │ 原因の談話的ユニット │
   └─────────────┘           文副詞              └─────────────┘
```

図 3.1　談話マーカー mungkin と 2 つの談話的ユニット

例 61：

P1:　$_w<_{Dl}[_{Ul}[\text{Orah}]_{Ul}]_{Dl}\text{-in}>_w$　$_{Dl}[_{Ul}[\text{penjor}]_{Ul}]_{Dl}$　Pak Devi　$_{Dl}[_{Ul}[kan]_{Ul}]$　$_{Ul}[\text{lengkung}]_{Ul}]_{Dl}$.
　　　　言う(orahin)　　　　　　幟　　　　　　Mr. 人名　　particle　　　傾く
　「デフィのお父さんの所の幟(のぼり)は傾いたでしょう。」

W1:　$_{Dl}[_{Ul}[\text{Penjor}]_{Ul}$　$_{Ul}[\text{raga}]_{Ul}$　$_{Ul}[\text{ten}]_{Ul}$　$_{Ul}[\text{lengkung}]_{Ul}]_{Dl}$.
　　　　　幟　　　　　私たち　　　〜ない　　　　傾く
　「私たちの幟は傾かなかったんですね。」

P2-1:　$_{Dl}[_{Ul}[\text{Aa}]_{Ul}]_{Dl}$.
　　　　はい
　「そうよ。」

P2-2:　$_{Dl}[_{Ul}[\text{Penjor}]_{Ul},$　$_{Ul}[\text{penjor}]_{Ul}$　$_{Ul}[\text{raga}]_{Ul}$
　　　　　幟　　　　　　幟　　　　　　私たち
　　　　$_{Ul}[\text{ten}]_{Ul},$　$_{Ul}[\text{ten}]_{Ul}$　$_{Ul}[sangat]_{Ul}$　$_{Ul}[\text{keto}]_{Ul}]_{Dl}$,　Yan.
　　　　　〜ない　　　〜ない　　　とても　　　そのような　　　人名
　うちの幟はそれほどあれではなかったわ、ヤン。

P2-3:　$_{Dl}[_{Ul}[\textit{\textbf{Cuma}}]_{Ul}$　$_{Ul}[ia]_{Ul}$　$_{Ul}[ba]_{Ul}$　$_w<_{Ul}[ber]_{Ul}]_{Dl}\text{-ubah}>_w$.
　　　　　ただ　　　　　それ　　　すでに　　　　　変わる(berubah)
　　　　　接続詞　　　主語　　　[　　　　述語　　　　　　]
　ただ、（傾く方向が）変わってしまっていただけ。」（conv.10）

　この談話は、家政婦（W）とその雇い主である奥さん（P）の会話の一部である。条件を表す接続詞cuma「ただし」の前のP2-2までの話は「隣人の家の幟は曲がっていたが、自分の家の幟はそうではなかった」という内

容であり、接続詞cumaによってP2-3以降はそれ以前の話の内容と矛盾する付加的な情報が来ることが予告される。つまり、これらの発話の連続は、接続詞cumaを介して、主要な情報を述べている部分（P2-2まで）と否定的な付加情報の部分（P2-3以降）に分けられている。したがって、接続詞cumaは、幟の状態という話題に関する談話の流れを構造づけるマーカーとして機能していると言える。この接続詞cumaとその前後の談話的ユニットの関係は次の図3.2のように図示することができる。

```
                        BIコード交替
                           ↓
┌──────────────┐     ─  cuma  ─    ┌──────────────────┐
│主要情報の談話的ユニット│        接続詞       │否定的付加情報の談話的ユニット│
└──────────────┘                   └──────────────────┘
```

図3.2　談話マーカーcumaと2つの談話的ユニット

例62：

P1:　$_{Dl}[_{Ul}[Raga]_{Ul}]_{Dl}$ w＜N-$_{Dl}[_{Ul}[gae]_{Ul}]_{Dl}$＞w nasi kuning $_{Dl}[_{Ul}[kenten]_{Ul}]_{Dl}$.
　　　　私たち　　　　　作る(ngae)　　　　　　ご飯　黄色　　そのような

「私たちは黄飯を作るのですね。」

C1-1:　$_{Dl}[_{Ul}[Nggih]_{Ul}]_{Dl}$.
　　　　　　　　はい

「そうです。」

C1-2:　Nasi kuning w＜N-$_{Dl}[_{Ul}[gae]_{Ul}]_{Dl}$＞w, $_{Ul}[jang]_{Ul}]_{Dl}$ di kulkas-$_{Dl}[_{Ul}[e]_{Ul}]_{Dl}$.
　　　　ご飯　黄色　　　作る(ngae)　　　　　　置く　　～で　冷蔵庫-the

黄飯を作って、冷蔵庫に置いておく。

C1-3:　Eh　kulkas　$_{Dl}[_{Ul}[kone]_{Ul}]_{Dl}$.
　　　間投詞　冷蔵庫　　　　～らしい

あ、冷蔵庫だって。

C1-4:　$_{Dl}[_{Ul}[Jang]_{Ul}]_{Dl}$ di majic jar-$_{Dl}[_{Ul}[e]_{Ul}]_{Dl}$.
　　　　置く　　　　　～で　　電子ジャー-the

保温ジャーに置いておく。」

3.6　付加詞にBIコード混在を含む場合

P2:　ᴅₗ[ᵤₗ[Nggih]ᵤₗ]ᴅₗ.
　　　　　はい

「はい。」

C2-1:　ᴅₗ[ᵤₗ[Ba]ᵤₗ　ᵤₗ[keto]ᵤₗ　ᵤₗ[mani]ᵤₗ　ᵤₗ[semengan]ᵤₗ-ᵤₗ[e]ᵤₗ　ᵤₗ[*kan*]ᵤₗ]ᴅₗ
　　　　　それから　　　　　明日　　　　　　朝-the　　　　　particle

　　　w<N-ᴅₗ[ᵤₗ[jang]ᵤₗ]ᴅₗ-in-N-ᴅₗ[ᵤₗ[jang]ᵤₗ]ᴅₗ-in>w.
　　　　　　　　　どんどん入れる(nyangin-nyangin)

「それから、明日の朝に（容器にお供えを）どんどん入れていく。

C2-2:　ᴅₗ[ᵤₗ[To]ᵤₗ　ᵤₗ[*kan*]ᵤₗ　ᵤₗ[elah]ᵤₗ]ᴅₗ.
　　　　　それ　　　particle　　　簡単な

それは簡単でしょう。

C2-3:　ᴅₗ[ᵤₗ[Soda]ᵤₗ-ᵤₗ[ne]ᵤₗ　ᵤₗ[pang]ᵤₗ　ᵤₗ[da]ᵤₗ]ᴅₗ　nasi　ᴅₗ[ᵤₗ[pusuh]ᵤₗ
　　　　　供物の一種-the　　　　　～になるように　～するな　ご飯　　　固めの

　　　ᵤₗ[nak]ᵤₗ]ᴅₗ　Kuningan.
　　　particle　　　祝日名

食事の供物はご飯を固めにしないで、クニンガンだから。

C2-4:　ᴅₗ[w<ᵤₗ[***Se-nya***]ᵤₗ ᵤₗ[***benar***]ᵤₗ>w　ᵤₗ[mekejang]ᵤₗ　ᵤₗ[anyar]ᵤₗ　ᵤₗ[keto]ᵤₗ
　　　　　　本当は(sebenarnya)　　　　　　　　　　すべて　　　　新しい　　　そのような
　　　　　　　　文副詞　　　　　　　　　　　　　　補文主語　　補文述語　　主節述語

　　　ᵤₗ[yan]ᵤₗ　ᵤₗ[maan]ᵤₗ]ᴅₗ.
　　　　もし　　　　得る

　　　付加詞　従属節述語

本当は、もしできるなら、全部新しいのがいい。」（conv.6）

　この例は、P（嫁）とC（姑）によって行われた、ヒンドゥー教の祭日の準備に関する会話の一部分である。この例では、C2-4の真偽を表す文副詞se-benar-nya「本当は」にBIコード交替が起こっている。C2-3までの発話の話題は、お供えに使う黄飯を前もって電子ジャーに保存しておくやり方についてである。その後のC2-4で文副詞se-benar-nyaが現れ、本来の理想的なお供えのあり方について述べられる。つまり、文副詞se-benar-nyaによ

って手抜きの黄飯の準備方法といういわば現実を述べる談話的ユニットと本来の理想を述べる談話的ユニットが対比され、それはお供えの作り方についての一連の発話の連続に談話的な構造を与える談話マーカーとして機能している。この文副詞 se-benar-nya とその前後の談話的ユニットの関係は、次の図3.3のように模式的に表すことができる。

```
                    BI コード交替
                         ↓
    現実の談話的ユニット ― se-benar-nya ― 理想の談話的ユニット
                        文副詞
```

図3.3 談話マーカー sebenarnya と2つの談話的ユニット

例63：

P1-1: ᴅ1[ᴜ1[Ee]ᴜ1]ᴅ1.
　　　　　　同意
　　「ん。
P1-2: ᴅ1[ᴜ1[Amun]ᴜ1　ᴜ1[bangkung]ᴜ1　ᴜ1[kan]ᴜ1　ᴜ1[mudah]ᴜ1　ᴜ1[nggih]ᴜ1]ᴅ1.
　　　　　　　もし　　　　　雌　　　　particle　　　安い　　　particle
　　もし雌だったら安いんですね。
P1-3: ᴅ1[ᴜ1[Adi]ᴜ1　ᴜ1[keto]ᴜ1]ᴅ1?
　　　　　　なぜ　　　そのような
　　どうしてだろう？」
W1-1: ᴅ1[ᴜ1[Mudah]ᴜ1]ᴅ1.
　　　　　　　安い
　　「安いですよ。
W1-2: ᴅ1[ᴜ1[***Soal***]ᴜ1-ᴜ1[ne]ᴜ1　ᴜ1[kan]ᴜ1　ᴜ1[pateh]ᴜ1　ᴜ1[cara]ᴜ1　ᴜ1[raga]ᴜ1]ᴅ1.
　　　　　　というのも(soalne)　particle　　同じ　　〜のように　私たち
　　　　　　　　接続詞　　　　　[　　　　　　　述語　　　　　　　　]
　　というのは、私たちと同じだから。

3.6 付加詞にBIコード混在を含む場合

W1-3: ᴅɪ[ᴜɪ[Anak]ᴜɪ ᴜɪ[luh]ᴜɪ ᴜɪ[nika]ᴜɪ ᴜɪ[*kan*]ᴜɪ]ᴅɪ anu ᴅɪ[ᴜɪ[*nggih*]ᴜɪ]ᴅɪ?
　　　　人　　　　女　　　　それ　　　particle　　　あれ　　　particle
女というのはあれでしょう？」(conv.10)

　これは、女主人のPと家政婦のWの間になされた例61と同じ会話の一部である。この例では、理由を表す従属接続詞soal-neにBIコード混在が起きている。この発話の連続は、話者PとWによる2つのターンから成り立っている。P1の「なぜ雌豚が安いのか」という意味の疑問に対して、WはW1-2、W1-3で安い理由を述べている。この理由は接続詞soal-neによって導かれている。すなわち、接続詞soal-neは、疑問と理由の2つの談話的ユニットをつなぐ機能を果たす談話マーカーであると言うことができる。この接続詞soal-neを介した2つの談話的ユニットの関係は次の図3.4として理解することができる。

　　　　　　　　　　　BIコード交替
　　　　　　　　　　　　　↓
　┌─────────────┐　　　　　　　　　┌─────────────┐
　│疑問の談話的ユニット│ ── *soal*-ne ── │理由の談話的ユニット│
　└─────────────┘　　　接続詞　　　　└─────────────┘

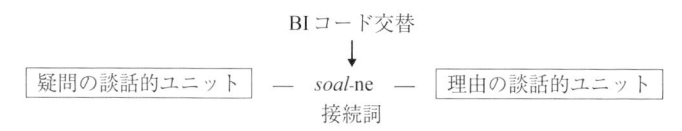

図3.4　談話マーカーsoalneと2つの談話的ユニット

　以上挙げた接続詞cuma, soal-neと文副詞mungkin, se-benar-nyaは、図3.1～図3.4に示したように、それの前後のユニットの境に現れ、一続きの談話に構造を与える談話マーカーとして機能していることがわかった。要するに、談話的ユニットAと談話的ユニットBの間に現れる。

　┌─────────────┐　　　　　　　　　　　┌─────────────┐
　│　談話的ユニットA　│ ── 談話マーカー ── │　談話的ユニットB　│
　└─────────────┘　　　　　　　　　　　└─────────────┘

　次の表3.25にも示されるように、これらの例はバリ語要素のままではなく、BIコード混在に関与している。4例すべてが「普通語－丁寧語」の敬語セットをなし、いずれも普通語と丁寧語の両方がインドネシア語とは語形が異なる。mungkin, se-benar-nya, cumaは語全体がインドネシア語に交替しており、soal-neは語の一部にコード交替が起こっている。

表 3.25 談話マーカーとBIコード交替

	バリ語（普通語類）	バリ語（敬語類）	**コード交替後**
多分	mirib	minab	***mungkin***
本当は	beneh-ne	patut-ne	***se-benar-nya***
ただし	tuah	wantah	***cuma***
なぜならば	sawireh	santukan	***soal-ne***

（i）主要部のみのタイプに分類される副詞と接続詞の例を前後の談話の中で観察したところ、談話マーカーである接続詞と文副詞の例は、多数を占めていること（66％）がわかった。このように、談話マーカーとして機能する接続詞と文副詞はBIコード交替が起きる頻度が高い。したがって、3.1節で述べた原（2000）、原（2001）、原（2002）から導かれた一般化（3）は、拡大した本書の事例においても有効性をもつと言える。

次に生じる疑問は、なぜBIコード混在が見られる付加詞の事例のうち、談話マーカーとして機能する接続詞と文副詞が多いのかということである。この疑問については、次節で詳しく論じる。

3.7 なぜ談話マーカーにBIコード混在が現れやすいのか

付加詞に見られるBIコード混在の事例のうち、なぜ主要部のみから成る副詞句にコード交替が起きている例が圧倒的に多いのか、そして、なぜそれらは談話マーカーである接続詞と文副詞に偏っているのか。原（2000）、原（2001）、原（2002）では、この問題について、本章のはじめに述べた解釈を提案した。すなわち、談話マーカーは一般的にポーズやイントネーションによって際立たせられる性質をもつことに注目して、BIコード交替が接続詞と接続詞的な副詞である談話マーカーを際立たせる機能を果たすのではないかという解釈である。

また、談話マーカーにコードスイッチングが起きやすいことを指摘している研究にAzuma（1997）がある。Azuma（1997）の主張は、本書とは別の視点から行われており、そこでは重要な問題が取り扱われないままにな

っている。本節では、その重要な問題を提起し、原（2000）、原（2001）、原（2002）の解釈を出発点として、その問題の解決を試みる。

3.7.1 Azuma（1997）

Azuma（1997）は、英語－その他の外国語（英語－日本語、英語－マレーシア語など）、リンガラ語－フランス語などの2言語使用の研究資料に基づき、コードスイッチングが起きやすい諸要素について次のような主張を行っている。彼は、話者のmindの中には十分に意味をなす言葉の「まとまり」"chunk"というものがあり、それらはstand-aloneである、つまりそれ自体単独で意味をなす、という視点から、ひとつの仮説を提案する。それは、「単独で十分に意味をなす "chunk" はコードスイッチングが起こり得る」stand-alone principle（Azuma 1997：114）というものである。その "chunk" に含まれる典型例は、次の通りである。

- 内容語
- 談話マーカー
- 数・時・様態の表現
- 前置詞句・名詞句といったフレーズユニット

つまり、機能語であれ内容語であれ、単語であれ句であれ、それ自体で単独で意味をなせばコードスイッチングが起こり得る。内容語であっても、単独で十分意味をなすという条件を満たしてなければ、コードスイッチングは起こりにくい。さらに、Azuma（1997：114）は、stand-alone principleに該当する諸要素のうち「最も明らかな候補は、接続詞や文副詞、タグなどの談話マーカーである」と述べる。談話マーカーは統語的に文に組み込まれない要素であり、単独で意味をなすことができる（Azuma 1997：114）。

しかしながら、そこではstand-aloneに該当する要素を検証する方法が記されておらず、方法論的に問題があると言える。それでも、本書の前節3.6節で分析した談話マーカーに関する限りは、Azumaのやや漠然としたstand-aloneの定義を受け入れるならば、彼の見解は有効のように見える。また、stand-aloneに該当する諸要素のうちとくに談話マーカーがコードスイッチ

ングしやすいというコードスイッチングの起きやすさの差に関する彼の指摘は、本書の分析結果と矛盾しない。Azumaの主張が基づいている資料は、先述したように、英語-日本語をはじめとする言語構造の共通性・類似性が低い事例であるのに対し、一方、本書の用いる事例はバリ語とインドネシア語という言語構造の共通性・類似性が高い言語間の事例である。すなわち、コード混在（コードスイッチング）の現象において、言語構造的な共通性・類似性が低い言語間であっても、高い言語間であっても、談話マーカーが他の要素にくらべて特別な位置を占めていると言うことができる。

しかし、BIコード混在の事例にとって、Azumaの説はまだ不十分である。なぜならば、Azuma（1997）では、stand-aloneという観点から提案するコードスイッチングの現れやすい要素のうち、談話マーカーの特別なステイタスが示唆されているものの、それはなぜかという問題が提起されていない。次項では、なぜ談話マーカーにコード交替が起きやすいのかという問題を議論し、BIコード混在の事例を用いて、その説明を試みる。

3.7.2　機能的説明の試み—"際立たせる"コード混在

本章のはじめに触れた原（2000）、原（2001）、原（2002）でも述べてある通り、BIコード混在は談話マーカーにとくに起こりやすいことが観察される。では、なぜコード混在は談話マーカーに起こりやすいのだろうか。この問題に対する私の見解は次の通りである。まず、談話マーカーというものは、そもそも談話構造において談話的ユニットの境界に現れる（図3.1〜図3.4で見た通り）。そして、この談話マーカーは、その前後の談話的ユニットと異なり、卓立する（distinct）ことが伝達上望ましいと考えられる。たとえば、前後の談話的ユニットから際立って聞こえるような、イントネーション、ポーズなど韻律的（prosodic）な手がかりが用いられる（Schiffrin 1987：31）ことは、それを示している。つまり、談話マーカーは、「話のユニットを括弧でくくる」（Schiffrin 1987：31）、他の談話要素からは、いわば目立つべき存在であり、ポーズやイントネーションによって、しばしば際立たせられるものだと考えられる。このように、談話マーカーは際立

3.7 なぜ談話マーカーにBIコード混在が現れやすいのか

たせられやすい性質をもつものであるならば、BIコード混在の事例においては、コードの交替がこの際立たせる機能を果たすと考えることも可能である。

このコード交替の「際立たせ機能説」の視点から、Azumaのあげている例を検討してみよう。Azuma（1997：115）は、引用した複数のコードスイッチングの例において、ある共通点を指摘している。以下のマレーシア語－英語の例で見てみる。

Not all women are married to good providers.
Lagipula, we want to give the best to our children.
その上
（Azuma 1997：114）

この例では、英語で発話が始まっているが、接続詞lagipula「その上」がマレーシア語に切り替わり、その後の発話はまた英語でなされている。この例を含め、Azuma（1997：115）は、論文中にあげている、発話の途中に接続詞が現れるすべての例（4例）において、接続詞にコードスイッチングが起きるが、続きの発話はスイッチする前のもう一方の言語で再び行われていることを指摘している。そして、この共通した現象に対して、それはなぜなのか明らかではないと述べている。このAzumaの疑問は、コード交替の「際立たせ機能」を考慮することによって、説明することができるだろう。つまり、談話マーカーは回りの談話要素から目立つことが伝達上望ましいため、前後の発話とは異なる言語コードが選ばれていると考えられる。

このように、談話マーカーには他のstand-aloneの要素とは違う「目立つことが望ましい」という特徴がそもそも備わり、韻律的な要素によっても際立たせられやすい。したがって、コード交替が要素を「目立たせる」と考えるならば、談話マーカーはコード交替によって回りの談話要素（つまり回りの談話的ユニット）から際立つことが可能になる。以上提示したよ

うに、BIコード混在のテキストの分析結果に基づく本書の解釈は、stand-alone principle の説の理解を部分的により発展させる可能性も持っている。

3.8 統語構造・談話構造と異なる条件付けによるコード交替

　これまでの記述の過程で個別的に指摘してきたが、統語構造・談話構造における位置にかかわらず、交替する頻度が高い場合が観察される。その交替の頻度の高さは、形態論的に条件づけられる可能性と語彙的に条件づけられる可能性がある。ここで改めて列挙しておこう。

　まず、形態論的に条件づけられる可能性について見てみよう。接辞を含む語あるいは句の内部に見られるBIコード混在を観察すると、コードの偏りについてある規則性に気づく。それは、「名詞＋3人称所有・定冠詞を表す接辞」という内部構造をもつ名詞句と、「動詞語幹＋接辞」という内部構造の動詞派生語においてコード混在が見られる場合は、きわめて高い頻度で名詞あるいは動詞語幹がインドネシア語要素、接辞がバリ語要素に該当するという規則性である。

　BIコード混在文における、交替領域に該当する「語／語幹＋接辞」という構造をもつすべての派生語あるいは句を観察した結果、語／語幹と接辞のコードの組み合わせとその頻度は表3.26のように示すことができる。表中の度数は例数である。（i）と（ii）は派生語あるいは句の内部のコード混在が認められる場合であり、（iii）と（iv）は派生語あるいは句の内部のコード混在が認められない場合である。ここで問題になるのは、（i）と（ii）である。この2つを見ると、明らかに（i）が（ii）にくらべて圧倒的に多いことがわかる。すなわち、交替領域に該当する、接辞が付加された語あるいは句の内部にBIコード混在が見られる場合は、語幹に相当する部分がインドネシア語要素で、接辞がバリ語要素であることがほとんどであり、その逆はまれである。つまり、語幹に相当する部分はインドネシア語になりやすく、接辞はインドネシア語になりにくい（つまりバリ語のまま）という仮説を提案することができるだろう。これは、通言語比較上興味深い

3.8 統語構造・談話構造と異なる条件付けによるコード交替

観察である。

表3.26 接辞を含む語あるいは句におけるコード混在・非コード混在のパタン

		語／語幹	接辞	起こる可能性	度数
(i)	コード混在	インドネシア語	バリ語	頻繁	211
(ii)	コード混在	バリ語	インドネシア語	まれ	9
(iii)	非コード混在	インドネシア語	インドネシア語	頻繁	180
(iv)	非コード混在	バリ語	バリ語	頻繁	274

　Joshi（1985）は、マラティ語と英語のコードスイッチングにおいて、マラティ語をML（Matrix Languge：基盤言語）、英語をEL（Embedded Language：挿入言語）とみなしている。そして、そのような2言語のコードスイッチングにおいて、内容語（open-class items）と機能語（closed-class items）の間に次のような違いを認めている。すなわち、機能語（たとえば限定詞、数量詞、前置詞、所有詞、助動詞、時制）は、マラティ語から英語に切り替わらないと述べる（Joshi 1985：194）。これは、私が指摘するBIコード混在における語彙（内容）形態素と文法（機能）形態素の間に見られる頻度の差との平行性を強く示唆している。

　次に、交替の頻度の高さが語彙的に条件づけられる場合について見てみよう。インドネシア語要素に交替する頻度が高い語彙群を観察すると、数詞・曜日という特定の意味領域に該当していることがわかる。これらの要素は、近代的職業・近代的経済生活の文脈に密接につながっており、そこにはインドネシア語要素が頻繁に現れやすい。2.6節で述べたように、新たな技術や文化、生活習慣およびそれと関連する事物を表す語彙は、H変種（高位変種）であるインドネシア語からL変種（低位変種）であるバリ語に借用される例が多く観察される。したがって、数詞・曜日に高頻度に起きているBIコード交替は、H変種であるインドネシア語が影響力をもつそのような文脈における借用現象の一種なのかもしれない。Myers-Scotton（1993：144）とAzuma（1997：115）においても数詞と時の表現にはコードスイッチングが起こりやすいことが指摘されている。

表3.27 は、BIコード混在文における数詞と曜日を表す要素をすべて観察し、コード交替が起きている要素（つまりインドネシア語要素）とコード交替が起きていない要素（つまりバリ語要素）の頻度と割合を示したものである。

表3.27　数詞・曜日を表す要素におけるコード交替

	コード交替	非コード交替	合計
数詞	**85%（330例）**	15%（59例）	100%（389例）
曜日	**98%（56例）**	2%（1例）	100%（57例）

表3.27が示すように、数詞と曜日のいずれにおいても、コード交替の起きている要素の割合（左から2列目、太字）がコード交替の起きていない要素の割合にくらべて圧倒的に大きい。したがって、数詞と曜日の要素には、BIコード交替が起きやすいと言える。

3.9　本章の要約

本章では、文内のBIコード混在の事例を記述しながら、統語構造の側面からBIコード混在の分布を考察し、最後に談話構造を考慮に入れることで、議論を発展させた。本章の論考を終えるにあたり、ここでもう一度各節でおこなったことを要約する。

まず、3.2節では、BIコード混在の記述と分析のために、バリ語統語論の3つのカテゴリー、主語・述語・付加詞を導入し、さらにそれら3つを形成する5種類の句の内部を構成する要素として、主要部と指定部を導入した。

次に、3.3節では、主語・述語・付加詞のBIコード混在の分布およびそれら3つの文構成要素を形成する句の内部におけるBIコード混在の分布を考察した。その結果、文の構成要素によってBIコード混在を含む度数と割合には差があることがわかった。すなわち、主語はBIコード混在を含まない事例が含む事例にくらべてより大きい割合を占め、逆に述語はBIコード

混在を含む事例がより大きい割合を占め、付加詞はBIコード混在を含む事例と含まない事例の間の割合の差はほとんどなかった。また、主語・述語・付加詞の間にはBIコード混在の分布の偏りが見られ、主語、付加詞、述語の順でBIコード混在の頻度が高くなっていた。さらに、主語・述語・付加詞を形成するすべての句を対象にした場合、主要部のみから成る句（i）|主要部|のみの割合と、主要部と指定部の両方から成る3種類の句（ii）|主要部|+指定部、(iii) 主要部+|指定部|、(iv) |主要部|+|指定部|の割合の和との間には有意差が認められ、(i) にくらべて主要部と指定部から構成される (ii)、(iii)、(iv) の方がBIコード混在の頻度が高かった。また、主要部と指定部の間にはBIコード混在の分布の偏りは見られなかった。

　3.4節、3.5節、3.6節では、それぞれ、主語、述語、付加詞において、それらを形成する句のどの部分にBIコード交替が起きているかを、具体例の記述を行いながら、明らかにした。その結果、3つの文構成要素に一貫したBIコード混在の分布の偏りは見られなかった。まず、句の内部構造の違いから、主要部のみから成る句（i）の割合と主要部と指定部の両方から成る句 (ii)、(iii)、(iv) の割合を各文構成要素において比較すると、主語を形成する名詞句では (i) にくらべて (ii) + (iii) + (iv) の割合が有意に大きく、述語を形成する動詞句・形容詞句・前置詞句・名詞句4種類の句においても (ii) + (iii) + (iv) の割合が (i) にくらべて有意に大きく、一方、逆に付加詞を形成する副詞句と接続詞においては (i) の割合が (ii) + (iii) + (iv) よりも有意に大きいことがわかった。次に、句を構成する主要部と指定部のどちらにBIコード交替がより多く起きているかを各文構成要素において観察すると、主語を形成する名詞句では、主要部にBIコード交替がより頻繁に認められ、述語を形成する句（動詞句・形容詞句・名詞句・前置詞句のすべて）では指定部にBIコード交替がより高頻度に起きており、付加詞を形成する副詞句では主要部にBIコード交替がより高頻度に起きていた。このように、主語・述語・付加詞に一貫して見られるBIコード混在の分布について有意な結果は示されなかった。しかし、先に指摘した、付加詞において主要部のみから成る副詞句および接続詞にBIコード交

第3章　統語構造におけるBIコード混在の分布と談話マーカー

替が起きている事例がきわめて多く観察されたことは、他の文構成要素にはない偏りとして注目した。談話構造的観察の結果、それらの多くは談話マーカーとして機能する接続詞と文副詞であることがわかった。

続く3.7節では、なぜ談話マーカーとして機能する接続詞と文副詞にBIコード交替が起きるのかという問題について、Azuma（1997）の主張に批判的に触れながら、談話マーカーのもつ「目立つことが望ましい」という特徴に基づき、BIコード交替が談話マーカーである接続詞と文副詞を際立たせる機能を果たしているという解釈を提案した。

最後に3.8節では、接辞が付加された派生語あるいは句の内部のBIコード混在と数詞・曜日に起こるBIコード交替の事例が頻繁に観察されることから、統語構造・談話構造とは異なる形態論的・語彙的な条件がBIコード混在に働く場合があることを指摘した。

次章では、本章では分析対象からはずした受身構文について、バリ語とインドネシア語の形態統語論の規則の違いから、Matrix Language（基盤言語）とEmbedded Language（挿入言語）が認められる可能性があることを述べる。

注

1) インドネシア語の動詞接辞meN[məN]-の大文字Nは、語幹の最初の音によって変化する音を表している。すなわち、Nはm, n, ng[ŋ], ny[ɲ]のいずれかの鼻音、あるいは何も現れないことを表す。語幹が母音あるいはk, g, hで始まる場合Nはng[ŋ]となり、そのうちkはngに置き換えられ消える。語幹がp, bで始まる場合Nはmとなり、そのうちpはmに置き換えられ消える。語幹がt, d, c[tʃ], j[dʒ]で始まる場合Nはnとなり、そのうちtはnに置き換えられ消える。語幹がsで始まる場合Nはny[ɲ]となる。語幹が残りの子音（つまりl, r, m, n, ny[ɲ], ng[ŋ], w, y[j]）で始まる場合は鼻音は現れない。

一方、インドネシア語の口語では、meN-の等価要素はN-である。鼻音変化のプロセスは、まず接頭辞meN-が付加され鼻音化が完了した派生語の状態から、meの部分が落ち、N-から開始するというものである。ただし、語幹がc[tʃ], j[dʒ]で始まる場合Nはny[ɲ]となり、c, jはnyに置き換えられ消える。この接頭辞N-と鼻音変化規則は、語幹の開始音によっては一致しない場合があるが、ほぼバリ語の接頭辞N-と共通する（語幹がb, dで開始する場合、インドネシア語口語では鼻音が現れないかmb, ndとなるが、バリ語ではb, dはそれぞれm, nに置き換えられ消える）（注7参照）。

2) 英語起源のインドネシア語要素。これに対応するバリ語要素は、普通語類のdedemenanと敬語類のkesenenganの2つがある。この例で敬語的に期待されるのは普通語類である。

3) 接辞-neは、母音で終わる形態素に後続するとき、接辞-eと同じように、子音nが挿入され

3.9 本章の要約

4) インドネシア語の名詞接頭辞 peN- は、動詞接頭辞 meN- と同じ鼻音変化規則にしたがう（注1参照）。バリ語にも peN- の接辞があるが、インドネシア語の鼻音変化規則は同じではない。この例に見られるような d から始まる語幹の場合は、バリ語では N は n として現れ、d は消える。

5) 語幹の1音節目が重複する場合、母音はシュワー［ə］となる。

6) この名詞句が複合語と判断できるのは、指定部の形容詞に副詞がつくなどして形容詞句を形成しないからである。

7) バリ語の動詞接辞 N- の大文字 N は、インドネシア語と同様に、語幹の最初の音によって変化する鼻音を表している（注1参照）。N は、m、n、ng[ŋ]、ny[ɲ] のいずれかの鼻音として現れる。語幹が母音で始まる場合、N は ng[ŋ] となる。語幹が母音・流音・半母音で始まる場合および語幹が単音節の場合は、それに母音シュワーが加わり nga-[ŋə-] となる。語幹がそれら以外の子音で始まる場合、N はその子音の調音位置と同じ鼻音となり、もとの子音は消える。すなわち、語幹が p、b で始まる場合 N は m となり、p、b は消える。語幹が t、d で始まる場合 N は n となり、t、d は消える。語幹が k、g で始まる場合 N は ng[ŋ] となり、k、g は消える。語幹が c[tʃ]、j[dʒ]、s で始まる場合 N は ny[ɲ] となり、c[tʃ]、j[dʒ]、s は消える。この規則は、インドネシア語口語体における動詞接辞 N- の変化規則と、一部を除いて共通している（インドネシア語口語体では b、d で始まる語幹の場合は鼻音化しないか、mb、nd となる）。

バリ語の動詞接尾辞には -in と -ang がある。それらにほぼ対応するインドネシア語の接尾辞には -i と -kan があるが（バリ語における -in と -ang の機能分担とインドネシア語における -i と -kan の機能分担は一致するわけではない）、インドネシア語口語体ではそれらが -in という1つの接尾辞に対応している。

8) ただし、このバリ語に基づく分類は、インドネシア語の前置詞句の構造と常に一致するわけではない。インドネシア語の場合、述語を形成する前置詞句が主要部のみから成ることはほとんどない。一方、バリ語では、前置詞とそれに続く補語が不可分である語が存在し、主要部のみから成る前置詞句が存在する。たとえば、「ここで」は、インドネシア語では前置詞 di「〜で」と補語 sini「ここ」の2語からなる前置詞句 di sini で表されるが、バリ語（普通語類）では dini という1語=1形態素で表されこれ以上分析することはできない。しかし、インドネシア語でも主要部のみから成る前置詞句がまったくない訳ではないこと、また日常会話では前置詞が省略されることもしばしば起きることを考慮し、本書では他の句と同様に1つのタイプとして認定した。

9) 他の例では、動詞接辞 N- はバリ語とインドネシア語（口語体）の間で共通する要素であるため非交替領域と認定していたが、N-beli の接辞 N- は交替領域に分類する。動詞語幹 beli はバリ語とインドネシア語で共通しているが、接辞 N- が付加された場合、バリ語では meli、インドネシア語口語体では鼻音化せずに beli のまま、あるいは mbeli となる。ここで現れている meli はバリ語の鼻音化規則にしたがっているため、N-beli の N- はバリ語要素であると判断した。

137

第4章

受身構文における BIコード混在

4.1 はじめに

　前章までの議論では、バリ語とインドネシア語の混在現象を、バリ語からインドネシア語へのコードスイッチング、あるいはインドネシア語からバリ語へのコードスイッチングと呼ぶことを避け、バリ語とインドネシア語のコード混在（BIコード混在）と呼び続けてきた。その理由は、第1章で述べたように、次の通りである。

　まず、スイッチングという概念は、ある言語から他の言語へという方向を含意する。このような方向を理解するための代表的な理論を求めるならば、片方を「基盤言語（ML：Matrix Language）」、もう片方を「挿入言語（EL：Embedded Language）」と捉えるMyers-Scotton（1993等）の理論的な措定に行き着く。Myers-Scotton（1993）によると、このMLとELの認定は、どちらの言語の形態統語規則が選択されるかという観察から判断される。バリ語とインドネシア語は、この判断にかかわる形態統語論がきわめて類似しており、形態統語規則に基づくコードスイッチの方向性の認定、つまり基盤言語と挿入言語の認定に困難が伴う。すなわち、「スイッチング」という用語は理論的バイアスがあり、バリ語・インドネシア語のケー

第4章 受身構文におけるBIコード混在

スを扱うには、このバイアスのない「混在」という用語を使う方が慎重だと考えられる。

しかしながら、ここで注意しておきたいのは、2言語間で形態統語規則がきわめて類似しているのは、ほとんどの文法領域においてではあるが、すべての文法領域においてではないという事実である。私が観察する限り、例外的に形態統語規則が明瞭に異なる文法項目が1つある。その例外的な文法領域が、以下で扱う受身構文である。

バリ語・インドネシア語の受身構文の記述を行うに先立って、第1章でも述べた「スイッチング」という概念が前提とするML（基盤言語）とEL（挿入言語）に関するMyers-Scotton（1993等）によるMLFモデル（Matrix Language Frame Model）の要点を振り返っておこう。

形態統語論規則が異なる2言語のコード混在が見られる文（文内コードスイッチング）におけるコードスイッチングの分布の規則性について、Myers-Scottonは1つのモデルを提唱している。それは、文法規則のフレームはMLのそれにしたがい、そのフレームにELの語彙的な要素が挿入されるというものであり、MLFモデルと呼ばれる。このモデルは、このような基準で、MLとELを区別し、ある言語から他の言語へという方向をもつ「スイッチング」を認める。

上に述べたように、この考え方は、BIコード混在の事例でも、形態統語規則の異なる受身構文に関する限りは適用することが可能である。すなわち、BIコード混在が見られる受身構文においては、いずれの言語の文法規則にしたがっているか認定でき、基盤言語と挿入言語の特定が可能になる。つまり、BIコード混在をバリ語からインドネシア語へのコードスイッチングあるいはインドネシア語からバリ語へのコードスイッチングと捉えることが、受身構文においては可能になる。

本章では、2言語が混在する受身構文を詳細に記述する。その記述の過程で、受身構文を含むBIコード混在文では、どちらの言語をMLとするコードスイッチングが起きているのかが確認できるということを提示する。そして、受身構文が含まれるBIコード混在文は、MLFモデルによって、文

内BIコード「スイッチング」と再解釈され得るという可能性を示す。

本章は次のように構成される。次節の4.2節では、バリ語とインドネシア語の受身構文の規則がどのように異なるのかを示す。異なるポイントは、語順と接辞のタイプ（接尾辞vs.接頭辞）である。次いで4.3節では、BIコード混在が見られる受身構文を対象に、バリ語の受身構文規則にしたがっている事例と、インドネシア語の受身構文規則にしたがっている事例を認定し（この2つの受身構文規則が1つの文に両方現れる混合タイプはなかった）、それぞれの受身構文を記述する。そして、バリ語受身構文規則にしたがうBIコード混在文ではMLがバリ語であり、インドネシア語受身構文規則にしたがうBIコード混在文ではMLがインドネシア語であるとMyers-Scotton流の解釈を示す。最後に、4.4節では、BIコード混在における受身構文の理論的含意について議論する。その際、バリ語受身規則文とインドネシア語受身規則文の割合を比較し、その差は何を意味しているのかについても述べる。

4.2 バリ語とインドネシア語の受身構文規則

まず、バリ語とインドネシア語の受身構文がそれぞれどのような要素と規則（語順）に基づいているのかを述べ、2言語の受身構文規則の形態統語論的な相違点を示す。バリ語とインドネシア語のいずれにおいても、受身構文規則は2種類ずつ存在し、動作主の人称によって区別されることに注意されたい。

4.2.1 バリ語の受身構文規則

バリ語の受身構文は2種類あり、その種類は動作主によって種類が選択される。1つは動作主が1・2人称である場合、もう1つは動作主が3人称である場合である。以下、バリ語の受身構文をKersten（1984）に基づいて記述する[1]。例文には、普通語類の要素を主に用いる。例文はバリ語母語話者であるインフォーマントの確認を得ている。

バリ語受身構文（1）（動作主が1人称、2人称の場合）

1つめのバリ語受身構文は、動作主が、1人称および2人称、すなわち代名詞のiang, tiang（私）、cai, nyai, ragane（あなた）、あるいは1・2人称として用いられる親族名称・人名などの場合である。この構文に必要な要素は、被動作主（penderita）、動詞（kata kerja）、動作主（pelaku）である。これらの要素は以下に示すような語順をとる。被動作主は主語に該当し、「動詞＋動作主」の部分は述語に該当する。以下に例を示す。

　　　　被動作主 ＋ 動詞 ＋ 動作主
　　　　主語　　　[　　述語　　]

例64：基本的な受身構文（動作主1・2人称）

I Made　　alih　　　iang.
　人名　　迎える　　　私
被動作主　動詞　　動作主
　主語　　[　述語　]
「マデは、私が迎えに行った。」

このように、動作主は動詞の後に位置する。この点は後述するインドネシア語の受身構文（動作主が1・2人称）と異なる。

また、次に示すように、助動詞や否定詞が動詞を修飾する場合は、それらは動詞の前に位置する。

　　　　被動作主 ＋ 助動詞 ＋ 動詞 ＋ 動作主
　　　　主語　　　[　　　　述語　　　　]

例65：動詞を修飾する要素が現れる場合

I Made　　　suba　　　alih　　　bapa.
　人名　　　すでに　　迎える　　父（1人称として）
被動作主　　助動詞　　動詞　　　動作主
　主語　　　[　　　　述語　　　　　]

「マデは、もうお父さん（私）が迎えに行った。」

なお、被動作主は文脈から明らかな場合などは示されないことがある。つまり、その場合の受身構文は述語のみから成り立つ。このような受身構文の例は以下の通りである。

　　（被動作主）＋ 動詞 ＋ 動作主
　（主語）　　　[　　述語　　]

例66：被動作主が現れない場合

Alih　　　　　　iang.
迎える　　　　　私
動詞　　　　　動作主
[　　述語　　]

「私は迎えに行った。」

被動作主は動作主の後に現れることも可能である。つまり、その場合の受身構文は、述語＋主語という構造をもつ。例文を以下に示す。

　　動詞 ＋ 動作主 ＋ 被動作主
　[　　述語　　]　　主語

例67：被動作主が動作主の後に現れる場合

Alih　　　　iang　　　　I Made.
迎える　　　　私　　　　　人名
動詞　　　動作主　　　被動作主
［　　述語　　］　　　主語

「私は迎えに行った、マデを。」

　例64〜67からわかるように、動作主が1・2人称である場合のバリ語の受身構文を構成する要素は動詞と動作主であり、「動詞+動作主」という語順で現れる。しかし、文脈から動作主が十分明らかな場合には、時に動作主が省略されることもある。たとえば次の文である。

例68：動作主が現れない場合

I Made　　　suba　　　beli-ang.
人名　　　　すでに　　　買ってやる
被動作主　　助動詞　　　　動詞
　主語　　　［　　述語　　　］

「マデには、もう（私が）買ってやった。」

　以上、動作主が1・2人称である場合のバリ語の受身構文を記述した。上の例68のように動作主が省略される場合があるが、多くの場合は動作主が1・2人称であるバリ語の受身構文を構成する基本的な要素は動詞、動作主であり、「動詞+動作主」という語順で現れる。そして、動詞と動作主の2つの要素の間には、被動作主などの他の要素は挿入されない。

バリ語受身構文（2）（動作主が3人称の場合）
　もう1種類のバリ語の受身構文は、動作主が3人称である場合のものである。この構文を構成する要素は、被動作主、動詞、動詞接尾辞-a、前置詞teken、動作主である。前置詞は、tekenの他にbaan, ajakの場合もある。

4.2 バリ語とインドネシア語の受身構文規則

  被動作主 + 動詞 + -a + 前置詞 + 動作主
  主語 [述語   ]

前章で用いた文の内部構造の枠組みから、この受身構文を捉えると、被動作主は主語に該当し、「動詞＋接尾辞-a＋前置詞＋動作主」の部分は述語に該当する。動詞接尾辞-aは動作主が3人称である場合の受身を表す接辞であり、動作主が1・2人称である受身構文には現れない。動作主は前置詞tekenまたはbaan, ajak（〜によって）に導かれる。その例文を次にあげる。

例69：基本的な受身構文（動作主3人称）

Ia	alih-a	teken	I Made.
彼	迎える-a	〜によって	人名
被動作主	動詞-a	前置詞	動作主
主語	[	述語	]

「彼は、マデが迎えに行った。」

 動詞を修飾する助動詞や否定詞がある場合は、それらは動詞の前に位置する。この場合の語順と例文は以下の通りである。

  被動作主 + 助動詞 + 動詞 + -a + 前置詞 + 動作主
  主語 [述語   ]

例70：動詞を修飾する要素が現れる場合

Ia	suba	alih-a	teken	I Made.
彼	すでに	迎える-a	〜によって	人名
被動作主	助動詞	動詞-a	前置詞	動作主
主語	[	述語		]

「彼は、もうマデが迎えに行った。」

第4章　受身構文におけるBIコード混在

　上の例のように、基本的な構成要素と語順は「被動作主＋（助動詞）＋動詞＋接尾辞-a＋前置詞＋動作主」であるが、一部の要素が省略されたり、語順が変わることがある。まず、動作主を導く前置詞は時に省略される場合がある。ただし、インフォーマントは、この前置詞の省略は実際の会話では時々現れるが、文法的には正しくないと感じられると述べる。この場合、例70は次のようになる。

例71：動作主を導く前置詞が現れない場合

Ia	suba	alih-a	I Made.
彼	すでに	迎える-a	人名
被動作主	助動詞	動詞-a	動作主
主語	[	述語	]

「彼は、もうマデが迎えに行った。」

　次に、動作主が文脈から明らかな場合や動作主が一般的な「人」を表す場合は、動作主が示されないことがある[2]。この場合、例70は以下のようになる。

例72：動作主とそれを導く前置詞が現れない場合

Ia	suba	alih-a.
彼	すでに	迎える-a
被動作主	助動詞	動詞-a
主語	[	述語　　]

「彼にはもう迎えが来た。」

　さらに、次の例が示すように、動作主だけでなく、動詞接尾辞-aも現れないことがある。

4.2 バリ語とインドネシア語の受身構文規則

例 73：動作主と接尾辞-aが現れない場合

Tongos	ento	sing	dadi	paekin.
場所	それ	〜ない	〜してもよい	近づく
[被動作主]	否定詞	助動詞	動詞
[主語]	[述語]

「その場所には近づいてはいけない。」

　被動作主は、文脈から明らかな場合、省略されることがある。そして、動作主と被動作主が両方現れず、(助動詞＋)動詞＋接尾辞-aのみが文を構成することも起こり得る。それぞれの例を以下にあげる。

例 74：被動作主が現れない場合

Alih-a	ajak	I Made.
迎える-a	〜によって	人名
動詞-a	前置詞	動作主
[述語]		

「マデが迎えに行った。」

例 75：動作主と被動作主の両方が現れない場合

Alih-a.
迎える-a
動詞-a
述語

「迎えが来た。」

　また、以下に示すように、被動作主は動詞＋接尾辞-aの後や動作主の後に現れることがある。つまり、述語の内部に主語が挿入されたり、述語が主語に前置する場合がある。

第4章 受身構文におけるBIコード混在

　　　　動詞 + -a + 被動作主 + 前置詞 + 動作主
　　　　[　　述語　（主語）　　　　　　　　　]

　　　　動詞 + -a + 前置詞 + 動作主 + 被動作主
　　　　[　　　　述語　　　　　]　　主語

このような語順の受身構文の例を以下に示す。

例76：被動作主が動詞の後に現れる場合

Alih-a　　　　ia,　　　　teken　　　　I Made.
迎える-a　　　彼　　　　～によって　　人名
動詞-a　　　被動作主　　前置詞　　　　動作主
[述語　（主語）　　　　　　　　　　　　　　]
「彼は、マデが迎えに行った。」

例77：被動作主が動作主の後に現れる場合

Alih-a　　　　teken　　　　I Made,　　　ia.
迎える-a　　　～によって　　人名　　　　彼
動詞-a　　　　前置詞　　　　動作主　　　被動作主
[　　　　　　　述語　　　　　　　　]　　主語
「マデが迎えに行った、彼は。」

　以上、動作主が3人称である場合のバリ語の受身構文について述べた。例73のように接尾辞-aが現れない場合もあるものの、動作主が3人称であるバリ語の受身構文をなす根幹は「動詞＋接尾辞-a」とみなすことができる。
　なお、バリ語の敬語類による受身構文においても、その規則は普通語類と共通している。つまり、敬語類の受身構文でも、動作主の人称によって要素と語順が異なること、受身接辞は接尾辞が用いられること、語順は動作主が1・2人称の場合は「動詞＋動作主」、動作主が3人称の場合は「動

詞＋接尾辞」である[3]。

4.2.2 インドネシア語の受身構文規則

インドネシア語の受身構文は、バリ語と同じように動作主の人称によって次の2つの種類に分けられる。動作主が1・2人称の場合と動作主が3人称の場合である。以下で、Sneddon（1996）に基づいて、インドネシア語の受身構文を記述する。例文は、インドネシア語話者のインフォーマントの確認を得ている。

インドネシア語受身構文（1）（動作主が1人称、2人称の場合）

インドネシア語の受身構文には、まず、動作主が1人称および2人称、すなわち代名詞のsaya（私）、kami, kita（私達）、anda（あなた）、kamu（おまえ、君）あるいは1・2人称として用いられる親族名称などの名詞の場合がある。この構文の構成要素は、被動作主（patient）、動作主（actor）、動詞（verb）である。これらの要素は基本的には次のような語順で現れる。

　　　被動作主 ＋ 動作主 ＋ 動詞
　　　主語　　　[　述語　　]

この種類の受身構文では、動作主は動詞の前に位置し、動詞に受身接辞は付加されない。動作主＋動詞という語順は、先述したバリ語の受身構文（動作主が1・2人称）と異なる。例文を示す。

例78：基本的な受身構文（動作主1・2人称）

Dia　　　　kami　　　jemput.
　彼　　　　私達　　　迎える
被動作主　動作主　　　動詞
主語　　　[　　述語　　　]
「彼は、私達が迎えにいった。」

第4章 受身構文におけるBIコード混在

助動詞や否定詞がある場合は、動作主の前に位置する。語順と例文は以下の通りである。

   被動作主 ＋ 助動詞 ＋ 動作主 ＋ 動詞
   主語 [述語   ]

例79：動詞を修飾する要素が現れる場合

Dia   sudah   kami   jemput.
彼   すでに   私達   迎える
被動作主 助動詞   動作主   動詞
主語   [述語   ]
「彼は、もう私達が迎えにいった。」

動作主が1・2人称のインドネシア語受身構文の基本的な語順は、「被動作主＋（助動詞）＋動作主＋動詞」であるが、以下のように、文頭の被動作主が動詞の後に位置することがある。

   （助動詞）＋ 動作主 ＋ 動詞 ＋ 被動作主
   [述語   ] 主語

例80：被動作主が動詞の後に現れる場合

Sudah   kami   jemput,   dia.
すでに   私たち   迎える   彼
助動詞   動作主   動詞   被動作主
[述語   ] 主語
「もう私たちは迎えに行った、彼を。」

以上、動作主が1・2人称である場合のインドネシア語の受身構文規則について述べた。この構文の義務的な要素は、動作主と動詞の2つの要素であり、「動作主＋動詞」という語順でなければならない。また、その2要素の間に、被動作主や助動詞などは挿入されない。

インドネシア語受身構文（2）（動作主が3人称の場合）
　2つめのインドネシア語の受身構文は、動作主が3人称、すなわち代名詞のdia, -nya（彼、彼女）、mereka（彼ら、彼女ら）あるいは人名などの名詞の場合である。このタイプの構文を成り立たせる要素は、被動作主、動詞接頭辞di-、動詞、動作主である。これらの要素の基本的な語順と文の内部構造は次の通りである。

　　　被動作主　＋　**di-**　＋　動詞　＋　（前置詞）　＋　動作主
　　　主語　　　　[　　　　　　　述語　　　　　　　　　　]

動作主が3人称である受身構文では、先に述べた動作主が1・2人称の場合と異なり、受身を示す接頭辞di-が動詞に付加される。動作主は動詞に後置するが、前置詞oleh（〜によって）に導かれることも可能である。例文を以下に示す。

例81：基本的な受身構文（動作主3人称）
Saya	di-jemput	(oleh)	Siti.
私	di-迎える	〜によって	人名
被動作主	di-動詞	前置詞	動作主
主語	[	述語	]

「私は、シティに迎えに来てもらった。」

　また、次の例が示すように、助動詞や否定詞が動詞を修飾する場合は、動詞の前に位置する。

第4章　受身構文における BI コード混在

```
被動作主 + 助動詞 + di- + 動詞 +（前置詞）+ 動作主
主語　　　[　　　　　　　　述語　　　　　　　　]
```

例 82：動詞を修飾する要素が現れる場合

Saya　　　　sudah　　　　di-jemput　　　Siti.
　私　　　　すでに　　　　di-迎える　　　人名
被動作主　　助動詞　　　　di-動詞　　　　動作主
主語　　　　[　　　　　　　述語　　　　　　　]

「私は、もうシティに迎えに来てもらった。」

なお、被動作主は文脈から明らかな場合など省略されることがある。動作主も、文脈から明らかな場合や一般的な「人」などの場合は示されないことがある。それぞれの例を以下に示す。

```
（被動作主 + ）di- + 動詞 + 前置詞 + 動作主
被動作主 +　　di- + 動詞（+ 前置詞 + 動作主）
主語　　　　[　　　　　　述語　　　　　　　]
```

例 83：被動作主が現れない場合

Di-jemput　　　Siti.
　di-迎える　　　人名
　di-動詞　　　　動作主
[　　述語　　　]

「シティに迎えに来てもらった。」

例84:動作主が現れない場合

Saya　　　di-jemput.
　私　　　　di-迎える

被動作主　　di-動詞

主語　　　　述語

「私は、迎えに来てもらった。」

　被動作主と動作主が両方現れないことも起こり得る。その場合、次の例のように、文は「(助動詞)+接頭辞di-+動詞」のみから構成される。

例85:被動作主と動作主の両方が現れない場合

Di-jemput.
　di-迎える

　di-動詞

　　述語

「迎えに来てもらった。」

　被動作主は「接頭辞di-+動詞+動作主」の後に位置する場合がある。すなわち、この語順の受身構文では、以下に示す通り、主語は述語に後置する。

　　　　di-動詞 +(前置詞)+ 動作主 + 被動作主
　　　[　　　　述語　　　　　]　　　主語

例86:被動作主が動作主の後に現れる場合

Di-jemput　　Siti,　　saya.
　di-迎える　　　人名　　　私

　di-動詞　　動作主　被動作主

[　述語　]　　主語

「シティに迎えに来てもらった、私は。」

以上、動作主が3人称である場合のインドネシア語の受身構文規則について述べた。内容の要点は次の通りである。すなわち、動作主が3人称であるインドネシア語の受身構文を構成する義務的な要素は、動詞とそれに付加する受身接頭辞di-である。

4.2.3　バリ語とインドネシア語の受身構文規則の相違点

4.2.1項と4.2.2項で、バリ語とインドネシア語の受身構文の規則について述べたが、両言語とも動作主の人称によって構文の構成要素とその語順が異なるという点で共通している。つまり、両言語とも、動作主が1・2人称である場合と3人称である場合との間で構文の要素とその語順が違う。本項では、動作主の人称別に2言語の受身構文の違いを比較する。

まず、動作主が1・2人称である場合、バリ語とインドネシア語の受身構文規則の違いは語順である。すなわち、インドネシア語では動作主は動詞の前に位置するのに対し、バリ語では動詞の後ろに位置する。

```
バリ語：         被動作主 ＋ 動詞 ＋ 動作主
インドネシア語：  被動作主 ＋ 動作主 ＋ 動詞
                主語    ［    述語    ］
```

一方、動作主が3人称である場合、バリ語とインドネシア語の受身構文の相違点は、受身を表す接辞法である。つまり、バリ語では接尾辞-aが、インドネシア語では接頭辞di-が動詞に付加される。

```
バリ語：         被動作主 ＋ 動詞 ＋ -a ＋ 前置詞 ＋ 動作主
インドネシア語：  被動作主 ＋ di- ＋ 動詞 ＋ 前置詞 ＋ 動作主
                主語    ［              述語              ］
```

以上のバリ語とインドネシア語の受身構文の相違点を対照すると表4.1のように表すことができる。

表 4.1　バリ語とインドネシア語の受身構文規則の相違点

動作主	バリ語	インドネシア語
1・2人称	動詞 + 動作主	動作主 + 動詞
3人称	動詞 + -a + 前置詞 + 動作主	di- + 動詞 + 前置詞 + 動作主

このように、インドネシア語とバリ語の受身構文規則の違いは、動作主が1・2人称の場合は語順にあり、動作主が3人称の場合は接辞のタイプにある。この規則の違いに注目して、BIコード混在が認められる受身構文を観察してみると、インドネシア語の受身構文の規則にしたがう「インドネシア語受身規則文」とバリ語の受身構文の規則にしたがう「バリ語受身規則文」の2つのタイプを認めることができる。ただし、前節であげたバリ語受身構文の例文には、動作主が1・2人称の場合に動作主が省略されたもの、動作主が3人称の場合に接尾辞-aが省略されたものがあったが、これに該当するBIコード混在文は、本書では「バリ語受身規則文」に含めない。形式の上で、インドネシア語の受身構文規則との区別が困難であるためである。

次節では、語順と接辞の2つの指標に基づき、BIコード混在が見られる受身構文を「インドネシア語受身規則文」と「バリ語受身規則文」の2つに分類し、これら2つのタイプの受身構文においてどちらの言語を基盤言語とするコードスイッチングが起きているかを確認できることを示す。

4.3　BIコード混在が関与する受身構文

前節では、バリ語とインドネシア語の受身構文規則の違いを人称別に示した。すなわち、動作主が1・2人称の場合は動詞と動作主の語順が逆であり、動作主が3人称の場合は動詞に付加される受身接辞のタイプが異なるというものである。

本節では、人称別にBIコード混在の見られる受身構文を記述しながら、それらがインドネシア語の受身構文の規則にしたがう「インドネシア語受

身規則文」とバリ語の受身構文の規則にしたがう「バリ語受身規則文」のどちらのタイプの文であるのかを認定し、どちらの言語を基盤言語とするコードスイッチングが起きているのかを示す。

バリ語とインドネシア語の受身構文規則は、動作主が1・2人称の場合でも3人称の場合でも、1つのBIコード混在文にはどちらか一方の言語の規則しか現れず、2言語の規則が混ざって現れることはない。また、動作主が1・2人称の場合の規則と3人称の場合の規則が1つのBIコード混在文に混ざって現れることもない。つまり、動作主が1・2人称の場合のBIコード混在文では、語順のみがどちらの言語の規則であるかを決定し、受身を表す動詞接辞は用いられない[4]。動作主が3人称の場合のBIコード混在文では、受身を表す動詞接辞のタイプのみがどちらの言語の受身構文規則にしたがっているかを決定し、語順はそれに関与しない。なお、接辞は接尾辞と接頭辞の両方が用いられることはない。

4.3.1 バリ語受身規則文におけるBIコード混在

ここでは、BIコード混在が見られるバリ語受身規則文を、具体例を用いて記述する。その中で、バリ語がML（基盤言語）、インドネシア語がEL（挿入言語）であることを示す。

原文表記の下には逐語訳を付し、その下に前節で述べた受身構文の情報を示した。つまり、受身構文を構成する被動作主、動詞、動作主などがどの語句に相当するかを示した。2語以上の場合は、[　]によってその範囲を表している。さらにその下に、前章でも行ったように、主語、述語、付加詞がどの語句に相当するかを示してある。そして一番下の行に文全体の自由訳を記した。その後ろの数字は、その文が観察された会話の番号（巻末にあげた付録1の表I参照）である。

また、BIコード混在文の階層構造については、第2章で導入した記述方法である入れ子構造の括弧を用いて表記する。前章と同様に、非交替領域および非交替単位には括弧を付与せず、文字タイプは標準のままとする。インドネシア語要素は、イタリックで示してある。まず、動作主が1・2人

称の場合について述べる。

BIコード混在が見られるバリ語受身規則文（1）
（動作主が1・2人称の場合）

　動作主が1・2人称のバリ語の受身構文規則にしたがっていると判断できる基準は、「動詞＋動作主」という語順である。動作主が1・2人称である場合のバリ語受身規則文は、バリ語が文法規則のフレーム（この場合は語順）を提供するML（基盤言語）であり、そのフレームにEL（挿入言語）のインドネシア語要素が挿入されると解釈することができる。このようなMLとELの分担を表したのが図4.1である。

インドネシア語（EL）

被動作主　＋　動詞　＋　動作主

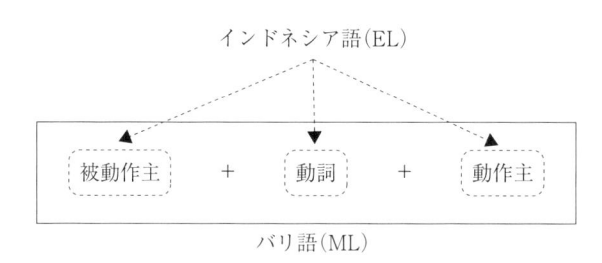

バリ語（ML）

図4.1　バリ語受身規則文におけるMLとELの分担
　　　（動作主1・2人称）

上記の規則にあてはまる典型的な例を用いて、動作主が1・2人称のバリ語受身規則文を記述する。

例87：

$_w<_{D1}[_{U1}[\text{Balih}]_{U1}]_{D1}\text{-in}>_w$　$_{D1}[_{U1}[\text{Mbok}]_{U1}$　$_{U1}[\textit{dompet}]_{U1}-_{U1}[\text{ne}]_{U1}]_{D1}.$

　　確かめる(balihin)　　　　姉(1人称として)　　　財布-his
　　　　動詞　　　　　　　　　動作主　　　　　　　被動作主
[　　　　述語　　　　　　　　　　　　]　　　　　　主語

「姉さん（私）は、彼の財布を確かめた。」（conv.7）

　このBIコード混在文の領域は、交替領域、非交替領域、交替領域の順で

3つが認められる。2つの交替領域は、_D1[ ]_D1 で括ってある。

この文の語順は、「動詞＋動作主（1人称）＋被動作主」であり、動作主が1人称のバリ語受身構文の根幹をなす語順である「動詞＋動作主」にしたがっている。このような語順から、このBIコード混在文はバリ語受身規則文であると判断でき、ML（基盤言語）はバリ語、EL（挿入言語）はインドネシア語であると言える。したがって、Myers-Scotton流の解釈では、被動作主に該当する名詞句dompet-neに見られる語内のBIコード混在は、MLのバリ語からELのインドネシア語へのコードスイッチングが起きた結果と言うことができる。

例88：

_D1[_U1[*Intip*]_U1　_U1[Mbok]_U1　_U1[*dompet*]_U1-_U1[ne]_U1]_D1.
　　　覗く　　姉(1人称として)　　　　財布-his
　　　動詞　　　動作主　　　　　　　被動作主
[　　　述語　　　　　]　　　　　　　主語
「姉さん（私）は、彼の財布を覗いた。」（conv.7）

この例は、領域の側面から見ると、文の両端が _D1[ ]_D1 で括られていることからわかるように、交替領域のみから成り立つ。「動詞＋動作主（1人称）＋被動作主」の語順から、このBIコード混在文はバリ語の受身構文規則にしたがっていると解釈することができる。つまり、ML（基盤言語）がバリ語、EL（挿入言語）がインドネシア語に該当すると言える。したがって、動詞intipと被動作主dompetに認められるインドネシア語要素は、バリ語からインドネシア語へのコードスイッチングの結果と判断する可能性が示される。

4.3 BIコード混在が関与する受身構文

例89：

$_{DI}[_{UI}[Tapi]_{UI}$ $_{UI}[tetap]_{UI}$ $_{UI}[baang]_{UI}$ $_{UI}[tiang]_{UI}$ $_{UI}[keto]_{UI}]_{DI}$.
　　しかし　　　依然として　　　与える　　　　私　　　そのようなもの
　　　　　　　　　副詞　　　　　動詞　　　動作主　　被動作主
　付加詞　　[　　　　　　　　述語　　　　　　　]　　主語

「しかし、依然として私はまだそのようなものを与えている。」（conv.61）

　この例には交替領域のみが認められる。このBIコード混在が見られる受身構文は「動詞+動作主（1人称）+被動作主」の語順からバリ語の受身構文規則にしたがっており、文法規則を担うML（基盤言語）はバリ語であると解釈できる。この例文を構成する要素を見てみると、動詞、動作主、被動作主はいずれもバリ語であるが、動詞を修飾する副詞tetap「依然として」はインドネシア語要素である。つまり、副詞tetapにバリ語からインドネシア語へのコードスイッチングが起きているという解釈が可能になる。

例90：

$_{DI}[_{UI}[Uli]_{UI}$ $_{UI}[nomor]_{UI}$ $_{UI}[satu]_{UI}$ $_{UI}[jemak]_{UI}]_{DI}$ Tu?
　　～から　　　番号　　　　　1　　　　　取る　　人名（2人称として）
　[　　被動作主　　　　　　　　　　]　　動詞　　　動作主
　[　　　主語　　　　　　　　　　　]　[　　述語　　　　　]

「トゥは、創刊号からの（雑誌）は取った？」（conv.53）

　この文には、交替領域と非交替領域の2つの領域が見られる。このBIコード混在文の語順は「被動作主+動詞+動作主（2人称）」であり、バリ語の受身構文の語順にしたがっていると判断できる。言い換えれば、文法規則のフレームを提供するバリ語がML（基盤言語）であることを意味する。バリ語がMLであるとすれば、被動作主uli nomor satu「創刊号からのもの」にBIコード混在が見られるBIコード混在は、MLのバリ語からEL（挿入言語）のインドネシア語へのコードスイッチングと解釈することができる。

BIコード混在が見られるバリ語受身規則文（2）
（動作主が3人称の場合）

　動作主が3人称であるバリ語の受身構文規則にしたがっていると判断できる基準は、動詞にバリ語の受身接尾辞-aが付加されていることである。動作主が3人称のバリ語受身規則文においては、以下の図4.2のように、バリ語が文法規則のフレームを提供するML（基盤言語）であり、そのフレームにEL（挿入言語）のインドネシア語要素が挿入されることになる。

```
                    インドネシア語(EL)
    ┌─────┬─────┬─────┬─────┬─────┐
    │被動作主│ + │動詞│ + │-a │ + │前置詞│ + │動作主│
    └─────┴─────┴─────┴─────┴─────┘
                     バリ語(ML)
```

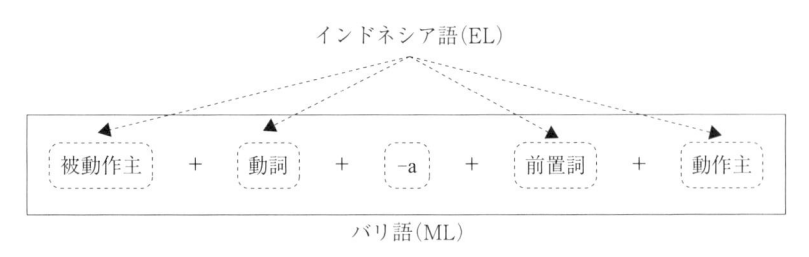

図4.2　バリ語受身規則文におけるMLとELの分担（動作主3人称）

この基準にあてはまるBIコード混在文を用い、動作主が3人称である場合のバリ語受身規則文を記述する。

例91：

$_{Dl}[_{Ul}[Nomor]_{Ul}$　$_{Ul}[sembilan]_{Ul}$　$_{Ul}[sembilan]_{Ul}$　$_w<_{Ul}[tepuk]_{Ul}]_{Dl}$-in-$_{Dl}[_{Ul}[a]_{Ul}>_w$
　　　番号　　　　　9　　　　　　9　　　　　　見つける(tepukin)-受身
[　　　　　被動作主　　　　　　　　　　　　]　　動詞-a
[　　　　　主語　　　　　　　　　　　　　　]　　述語
$_{Ul}[kone]_{Ul}]_{Dl}$,　Luh,
〜らしい　　人名

付加詞
「99番地を（彼は）見つけたんだって、ロー。」（conv.7）
　この例の領域には、交替領域と非交替領域の2つが認められる。この文

は、動詞の後に動作主が3人称である受身を示す接尾辞-aが付加し、バリ語の受身構文規則にしたがっていることから、ML（基盤言語）がバリ語、EL（挿入言語）がインドネシア語であると言える。動詞＋接尾辞-aの後に動作主が見られないが、この文の前ですでに誰が動作主であるかは述べられており、この会話の話し手と聞き手にとって既知の情報である。インドネシア語要素が見られるのは被動作主のnomor sembilan sembilan「99番地」の部分である。MLがバリ語であるという判断に基づくと、このインドネシア語要素は、MLのバリ語からELのインドネシア語へのコードスイッチングの結果であると解釈することができる。

例92：

$_{DI}[_{UI}[\text{Ten}]_{UI} \quad _{UI}[\text{kena}]_{UI} \quad _{UI}[\text{masih}]_{UI},$
　　否定詞　　　　掛かる　　　　〜もまた

$_{UI}[terus]_{UI} \quad _{UI}[\text{orah}]_{UI}-_{UI}[\text{ang}]_{UI}-_{UI}[\text{a}]_{UI} \quad _{UI}[aman]_{UI}-_{UI}[aman]_{UI} \quad _{UI}[\text{gen}]_{UI}]_{DI}.$
　ずっと　　　　　　言う(orahang)-受身　　　　　安全な　　　　　　　　〜のみ
　副詞　　　　　　　　動詞-a　　　　　[　　　　補語　　　　　]
[　　　　　　　　　　　　　述語　　　　　　　　　　　　　　　　]

「（被害が）降り掛からず、（ジャカルタの町は）安全だと言われてます。」（conv.61）

　文の両端が$_{DI}[\quad]_{DI}$で括られていることからわかるように、この例の領域は交替領域のみが認められる。この文は2つの節からなる重文であるが、受身構文に関与するのは、terus orah-ang-a aman-aman gen「安全だと言われている」の節である。この例は、動詞に接尾辞-aが付加しており、バリ語の受身構文規則にしたがっていると判断できる。すなわち、Myers-Scotton流に考えると、この例では、ML（基盤言語）がバリ語、EL（挿入言語）がインドネシア語である。動詞を修飾する副詞terusと動詞補語aman-aman genに見られるBIコード交替は、バリ語からインドネシア語へのコードスイッチングと捉えることができる。

第 4 章　受身構文における BI コード混在

例 93：

~~DI~~[~~UI~~[Nak]~~UI~~　~~UI~~[*sadap*]~~UI~~-[a]~~UI~~　~~UI~~[ne]~~UI~~　~~UI~~[jak]~~UI~~]~~DI~~　Mayuko.
　　particle　　　　盗聴する-受身　　　これ　　〜によって(ajak)　人名
　　　　　　　　　　動詞-a　　　　　　被動作主　前置詞　　　　　動作主
　　　　　　　　　[　　　　　　　　　　（主語）　述語　　　　　　　　　]

「これはマユコに盗聴されているの。」(conv.53)

　この例は、交替領域と非交替領域の 2 つの領域が見られる。交替領域に該当する動詞に注目すると、動詞に接尾辞 -a が付加されており、この文は動作主を 3 人称とするバリ語受身構文規則にしたがっていると言える。すなわち、ML（基盤言語）のバリ語が文法規則（ここでは受身構文規則）のフレームを形成し、そのフレームに EL（挿入言語）であるインドネシア語の語彙的な要素が挿入されると解釈できる。つまり、語内の BI コード混在が見られる動詞 sadap-a「盗聴される」は、語幹 sadap「盗聴する」にバリ語からインドネシア語へのコードスイッチングが起きているという解釈が可能になる。

　本項では、バリ語受身構文規則にしたがう BI コード混在文を、典型的な例を用いて記述した。以上あげた文における BI コード混在は、MLF モデルを前提とすれば、文法規則のフレームをバリ語が提供し、そのフレームにインドネシア語要素が挿入されていると捉えることができる。すなわち、ML はバリ語、EL はインドネシア語であることを意味している。したがって、以上の例の BI コード混在は、バリ語からインドネシア語へのコードスイッチングとみなすことができる。そのコードスイッチングは、受身構文規則にかかわる動詞接辞 -a を除き、受身構文のいずれの要素にも起きていた。

4.3.2　インドネシア語受身規則文における BI コード混在

　次は、インドネシア語受身構文規則にしたがう BI コード混在文を、具体例を用いて記述する。それらの文においては、MLF モデルおける ML（基

4.3 BIコード混在が関与する受身構文

盤言語）とEL（挿入言語）がそれぞれ、インドネシア語とバリ語であることを示す。動作主が1・2人称である受身構文、動作主が3人称である受身構文の順に述べる。

BIコード混在が見られるインドネシア語受身規則文（1）
（動作主が1・2人称の場合）

　動作主が1・2人称のインドネシア語の受身構文規則であると判断できる条件は、「動作主＋動詞」という語順である。動作主が1・2人称である場合のインドネシア語受身規則文においては、インドネシア語が文法規則のフレーム（この場合は語順）を提供するML（基盤言語）であり、そのフレームにバリ語要素がEL（挿入言語）として挿入されると解釈される。このような動作主が1・2人称のインドネシア語受身構文規則にしたがうBIコード混在文におけるMLとELの分担関係は、以下の図4.3のように表すことができる。

```
                    バリ語（EL）
            ┌─────────┼─────────┐
            ▼         ▼         ▼
    ┌─────────────────────────────────────┐
    │  被動作主  ＋   動作主   ＋   動詞   │
    └─────────────────────────────────────┘
                インドネシア語（ML）
```

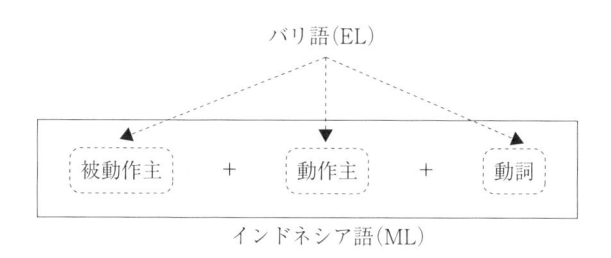

図4.3　インドネシア語受身規則文におけるMLとELの分担（動作主1・2人称）

BIコード混在文が見られる受身構文の事例には、動作主が1・2人称であるインドネシア語受身規則文は観察されなかった。

BIコード混在が見られるインドネシア語受身規則文（2）
（動作主が3人称の場合）

　動作主が3人称のインドネシア語受身構文規則は、接頭辞di-の要素が現れていることから判断できる。以下の図4.4に示されるように、動作主が

第4章　受身構文におけるBIコード混在

3人称である場合のインドネシア語受身規則文は、インドネシア語が文法規則のフレーム（この場合は接辞タイプ）を提供するML（基盤言語）であり、そのフレームにEL（挿入言語）のバリ語要素が挿入されることになる。

バリ語（EL）

［ 被動作主　＋　di-　＋　動詞　＋　前置詞　＋　動作主 ］

インドネシア語（ML）

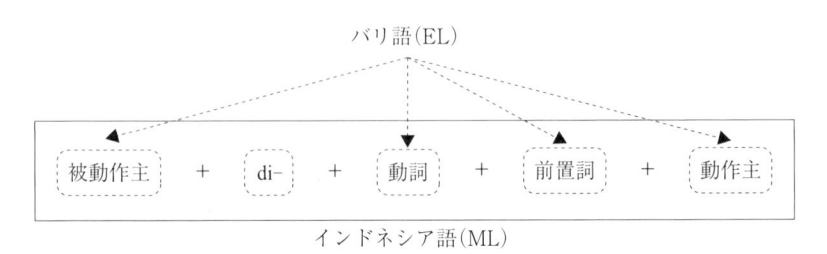

図 4.4　インドネシア語受身規則文におけるMLとELの分担（動作主3人称）

以下、動作主が3人称であるインドネシア語受身規則文の条件にあてはまるBIコード混在文を、典型的な例を用いて記述する。

例 94：

Anu−DI[UI[ne]UI]DI　nasi　sulanggi−DI[UI[ne]UI　UI[kal]UI　UI[*di*]UI−UI[soda]UI]DI.
　　あれ-the　　　ご飯　供物の容器の一種-the　〜する予定　　受身-盛る
　　　　　　　［　　　被動作主　　　　　］　助動詞　　　di-動詞
　　　　　　　［　　　　主語　　　　　　］　［　　　　述語　　　　　］
「あれを、スランギのご飯を、盛り付けます。」（conv.6）

　この例には、非交替領域、交替領域の順で4つの領域が認められる。このBIコード混在が認められる受身構文は、受身接頭辞di-が動詞に付加されているため、インドネシア語の受身構文の規則にしたがっていることがわかる。動詞di-sodaは、語内にBIコード混在が見られ、接辞di-がインドネシア語要素、動詞語幹sodaはバリ語要素である。すなわち、ML（基盤言語）がインドネシア語、EL（挿入言語）がバリ語であると解釈できる。つまり、この例のBIコード混在は、MLのインドネシア語からELのバリ語へのコードスイッチングであると言える。

4.3 BIコード混在が関与する受身構文

例95：

~w~＜~D1~[~U1~[*Di*]~U1~]~D1~-pisah＞~w~　~D1~[~U1~[nika]~U1~]~D1~　Pak?
　　　　di-離す　　　　　　　それ　　　　　Mr.
　　　　di-動詞　　　　　　　被動作主
　　　　述語　　　　　　　　　主語

「それは離してもらえますか？」（conv.28）

　この文には、交替領域、非交替領域の順で4つの領域が見られる。このBIコード混在文の例は、動詞に注目してみると、語幹のpisahは非交替要素であるが、受身接辞di-が付加されていることから、動作主が3人称の場合のインドネシア語の受身規則文であると考えることができる。つまり、文法規則のフレームを提供するインドネシア語がML（基盤言語）であると言える。したがって、この文に見られるBIコード混在は、インドネシア語からバリ語へのコードスイッチングと解釈できる。

例96：

~D1~[~U1~[*Pidato*]~U1~　~U1~[gen]~U1~　~U1~[harus]~U1~　~U1~[*di*]~U1~-~U1~[*bimbing*]~U1~　~U1~[*dulu*]~U1~]~D1~
　　　演説　　　　～のみ　　must　　di-導く　　　　　　　まず
[　　被動作主　　]　助動詞　　　di-動詞　　　　　　　副詞
[　　主語　　　　][　　　　　　述語　　　　　　　　　　　　]

「演説さえまず手を引いてあげないといけない。」（conv.59）

　この文は交替領域のみから成り立っている。この例も、受身接辞di-＋動詞が認められることから、動作主が3人称である場合のインドネシア語の受身構文規則にしたがっていることがわかる。すなわち、ML（基盤言語）は文法規則のフレームを提供するインドネシア語ということになる。EL（挿入言語）のバリ語要素は、被動作主に相当する主語を形成する名詞句の指定部gen「～のみ」の1つだけであるが、それはインドネシア語からバリ語へのコードスイッチングが起きた結果であると解釈することができる。

以上、インドネシア語受身構文規則にしたがう BI コード混在文を典型的な例を用いて記述した。ここで記述した BI コード混在は、MLF モデルを前提とすれば、文法規則（ここでは受身構文規則）のフレームをインドネシア語が担い、そのフレームにバリ語要素が挿入されていると捉えることができる。すなわち、ML はインドネシア語、EL はバリ語であると言うことができる。したがって、以上の BI コード混在文には、インドネシア語からバリ語へのコードスイッチングが起こっているとみなすことができる。また、そのコードスイッチングは、受身構文規則に関与する受身接辞 di- を除き、受身構文のいずれの要素にも起きていた。

本節では、BI コード混在が認められる受身構文を記述しながら、それらがバリ語とインドネシア語のいずれの受身構文規則にしたがっているかを考察した。そして、BI コード混在が見られるバリ語受身規則文では、バリ語を ML とするコードスイッチングが起きているという解釈の可能性を示し、BI コード混在が見られるインドネシア語受身規則文では、インドネシア語を ML とするコードスイッチングが起きているという解釈の可能性を示した。すなわち、BI コード混在文は、受身構文に限っては MLF モデルを適用することが可能であり、その適用のもとでは、BI コード混在はバリ語からインドネシア語へのコードスイッチングあるいはインドネシア語からバリ語へのコードスイッチングと解釈することができた。

4.4 バリ語受身規則文の優勢性とバリ語の優勢性

BI コード混在文のうち受身構文に限っては MLF モデルを適用することが可能であるということは、どのような理論的含意を持つだろうか。

もしも ML（基盤言語）と EL（挿入言語）の存在が、コード混在現象に普遍的なものと仮定するならば（つまり、記述の便宜のための道具立てにすぎないとは考えないならば）、BI コード混在現象において受身構文はどのような機能を果たしていると考えられるだろうか。受身構文は、今行われている会話（あるいは会話の一部分）で、ML と EL がそれぞれ何語であ

るかということを他の会話参加者に示す、いわばインディケーター（指標）の役割を果たし得ると言えるかもしれない。つまり、バリ語受身規則文は、MLがバリ語、ELがインドネシア語であることを、そしてインドネシア語受身規則文は、MLがインドネシア語、ELがバリ語であることを会話参加者に示しているのかもしれない。

では、受身構文がMLとELを示すインディケーターだとするならば、本書で扱ってきたBIコード混在には、どちらの言語がMLで、どちらの言語がELであるということが示されているだろうか。そして、それは本書がもつ見通し、つまり「バリ社会では、バリ語の方がインドネシア語に比べて優勢な言語である」ということとどのような関係があるだろうか。

以下では、BIコード混在が見られる受身構文のうち、バリ語がMLと解釈できる「バリ語受身規則文」とインドネシア語がMLと解釈できる「インドネシア語受身規則文」のどちらがより大きい割合を占めるのかを考察し、本書で扱ったBIコード混在におけるMLとELがそれぞれ何語であるのかを推測する。

表4.2は、その2種類の文の頻度と割合（%）を動作主の人称別に示したものである。人称別に示したのは、前節までで述べたように、両言語とも動作主によって規則が異なるためである。

表4.2が示す通り、バリ語受身規則文がインドネシア語受身規則文にくらべて圧倒的に多く観察される。動作主が1・2人称の場合と3人称の場合のいずれにおいても、BIコード混在が見られる受身構文では、明らかにバリ語受身規則文がインドネシア語受身規則文にくらべてより多数である。なお、バリ語受身規則文とインドネシア語受身規則文の他に、2言語の受

表4.2 バリ語受身規則文とインドネシア語受身規則文の割合

動作主	バリ語受身規則文	インドネシア語受身規則文	2言語の受身規則混合文	合計
1・2人称	18例（100%）	0例（0%）	0（0%）	18例（100%）
3人称	90例（77%）	27例（23%）	0（0%）	117例（100%）
合計	108例（80%）	27例（20%）	0（0%）	135例（100%）

第4章　受身構文におけるBIコード混在

身構文規則が混ざった文は認められなかった。

先に述べたように、受身構文がBIコード混在におけるMLとELを示すインディケーターだとするならば、バリ語受身規則文がインドネシア語受身規則文にくらべてはるかに多い（80%対20%）という結果は、本書で分析対象とした会話全体では、圧倒的多数において、MLがバリ語であり、ELがインドネシア語であるということを示唆すると言える。

このことは、「バリ社会では、バリ語がインドネシア語にくらべて優勢である」という本書の見通しと平行的な関係にあると考えられる。第2章で述べたように、バリ社会で典型的な会話は、私の印象主義的な質的判断ではあるが、バリ語要素がインドネシア語要素にくらべて優勢な「非対称的なBIコード混在」の会話である。また、第1章で述べたが、バリ社会で共有されるバリ人としてあるべき規範においても、バリ語がインドネシア語にくらべてより優勢な位置づけにあると言える。すなわち、国家語であるインドネシア語能力はもちろん必要であるが、バリ人であれば、家庭・隣人・友人などのインフォーマルな領域、および宗教・儀式を中心としたバリ文化に特徴的な領域でバリ語を上手に使いこなすことが当然のように期待され、バリ社会での評価に大きく影響する。

このようなバリ語がインドネシア語にくらべて優勢であるという見通しに基づき、本書で扱う会話コーパスを設定するために、要素数をどちらのコードが優勢かを示す尺度として用いたが、ここに見られる非対称性は、受身構文の分析結果が示す非対称性に呼応する。つまり、受身構文を手がかりとするならば、BIコード混在においても、従来の理論的概念であるMLとELを同定できる可能性があり、本書で扱った会話コーパスにおいてバリ語受身規則文（MLがバリ語）がインドネシア語受身規則文（MLがインドネシア語）にくらべて圧倒的多数であるという計測結果は、バリ語がインドネシア語にくらべて優勢であるという非対称性と合致するのである。

4.5 本章の要約

　本章では、前章では扱わなかったバリ語とインドネシア語の形態統語規則が大きく異なる受身構文を含むBIコード混在文を対象として、それらを記述しながら、そこに現れるBIコード混在がコードスイッチングと捉えることができるという可能性を示した。また、その解釈から明らかになる両言語の非対称性が、そもそも私が典型的と考えるBIコード混在テキストにおける両言語の非対称性、それに加えてバリ社会におけるバリ語のインドネシア語に対する非対称性と平行的であることを述べた。本章を終えるにあたり、ここで前節までの内容を要約する。

　まず、はじめに4.2節では、バリ語とインドネシア語の受身構文の規則を比較し、次のような相違点、すなわち、動作主が1・2人称の場合は語順が異なり、動作主が3人称の場合は接辞のタイプが異なっていることを示した。

　4.3節では、4.2節で明らかにした2言語間の受身構文規則の違いに基づき、受身構文を含むBIコード混在文を対象に、バリ語受身規則文とインドネシア語受身規則文を認定し、それぞれを具体例を用いて記述した。そして、その記述の過程で、BIコード混在の事例においては受身構文に限りMLFモデルが適用でき、文内BIコード混在が文内BIコードスイッチングと解釈できることを示した。すなわち、受身構文を含むBIコード混在文は、形態統語規則の違いから、どちらの言語をML（基盤言語）としているのかを特定でき、BIコード混在を、Myers-Scotton的な意味で、バリ語からインドネシア語へのコードスイッチングあるいはインドネシア語からバリ語へのコードスイッチングと捉え直すことができた。

　最後に4.4節では、BIコード混在における受身構文がもつ理論的含意について議論した。本書が扱う会話事例のBIコード混在が認められるバリ語受身規則文とインドネシア語受身規則文の割合を比較し、バリ語受身規則文がインドネシア語受身規則文にくらべてはるかに多いという結果が得られた。BIコード混在における受身構文がMLとEL（挿入言語）を示すイン

第4章　受身構文における BI コード混在

ディケーターだとすると、バリ語を ML とするバリ語受身規則文がより多いという非対称性は、BI コード混在の典型的テキストにおける両言語の非対称性やバリ社会における両言語の非対称性、つまりバリ語がインドネシア語よりも優勢であり、圧倒的であるという私の見解にまさに合致する。

注

1) ここで扱う受身構文の他に、バリ語には受身接頭辞 ka- を用いる受身構文があるが、本書で分析対象とする BI コード混在文には見られなかった。そのため、ka- を用いた受身構文については触れない。
2) 動作主が特定の人や物ではなく、種類やグループである場合は、接尾辞 -a と前置詞が省略され、「動詞＋動作主」という語順となる（Kersten 1984：96）。たとえば次の文である。
   Tingalin　　anak．「人に見られる」
   Cegut　　　legu．「蚊に刺される」
   このような受身構文は、動作主が1・2人称と同じ語順をとり、それと共通の受身文規則が適用される。ただし、このタイプの動作主が3人称である受身構文は、本書で分析対象とする BI コード混在文には、見つからなかった。
3) ただし、具体的な人名などが示されない動作主が3人称の受身構文で、動作主が尊敬語 ida/dane「あのお方」、あるいは謙譲語 ipun「（自分側の）あいつめ」に相当する「彼・彼女」である場合、接尾辞 -a はそれぞれ -ida/dane、-ipun に置き換えられる。本書で扱う事例には、このような例は見られなかった。
4) ただし、Kersten（1984）は、バリ語受身構文で動作主が1人称である場合に、動作主の動作を行う意思が強いことを示すために、動作主が3人称である際に現れる接尾辞 -a が使われるケースがあることを指摘している。本書の扱う事例には1つ認められた。

第5章

BIコード混在と敬語使用の相互作用

5.1 はじめに

　第3章と第4章では形態統語規則や統語構造および談話構造を考察の対象としてきた。それに対して、本章は語彙構造にかかわる問題を取り扱う。つまり、バリ語には存在するがインドネシア語には存在しない敬語語彙体系に注目しながら、BIコード混在の現象を考察する。とりわけ、BIコード混在の現象を敬語使用との相互作用という側面から考察し、そこでBIコード混在がどのような機能を果たしているかを明らかにする。その機能に関して、私は、原（1999）で次に述べるような試案的解釈を提案した。

　まず、この解釈は、図5.1のような社会的に二重構造の関係をもつXとYの2人の話者間の会話に成り立つ。すなわち、Xが平民層カースト、Yが貴族層カーストという出自の階層の高低の差が一方にあり（図5.1ではX＜Yで表してある）、反対に職業の面ではXがYにくらべて地位が高いか同等である（図5.1ではX≧Yで表してある）という二重の身分関係の話者による会話である。このような二重の身分関係をもつ2者の間では、カーストのみに基づく伝統的な敬語使用—つまり平民層が敬語類を用い、貴族層が普通語類を用いる非対称的な「規範的な敬語使用」—は、現代バリ社

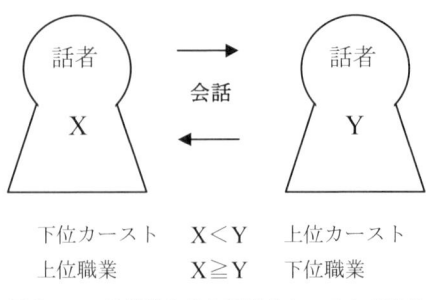

第 5 章　BI コード混在と敬語使用の相互作用

```
          話者                   話者
           X      ←会話→          Y

    下位カースト    X＜Y    上位カースト
    上位職業       X≧Y    下位職業
```
図 5.1　二重構造の身分関係をもつ 2 人の話者

会では普通もはや見られない。そのかわり、平民層と貴族層が互いに同じ敬語語彙クラス（敬語類あるいは普通語類）を用いるといった、規範的敬語使用からの拡張が見られ、それがいわば「新しい規範」となっている。

　原（1999）の解釈は、身分が上の話者（貴族層）にとって、敬語使用が「従来の規範」から「新しい規範」に変化することが、時として「拡張の行き過ぎ」と感じられる場合があり、敬語類のかわりに敬語的に中立であるインドネシア語を用いることによって、「拡張の行き過ぎ」を緩和していると捉える。つまり、インドネシア語を用いることは、拡張の許容範囲を「従来の規範」の方向にやや引き戻す機能を果たしていると原（1999）は解釈した。

　しかしながら、この解釈は 1 つの会話事例に基づいて提案したものだという点で見通し的（speculative）な見解であった。また、その会話事例で見られた「新しい規範」は、身分が下の話者（平民層）と身分が上の話者（貴族層）が互いに敬語類を用いる「尊敬方向への拡張」だけであった。だが、理論的には、それとは反対方向への拡張、つまり「親密方向への拡張」の存在も予測される。

　本章では、より多くの事例を対象に、この原（1999）の解釈を再検証し、さらにもう一方の規範の拡張、つまり身分が下の話者と身分が上の話者が互いに普通語類を用いる「親密方向への拡張」にも考察を広げ、解釈が適用できる範囲を発展させることによって、BI コード混在の機能の一側面を解明する。

本章の次節以降は次のように構成される。まず5.2節では、バリ語の敬語使用の理解に必要なバリ語の敬語法について述べる。次いで5.3節では、先行するバリ語敬語研究で指摘されている、社会構造の変化にともない、バリ語敬語使用にも変化が起こっているという現象を、バリ語敬語使用の規範の拡張として捉える。この解釈が本章の主要な議論の鍵となる。続く5.4節では、5.3節で述べたバリ語敬語使用の拡張が起こりうる話者の身分関係を、伝統的な社会階層であるカーストと近代的な社会階層である職業の2つの指標に基づいて明らかにし、その拡張が起こりうる身分関係に該当する会話事例を2.7節で認定した65例の中から選び、本章の分析対象とする。5.5節では、原（1999）の解釈を再検討する上で必要な分析の装置となる「対話ペア」とそれに基づいた敬語使用パタンについて述べる。対話ペアの概念の導入にあたり、この概念の設定のもとになっている、会話の内部構造を表す単位のひとつである「隣接ペア」（Schegloff and Sacks 1974）に関しても、5.5節で述べる。5.6節では、インドネシア語の敬語上の特徴を、バリ語の敬語類・普通語類と対比させることによって明らかにする。最後に、5.7節では、インドネシア語の敬語上の特徴をふまえ、5.5節で導入した分析装置を用いて5.4節であげた会話事例を分析する。そして、結論的には、インドネシア語を用いることが、バリ語敬語使用の尊敬方向への「規範の拡張」を「従来の規範」の方向にやや引き戻す機能を果たしているという原（1999）の主張が保持され、その主張はさらに親密方向への「規範の拡張」の事例にも発展できることを示す。

5.2　バリ語の敬語法

　本節では、本章のトピックであるバリ語の敬語使用について理解するための背景となるバリ語の敬語法に関して、今後の議論に関連する側面を選び記述する。その前に、1.6節で明らかにしたバリ語の敬語語彙を含むバリ語の語彙構造について、ここでもう一度要点を確認しておく。すなわち、以下の3つの特徴がある。

(1) バリ語語彙には、敬語法にかかわる要素（敬語語彙）と敬語法にはかかわらない要素（非敬語語彙）の2つの語彙群が見られる。
(2) 敬語語彙は、敬意性をもつ要素（敬語類）と敬意性を欠く要素（普通語類）から構成され、敬語類と普通語類は対をなす組（敬語セット）を形成する。
(3) これらの要素から形成される敬語セットのタイプには、「普通語－丁寧語」、「普通語－尊敬語」、「普通語－尊敬語－謙譲語」の3種類がある。

このようなバリ語語彙の内部構造をふまえ、バリ語の敬語法がどのような言語現象であるかを述べておこう。バリ語の敬語法は、発話状況および話し手、聞き手、言及される対象の属する身分（カーストを中心とする社会階層による区別）に応じて、敬語セットに属する敬語語彙から最も適切な同義語を選択することによって形成される語彙的現象である。

たとえば、「彼は昨日食べた。」という意味の文を作る場合、「普通語－尊敬語－謙譲語」の敬語セットである 'ia-ida-ipun'（彼／彼女）と 'madaar-marayunan-nunas'（食べる）、「普通語－丁寧語」の敬語セットである 'ibi-dibi'（昨日）の3つの敬語セットに属する敬語語彙を交替させることによって、以下に示すように、敬語的に異なる同義の文をいくつか作ることができる。それぞれの1行目にはバリ語表記とその自由訳を記し、バリ語表記の下には逐語訳を付与した。さらにその下の行には敬語クラスを示した。「普」は普通語、「尊」は尊敬語、「謙」は謙譲語を表す。

1. Ia ma-daar ibi.「彼は昨日食べた。」
　　彼　食べる（madaar）　昨日
　　普　普　　　　　　　　普

2. Ida ma-rayun-an dibi.「あの方は昨日召し上がった。」
　　彼　食べる（marayunan）　昨日
　　尊　尊　　　　　　　　　丁

3. Ipun　　N-tunas　　　　dibi.「彼（自分側の3人称、たとえば息子）は昨日
　　彼　　　食べる(nunas)　昨日　　いただいた。」
　　謙　　　謙　　　　　　丁

　この場合、以上の1、2、3の文はいずれも敬語法的に正しいと言える。いわば、プロトタイプ的に正しい。これら3つの文は、それぞれ敬語のレベル（普通語類あるいは敬語類）がそろっているからである。1の文は、普通語類の要素のみからなっている。2の文では、尊敬語と丁寧語という異なる敬語クラスの要素が共起しているが、いずれも敬語類に属する要素である。3の文でも、謙譲語の要素と丁寧語の要素が共起しているが、いずれも敬語類に属する要素である[1]。

　このように、敬語上プロトタイプ的に規範的な文というものは、敬語のレベルがすべてそろっていることが期待される。しかしながら、本研究のコーパスでも確かめられる通り、現実の会話を観察すると、プロトタイプとは異なる、敬語類と普通語類が同じ文内に共起する場合が珍しくない。このような例を、上記の例文をもとに、以下に示してみよう。

4. Ia　　　N-tunas　　　　ibi.「彼は昨日いただいた。」
　　彼　　　食べる(nunas)　昨日
　　普　　　謙　　　　　　普

5. Ipun　　ma-daar　　　　dibi.「彼（自分側の3人称、たとえば息子）は昨
　　彼　　　食べる(madaar)　昨日　日食べた。」
　　謙　　　普　　　　　　丁

4と5の例は、どちらにも1文の中に敬語類と普通語類の要素が共起している。

　このような両語類の文内共起について、Kersten（1984：29）は、その共起の条件を「くだけた性質の話（pembicaraan bersifat ramah-tamah）の場合」とみなしている。「くだけた性質の話」は、言い換えれば、「インフォーマ

ルな場面における会話」のことであろう。しかし、この見解は十分に実態を表していないと考えられる。たとえば、プロトタイプ的には、普通語類の要素のみから成り立つ文の代わりに、普通語類の要素とともに敬語類に属する尊敬語要素が交じえられて用いられる文が、実際には観察される。上記の例文に即して言えば、普通語類の要素のみから構成される1の文の代わりに、普通語類の要素と敬語類に属する謙譲語要素が混じる4の文が観察されうる。この1と4の差は、Kerstenの考えを適用すると、1がフォーマルであるのに比べて、4がインフォーマルであるという点にあると期待される。しかしながら、実際には、1に比べて4の方がよりインフォーマルな会話に──Kerstenの表現で言うと「くだけた性質の会話」に──現れやすいとは決して言えない。

現時点での私の見解では、敬語法的に正しい文とは、プロトタイプ的には、文内の敬語類と普通語類がどちらか一方にそろうという点に特徴がある。とはいえ、それは現実的な運用上、容認されるための必須条件ではなく、文内に両語類が共起する非プロトタイプ的な正しい文もある。それは、(i) Kerstenの指摘にも示唆されている通り、フォーマル／インフォーマルというような文体差により条件づけられている場合もあれば、(ii) 会話の内容に、明示的にせよ暗示的にせよ、登場する人との身分的関係を示すために使われることもある。

5.3 バリ語の敬語使用の変化

この節では、社会構造の変化に伴い、バリ語の敬語使用には変化が認められるという先行研究の指摘を、バリ語敬語使用の規範の拡張と解釈することによって、BIコード混在の機能を明らかにするための手がかりを探る。また、バリ語の敬語使用の規範の拡張と、ヨーロッパ諸言語の敬語的現象の変化を説明するために提案されている原理との関連性について論じる。

5.3.1 バリ語の敬語使用の変化：許容範囲の拡張

BIコード混在が敬語使用と相互作用を起こす際に、BIコード混在は一体どのような機能を果たすのであろうか。本項では、この問いの答えを探る上で非常に重要な鍵となる現象について述べる。その現象は、コード混在に関する研究とは別の文脈、すなわちバリ語の敬語研究の文脈で指摘されている、バリ語の敬語使用の社会言語学的変化である。この観点を取り入れることによって、BIコード混在の機能について、新しい解釈をもたらすことが可能になる。

では、バリ語の敬語使用の変化とはどのような現象なのだろうか。この現象について指摘している研究には、Bagus (1979) と Udara Naryana (1983) があるが、その内容は「従来、話者間のカーストのみによって決定されていた規範的敬語使用は、社会構造の変化によってその許容範囲が拡張している」と要約することができる。ここで言う「許容範囲の拡張」を模式的に表すと図5.2のようになる。

規範的な敬語使用では、身分が上の者（貴族層）と身分が下の者（平民層）との間で、身分が下の者が敬語類を用い、上の者が普通語類を用いることが期待される。しかし、現実には矢印が示すような規範的敬語使用の

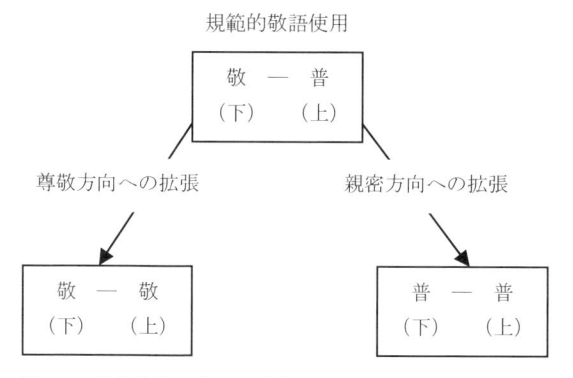

```
          規範的敬語使用
        ┌─────────────┐
        │  敬  ─  普  │
        │ （下）   （上）│
        └─────────────┘
         ╱             ╲
  尊敬方向への拡張      親密方向への拡張
       ↓                   ↓
  ┌─────────┐         ┌─────────┐
  │ 敬 ─ 敬 │         │ 普 ─ 普 │
  │（下）（上）│         │（下）（上）│
  └─────────┘         └─────────┘
```

図5.2 規範的敬語使用の許容範囲の拡張
「敬」は敬語類、「普」は普通語類を表す。「（上）」は話者の身分が上（貴族層）であること、「（下）」は話者の身分が下（平民層）であることを表す。

「許容範囲の拡張」が見られる。「許容範囲の拡張」について、Udara Naryana (1983) は、貴族層と平民層が互いに尊敬し合うシステムに向かいつつあり (Udara Naryana 1983：9)、「現在では非常に親しい友人のつきあいの場合に普通語が用いられることはすでに一般的になってきている」(Udara Naryana 1983：36)[2] と述べている。この記述から、この拡張には2つの方向があると理解することができる。すなわち、規範に反して、身分が違うにもかかわらず、互いに敬語類を用いることが許容される方向（図5.2の左側の「尊敬方向への拡張」）と、互いに普通語類を用いることが許容される方向（図5.2の右側の「親密方向への拡張」）である。

本書で扱う事例（5.5節で後述する）には、「親密方向への拡張」と「尊敬方向の拡張」の両方の拡張が確認されている。以下では、規範的敬語使用パタンを「規範型」、規範的敬語使用の許容範囲の異なる方向への2つの拡張パタンをそれぞれ「拡張型【親密方向】」と「拡張型【尊敬方向】」と記す。

5.3.2 敬語類と普通語類の特徴

ここでは、バリ語の敬語語彙を構成する敬語類と普通語類の2つの語類がどのような意味特徴をもっているかについて述べておく。この情報は5.6節のインドネシア語の特徴に関する議論にかかわってくる。

これら2つの語類を「親密」と「敬意」という2つの特徴の有無で表現すると、表5.1のように示すことができる。

表5.1 バリ語の敬語類・普通語類の特徴

	敬意	親密
バリ語敬語類	＋	−
バリ語普通語類	−	＋

すなわち普通語類は「親密」という特徴をもつが、「敬意」という特徴はもたず、一方敬語類は「敬意」という特徴をもつが、「親密」という特徴はもたない語類と考えることができる。このように、どちらの語類においても、

親密と敬意の2つの特徴は共起しない（[＋敬意、＋親密]はない）。またどちらの語類も、両方の特徴を欠くことはない（[－敬意、－親密]はない）。この2つの特徴の排他的な分布が、以後の議論にとって重要になってくる。

5.3.3 Power and Solidarityの原理とバリ語敬語使用の変化

5.3.1項で述べた、バリ語における敬語使用の変化は、バリ語のみに見られる特殊な現象なのだろうか。ヨーロッパ諸言語の人称代名詞の使用にも、敬語現象の1つとして捉えられる現象がある。Brown and Gilman（1960）は、Power and Solidarityの原理を用いることによって、その現象とその変化に関して一般化を行っている。ここでは、彼らの一般化がバリ語の現象に適用されうる可能性について述べておく。

彼らは、ヨーロッパ諸言語の2人称代名詞の使用を決定する要素としてPower（上下関係）とSolidarity（親疎関係）を認め、過去においてはPowerの原理が優勢であったが、現在ではSolidarityの原理が優勢になってきていると主張する。ヨーロッパ諸言語の敬語的な現象は2人称代名詞を使い分ける用法に基づくものであるのに対し、5.2節で述べたようにバリ語の敬語使用は敬語語彙の交替による語彙的現象であるという違いがある。しかしながら、2つの敬語使用の変化に働く原理は共通していると見ることが出来るだろう。すなわち、身分が上の者が普通語類を用い、身分が下の者が敬語類を用いる（図5.2の上を参照）「規範的敬語使用」にはPowerの原理が働き、身分の違いがあるにもかかわらず互いに同じ語彙群を用いる（図5.2の下を参照）「許容範囲の拡張」はSolidarityの原理が働いていると考えることができ、バリ語においても、変化はPowerからSolidarityへという方向に向かっていることになる。

5.4 扱う会話事例とその条件

前節では、バリ語敬語使用の規範に拡張が起こりうるということを述べ

た。では、どのような身分上の関係をもつ2人の会話に、規範の拡張が起こるのだろうか。ここでは、許容範囲の拡張が予測できる会話参加者の関係（以下「話者関係」と呼ぶ）を明らかにし、その条件に該当する会話事例を認定する。

5.4.1 バリ語敬語使用の規範の拡張が起きうる話者関係

5.1節で述べた原（1999）で提案した解釈は、バリ社会でなされる会話のすべての話者関係に適用されるわけではなく、次に述べるある一定の話者関係に限られる。それは、5.3.1項で述べた敬語使用の規範から尊敬方向と親密方向の2種類の拡張が起きると予測される話者関係である。そのような話者関係は身分の上で二重構造をもつ。1つは、出自による社会階層であるカーストに基づく関係であり、もう1つはカースト以外の新しい社会階層（主には職業や役職）に基づく関係である。この二重構造をもつ関係の一方のカーストについて、バリ社会の簡にして要を得た民族誌、吉田（1992: 51-55）に基づきそのエッセンスを記しておこう。

出自による階層であるカースト（吉田（1992）の用語では「カスタ」）[3]は、バリ社会において身分の決定に密接にかかわってくる社会階層であるが、次の3点に要約できる。

1) バリ人は、バリ社会が4つのカスタ[カースト]（ブラーフマナ、サトリア、ウェシア、スードラ）に分かれていると考えている。
2)「最高司祭のカスタ[カースト]（ブラーフマナ）を除けば、特定の職業と結びついていない」ため、「インドのようなカーストによる分業はない」。
3) ただし、バリの人々は、上の3つのカスタ[カースト]を貴族層（トリワンサ）、下の1つを平民層（ジャバ）と呼び両者を峻別し、「平民層の者は現在でも貴族層に敬語を使い[つまり敬語類を使い]」、「自分より上位の人として接している」（[ ]内は原による）。

このようなカーストが、敬語使用の規範の拡張が起き得る話者関係に大きくかかわる。

敬語使用の規範の拡張が起こり得る、たとえば話者Xと話者Yの話者関係は、次の条件を満たす場合である。まず、カーストという社会階層から見ると平民層（X）と貴族層（Y）という階級差がある関係である（X＜Yと表す）。次に、それと同時に、カースト以外の新しい社会階層の要素の1つである職業を通しての社会的関係はほとんど地位が変わらないか（X＝Yと表す）、平民層（X）が貴族層（Y）にくらべて地位が高い関係である（X＞Yと表す）。敬語使用の規範の拡張が起こり得る場合、話者関係にはこれら2つの側面の関係が重なりあっている。表5.2はこの二重の関係を等号、不等号を用いて表したものである。

表5.2 身分の二重関係

社会階層	2者の身分関係
カースト（伝統的社会階層）	$X < Y$
職業（新しい社会階層）	$X \geq Y$

この二重構造の関係をもつ2人の話者による会話に、敬語使用の規範の拡張が起こることが期待される。

5.4.2 分析対象の会話事例

本章の分析対象の会話事例は、表5.3にあげた5つのケースである。この表は、付録1の表Iから、本章で分析対象とする会話事例5ケースのみを抜き出したものである。これらのケースは、2.7節で設定した会話事例65ケースのうち、5.4.1項で述べた話者の身分関係、すなわちカーストの差がある一方で、仕事の文脈で、カーストの低い側がカーストの高い側にくらべて職業上の地位が高いか同等であるという条件を満たす[4]。表5.3の列（1）は会話参加者の社会的属性を示し、列（2）は彼らの二重構造をもつ身分関係を不等号によって表している。

第 5 章　BI コード混在と敬語使用の相互作用

表 5.3　敬語使用の規範の拡張が起こりうる会話
K、GS、P、GA、WG、GE、KD、GL は会話参加者を示す。会話事例 1、2、3、4、5 の表記資料は、それぞれ付録 2 に掲載した会話事例 1、2、3、4、5 に該当する。

会話事例	会話番号	(1) 会話参加者（平民層 X と貴族層 Y）の社会的属性	(2) 二重の身分関係 カースト　X ＜ Y 職業　　　X ≧ Y
1	34	K（40 代、男、大学職員、デンパサール在住、平民層）―GS（30 代、男、大学職員、デンパサール在住、ブラフマナ層）	カースト　K ＜ GS 職業　　　K ＝ GS
2	55	P（30 代、女、大学教員、デンパサール在住、平民層）―GA（20 代、女、大学教員、P の部下、デンパサール在住、サトリア層）	カースト　P ＜ GA 職業　　　P ＞ GA
3	22	WG（20 代、男、大学生、デンパサール在住、平民層、GE の同級生）―GE（20 代、男、大学生、デンパサール在住、ブラフマナ層）	カースト　WG ＜ GE 職業　　　WG ＝ GE
4	36	KD（20 代、男、デンパサール在住、平民層、GE の同級生）―GE（20 代、男、大学生、デンパサール在住、ブラフマナ層）	カースト　KD ＜ GE 職業　　　KD ＝ GE
5	44	P（30 代、女、大学教員、デンパサール在住、平民層）―GL（20 代、男、大学教員、P の部下／教え子、デンパサール在住、サトリア層）	カースト　P ＜ GL 職業　　　P ＞ GL

5.5　会話を構成する対話ペアと敬語使用パタン

5.5.1　対話ペアの定義

　本項では、表 5.3 にあげた会話事例の分析に用いる、会話テキストを構成する単位である、「対話ペア」という概念を定義する。「対話ペア」は、Schegloff and Sacks（1974、日本語訳 1995）が提案している概念である「隣接ペア」（adjacency pair）をもとに、本書が新たに導入するものである。2 つの概念がどのように異なるのか示すために、まず、「隣接ペア」について述べる。

　Schegloff and Sacks（1974）は、「隣接ペア」の特徴を次のように要約している。つまり、隣接ペアは、(1) 2 つの発話（第 1 部分と第 2 部分）からなり、(2) この構成要素として 2 つの発話（たとえば「問い」と「答え」）は隣接して位置し、(3) それぞれの発話を別々の話者が作り出す。つ

5.5 会話を構成する対話ペアと敬語使用パタン

まり、たとえば「問い」を発する者と「答え」を発する者は別の人である。(4) ペアを構成する2つの発話には相対的な順序が存在し（つまり、第1部分が第2部分の前に来る）、(5) ペアの構成要素は対となるもう1つの構成要素に何が来るかを特定する。つまり、ある発話を特定の行為タイプ（たとえば「問い」）として認識した会話参加者は、最初の発話（第1部分）と同じペアのタイプに属する第2部分（つまり「答え」）を作り出すということになる。

(5) に示されているように、「隣接ペア」は、第1部分に対応して第2部分の発話が予測可能であるやりとりを表している。Schegloffらは、この概念によって、そもそもある発話が1つの「発話行為」タイプとして確定されるメカニズムを明らかにすることを目指した。

しかしながら、本書は、発話行為のタイプを明らかにすることを目的としているわけではなく、隣接する2つの発話が必ずしも定型的なプロトコルのやりとりである必要はない。したがって、本書では、「隣接ペア」の概念を要約した上記の (1) から (5) のうち、(1) から (4) の条件に該当する2人の話者による発話のペアを「対話ペア」と呼び、分析装置の1つとする。そして、対話ペアを構成する発話を「発話ユニット」と呼び、第1部分の発話ユニットを「前起ユニット」、第2部分の発話ユニットを「後起ユニット」と呼ぶ。つまり、対話ペアとは、1つめの発話ユニット（前起ユニット）に応じる形で別の話者による2つめの発話ユニット（後起ユニット）が現れる発話ユニットの組み合わせであり、構成する発話ユニットのペアが特定の発話行為とは限らない。このように、対話ペアは、隣接ペアにくらべて意味する範囲が広い概念と言える。

ここで言う発話は、ターン（会話順番）とほぼ一致するが（図5.3）、話のトピックが転換する場合など、1つのターンの中にある対話ペアの後起ユニットとその次に現れる対話ペアの前起ユニットが含まれることもある（図5.4）。また、1つの対話ペアの後起ユニットが、後続する対話ペアの前起ユニットと一致している場合もある（図5.5）。

この対話ペアに基づいて、会話におけるバリ語の敬語使用を捉え直した

第5章　BIコード混在と敬語使用の相互作用

ものが、「敬語使用パタン」である。すなわち、前起ユニットの発話で用いられるバリ語語彙クラスと後起ユニットの発話で用いられるバリ語語彙クラスの組み合わせである。次項では、会話に観察された敬語使用パタンに

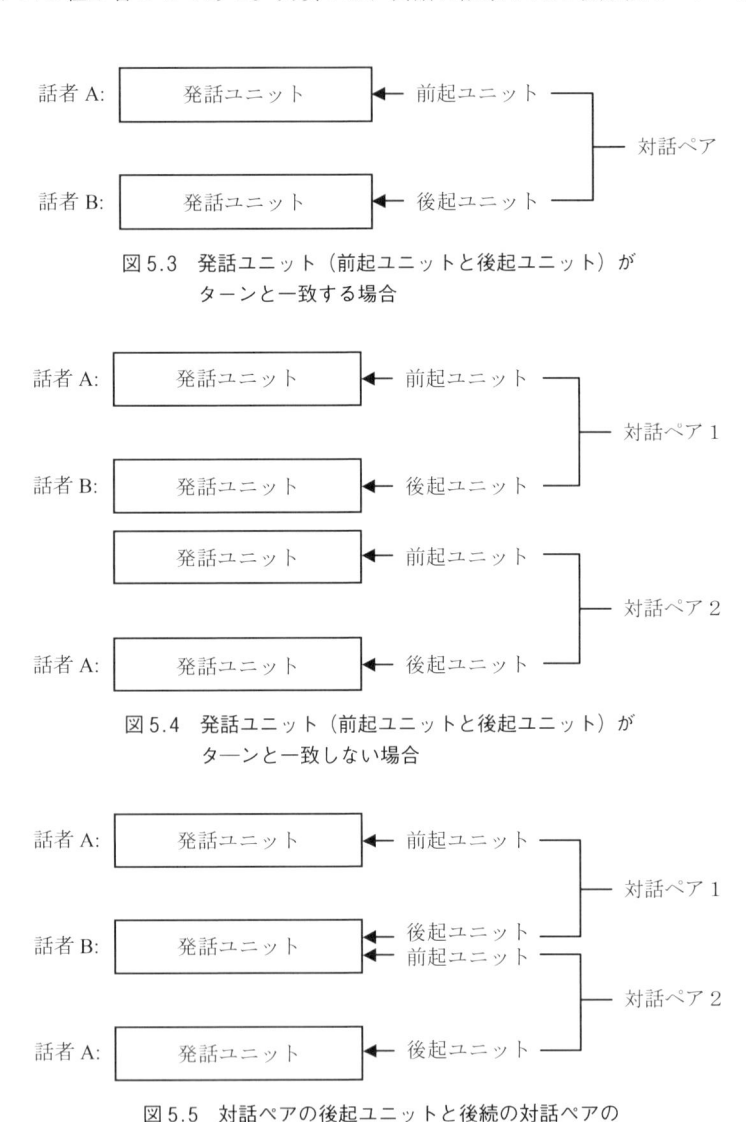

図 5.3　発話ユニット（前起ユニットと後起ユニット）が
ターンと一致する場合

図 5.4　発話ユニット（前起ユニットと後起ユニット）が
ターンと一致しない場合

図 5.5　対話ペアの後起ユニットと後続の対話ペアの
前起ユニットが一致する場合

はどのようなものがあるのかを提示する。

5.5.2 観察される敬語使用パタン

前節で述べた5ケースの会話における2人の話者のバリ語の敬語使用を、前項で定義した対話ペアに基づく敬語使用パタンとして捉えると、次の表5.4に示すように、(i) から (v) の5種類あることがわかった。

表5.4では、平民層の話者を「X」、貴族層の話者を「Y」で表す。5つのタイプのXとYの敬語使用パタンは、先に述べた通り、5.5.1項で定義した2人の話者による発話ユニットの組み合わせである対話ペアを単位としている。発話ユニットには、「敬語類ユニット」(「敬」) と「普通語類ユニット」(「普」)、「インドネシア語ユニット」(「イ」) がある。

敬語類ユニット (「敬」) は敬語類に属する語彙 (丁寧語、尊敬語、謙譲語) が含まれる発話ユニットであり、そこには普通語類、汎用語類、非交替要素 (バリ語＝インドネシア語共通要素あるいは借用的要素) が混ざり得る。普通語類ユニット (「普」) は敬語類に属する語彙が含まれず、つまり普通語類の語彙から構成され、さらに汎用語類と非交替要素が加わる可能性がある発話ユニットである。5.2節で述べたように、語彙の敬語レベルがそろった文、つまり敬語類の要素のみから成り立つ文や普通語類の要素のみから成り立つ文だけでなく、語彙の敬語クラスが混ざった文も存在する。また、敬語類ユニットと普通語類ユニットの内部にBIコード混在が認められる場合は、「敬」あるいは「普」に「/CM」を付加して示している。インドネシア語ユニット (「イ」) は、インドネシア語要素 (および非交替要素) から成る発話ユニットである。これら3種類の発話ユニットの組み合わせから (i) ～ (v) の敬語使用パタンが形成される。表の右端の列の出現頻度は、5つの会話事例に現れた各敬語使用パタンの合計である。

(i) 規範型には、4つの敬語使用パタンが見られる。まず、(i)-aの「敬－普」(左側がXの用いる発話ユニット、ハイフンを挟んで右側がYの用いる発話ユニットを表す。以下も同様である) は、平民層Xの発話ユニットが敬語類ユニットであるのに対し、貴族層Yの発話ユニットが普通語類ユ

第5章　BIコード混在と敬語使用の相互作用

表5.4　平民層の話者（X）と貴族層の話者（Y）の敬語使用パタン[5]
表中の略称・記号が表す意味は次の通りである。「X」：平民層カーストの話者、「Y」：貴族層カーストの話者、「敬」：敬語類ユニット、「普」：普通語類ユニット、「イ」：インドネシア語ユニット、「CM」：発話ユニットにコード混在を含む、「*」：理論上起こり得ないパタン、太字：原（1999）で観察されたパタン

敬語使用パタン			X	—	Y	出現頻度
(i)	規範型	(i)-a	敬	—	普	3
		(i)-b	敬/CM	—	普/CM	5
		(i)-c	敬/CM	—	普	3
		(i)-d	敬	—	普/CM	4
(ii)	拡張型【尊敬方向】	**(ii)-a**	**敬**	—	**敬**	4
		(ii)-b	敬/CM	—	敬/CM	4
		(ii)-c	敬/CM	—	敬	7
		(ii)-d	敬	—	敬/CM	2
(iii)	拡張型【親密方向】	(iii)-a	普	—	普	11
		(iii)-b	普/CM	—	普/CM	19
		(iii)-c	普/CM	—	普	10
		(iii)-d	普	—	普/CM	11
(iv)	B vs. I型	**(iv)-a**	**敬**	—	**イ**	1
		(iv)-b	敬/CM	—	イ	3
		*(iv)-c	普	—	イ	0
		*(iv)-d	普/CM	—	イ	0
		(iv)-e	イ	—	普	7
		(iv)-f	イ	—	普/CM	1
		*(iv)-g	イ	—	敬	1
		*(iv)-h	イ	—	敬/CM	0
(v)	インドネシア語型	(v)-a	イ	—	イ	1

ニットをなすパタンである。

　(i) 規範型の中には、(i)-b「敬/CM－普/CM」、(i)-c「敬/CM－普」、(i)-d「敬－普/CM」の3つの敬語使用パタンもあげられている。(i)-a「敬－普」と (i)-b、(i)-c、(i)-dの関係は、(i)-aが基本パタンで、(i)-b、(i)-c、(i)-dはその変種パタンとして捉えられる。すなわち、規範型 (i)-bの「敬/CM－普/CM」は、規範型の基本パタン (i)-a「敬－普」におけるXとY

5.5 会話を構成する対話ペアと敬語使用パタン

の両方の発話ユニットに BI コード混在が付け加わったパタンであることを表している。(i)-c の「敬/CM − 普」は、規範型の基本パタン (i)-a「敬 − 普」における X の発話ユニットのみに BI コード混在が付け加わったパタンであることを表す。(i)-d の「敬 − 普/CM」は、(i)-c とは逆に、規範型の基本パタン (i)-a「敬 − 普」における Y の発話ユニットのみに BI コード混在が付け加わったパタンであることを表している。

以下に、規範型の基本パタン (i)-a「敬 − 普」の例を示しておこう。この例（例 97）は、実際に分析対象の会話の中に見られるパタンである（以下の例も同様）。例を示すにあたり、テキストの原文や敬語情報に関する表記方法を述べておく。1 行目は原文表記である。斜体はインドネシア語を表す。2 行目は逐語訳である。3 行目は各要素が属する語彙クラスを表す。「普」はバリ語普通語類の要素、「敬」はバリ語敬語類の要素、「汎」はバリ語汎用語類の要素、「共」はバリ語＝インドネシア語共通要素あるいはバリ語＝インドネシア語借用的要素（非交替要素）、「イ」はインドネシア語要素である。一番下の行は自由訳である。例 97 以降の例も同様である。

例 97：規範型 (i)-a「敬 − 普」の敬語使用パタン

X: Eh　　　playgrup　　dija　　　ya　　　buin　　　nggih?
　　particle　　保育園　　どこで　　particle　　さらに　　particle
　　共　　　　共　　　　普　　　　普　　　　普　　　　敬
「さらに保育園がどこにあるでしょうか。

　　Drika　　　ada　　di　　Gatot Subroto.
　　あちらに　　ある　　～で　　通り名
　　敬　　　　普　　　共　　　共
あそこに、ガトット・スブロト通りにあります。」

Y: Apa　　to?
　　何　　それ
　　普　　普
「それは何？」

第5章　BIコード混在と敬語使用の相互作用

　平民層Xの発話ユニットには、敬語類、普通語類、バリ語＝インドネシア語共通要素およびバリ語＝インドネシア語借用的要素（非交替要素）が見られる。これは、上で述べたような敬語類と普通語類の敬語クラスの要素が共起する例であるが、敬語類の要素を含むため、敬語類ユニットと判断される。一方、"Apa to?"（「それは何？」）と応答する貴族層Yの発話ユニットは、普通語類のみから構成され、普通語類ユニットと判断される。したがって、上の敬語使用パタンは規範型の (i)-a「敬－普」に該当する。この規範型のタイプは、5.3.1項で述べたように、話者間のカーストのみによって決定されていた、拡張のない伝統的な敬語使用であり、今やかなり限定された場でしか用いられない。後述するが、本章で考察する会話事例に観察される規範型は、カースト以外の動機や要因により結果的に規範型に落ち着いたものだと考えられ、伝統的な敬語使用を目指したわけではない。

　次に、(ii) 拡張型【尊敬方向】と (iii) 拡張型【親密方向】は、5.3.1項で述べた通り、社会構造の変化にともない、出自によるカースト以外の近代的な社会階層（職業など）を考慮することによって許容されるようになった、(i) の規範型から拡張したタイプである。(ii) 拡張型【尊敬方向】は、平民層Xと貴族層Yが親密でない場合に用いられる敬語使用パタンであり、2人の発話ユニットはいずれも敬語類ユニットである。(iii) 拡張型【親密方向】は、XとYが親密な関係である場合の敬語使用パタンであり、両者の発話ユニットはともに普通語類ユニットである。(ii) 拡張型【尊敬方向】と (iii) 拡張型【親密方向】のどちらのタイプにおいても、(i) 規範型と同じように、(ii)-a「敬－敬」と (iii)-a「普－普」を基本パタンと捉え、平民層Xと貴族層Yの両方の発話ユニットあるいはどちらか一方の発話ユニットにBIコード混在が付け加わったパタンの (ii)-b、(ii)-c、(ii)-dと (iii)-b、(iii)-c、(iii)-dを変種パタンと捉える。以下に、(ii) 拡張型【尊敬方向】と (iii) 拡張型【親密方向】の例をそれぞれ1つずつあげる。

5.5 会話を構成する対話ペアと敬語使用パタン

例98：拡張型【尊敬方向】(ii)-a「敬－敬」の敬語使用パタン

X: Sira　　niki?
　　だれ　　これ
　　敬　　　敬
「どなたですか？」

Y: Tiang　　　Gus-e.
　　私　　　人名(ブラーフマナ層の)-the
　　敬　　　共－普
「私はグスです。」

例99：拡張型【親密方向】(iii)-a「普－普」の敬語使用パタン

Y: Beh　　mekelo　　sing　　taen　　tepuk　　aa.
　　間投詞　　長い　　否定　〜したことがある　見える　particle
　　共　　　普　　　普　　　普　　　普　　　普
「もう、長く見たことがないよなあ。」

X: Aa.　　Kenken　　　kabar　　Gus?
　　同意　どのような　　様子　　人名(ブラーフマナ層の)
　　普　　　普　　　　共　　　共
「ああ。グスはどんな様子だい？」

　例98では、平民層Xの質問である"Sira niki?"(「どなたですか」)と貴族層Yの答えである"Tiang Guse"(「私はグスです」)の両方の発話ユニットに敬語類の要素が含まれ、どちらも敬語類ユニットに該当する。したがって、この敬語使用パタンは、拡張型【尊敬方向】と判断できる。例99は、XとYのいずれの発話ユニットも敬語類の要素は現れず、普通語類の要素と非交替要素から構成され、いずれも普通語類ユニットと認められる。したがって、例99の敬語使用パタンは、もう一方の拡張型である(iii)拡張型【親密方向】と言える。これらの異なる2つの方向の拡張型は、現在バリ語敬語使用の新しい規範となっており、5ケースの会話事例にも観察

されている。

　(iv) B vs. I型は、Balinese vs. Indonesian-only Typeの略称として用いている[6]。この型は、(i)、(ii)、(iii)のタイプと異なり、平民層Xと貴族層Yのどちらか一方の話者の発話ユニットが、インドネシア語要素のみから構成される、つまりインドネシア語ユニットに該当する敬語使用パタンである。すなわち、(iv)-a「敬－イ」、(iv)-aの変種パタンである(iv)-b「敬/CM－イ」、(iv)-e「イ－普」、(iv)-eの変種パタンである(iv)-f「イ－普/CM」である。しかしながら、表中では「＊」の記号を付してある(iv)-c「普－イ」、(iv)-d「普/CM－イ」、(iv)-g「イ－敬」、(iv)-h「イ－敬/CM」は、どちらか一方の話者がインドネシア語要素のみを用いる敬語使用パタンではあるが、5.7.4項で後述する本書の解釈では理論上起こりえず[7]、実際にも特殊な一例（5.7.4項で扱う会話事例）を除き現れていない。以下、貴族層Yの発話ユニットのみがインドネシア語ユニットをなす(iv)-a「敬－イ」と、逆に平民層Xの発話ユニットのみがインドネシア語ユニットである(iv)-e「イ－普」の2つの例をあげる。

例100：B vs. I型 (iv)-a「敬－イ」の敬語使用パタン

X: Nggih.
　　同意
　　敬
　　「はい。

　Tiang,　tiang　onkon－a　　N- aba　　mulih　　nika.
　　私　　　私　　命じる-受身　もっていく(ngaba)　帰る　　それ
　　敬　　　敬　　普－普　　　共–普　　　　　　普　　　敬
　　私は、私はそれを持って帰るように言われたんです。」

Y: Bu?　　O　　　*gitu*.
　　you　　間投詞　そのような
　　共　　共　　　イ
　　「先生（あなた）が？あー、そうですか。」

190

5.5 会話を構成する対話ペアと敬語使用パタン

例101：B vs. I型（iv）-e「イー普」の敬語使用パタン

Y: Kenken　　　gatra　　Dek?
　　どのような　　様子　　人名
　　普　　　　　普　　　共
　「元気か、デ？」

X: O　　　*baik – baik.*
　間投詞　　大体よい
　共　　　イーイ
　「あー、元気だ。」

例100では、貴族層Yの発話ユニット "Bu? O, *gitu*"（「先生［あなた］が？あー、そうですか」）のみがインドネシア語要素（イタリックで示す）と非交替要素（バリ語＝インドネシア語共通要素）から成るインドネシア語ユニットであり、平民層Xは敬語類ユニットである。したがって、この対話ペアはB vs. I型（iv）-a「敬−イ」と判断できる。それとは逆に、例101は、平民層Xの発話ユニット "O, *baik-baik*"（「あー、元気だ」）のみがインドネシア語ユニットであり、貴族層Yは普通語類ユニットであるため、B vs. I型（iv）-e「イー普」に該当すると言える。

バリ語とインドネシア語の2言語使用がなされる会話全体から見れば、「敬/CM」、「普/CM」、「イ」の発話ユニットは、いずれもBIコード混在である。しかし、対話ペアを構成する一方の話者の発話ユニットがインドネシア語要素のみから構成されるインドネシア語ユニットである場合（つまりどちらかの話者が「イ」）、インドネシア語ユニット「イ」は、「敬/CM」、「普/CM」の2つと意味合いが大きく異なる。すなわち、XとYによる会話の対話ペアにおいて、どちらか一方のみがインドネシア語要素のみを用いる（iv）B vs. I型が、本章の議論に大きくかかわってくる。インドネシア語の特徴に関しては、次項で述べる。

最後に、平民層Xと貴族層Yの両話者がインドネシア語要素のみを用いる対話ペアである（v）インドネシア語型が見られた。本章では、対話ペア

内におけるBIコード混在を考察の対象とするため、このタイプは分析の範囲外である。

原（1999）で扱った1つの事例で現れた敬語使用パタンは、5種類のうち、拡張型【尊敬方向】の (ii)-a「敬－敬」とB vs. I型の (iv)-a「敬－イ」の2種類のパタンである。(ii)-a「敬－敬」と (iv)-a「敬－イ」は、原（1999）ではそれぞれ「拡張型」と「CS型」と呼んでいた。この2つのパタンは、表5.4では太字で示してある。

なお、XとYのどちらかの発話ユニットが汎用語類のみ、あるいはバリ語とインドネシア語の共通要素・借用的要素である非交替要素のみから成る敬語使用パタンは、考察の範囲外とする。汎用語類と非交替要素は敬語的な意味（つまり敬意と親密の特徴からなる意味）が関与しないためである。

5.6　バリ語の敬語類・普通語類と比較したインドネシア語の敬語的特徴

5.3節で予告したように、ここでは、インドネシア語の敬語的特徴を、バリ語の敬語類・普通語類と対照しながら、明らかにする。表5.1で示したバリ語の敬語を性格づける「敬意」と「親密」という2つの特徴を用いて、インドネシア語をバリ語の敬語的文脈の中に位置づけてみると、以下の表5.5のように考えることができる。

表5.5　バリ語の敬語類・普通語類に対するインドネシア語の特徴

	敬意	親密
バリ語敬語類	＋	－
インドネシア語	±	±
バリ語普通語類	－	＋

表5.5は、インドネシア語がバリ語の敬語類と普通語類の中間に位置づけられる、敬語的に中立な性格をもっていることを示している。すなわち、インドネシア語は、「敬意性の有無に関与しない（±）」、「親密さの有無に

関与しない（±）」という性格をもっている。さらに、バリ語会話の中で、インドネシア語を用いることは、敬語的な色づけのない要素、すなわち、2つの語彙クラスを表す特徴とは関与しない要素を用いることを意味している。この点で、インドネシア語は、バリ語語彙における敬語的対立のない汎用語類と同じであると言える。

なお、このようなインドネシア語の敬語的に中立な性格が、インドネシア語の文体差を排除するものでないことを付け加えておく。インドネシア語には、「標準的な（standard）変種」と「非標準的な（non-standard）変種」との間に違いが認められ、それらの変種の使い分けによって、フォーマル、インフォーマル、丁寧、ぞんざいなどの文体的違いが表現されうる[8]。以下の議論では、インドネシア語が「敬語的に中立」と言う場合、それは、いわば「バリ敬語的中立」を意味する。

5.7 バリ語の敬語使用における2方向の拡張型とインドネシア語の敬語的特徴

本節では、前節で述べた、バリ敬語的文脈からみたインドネシア語の特徴をふまえ、5.5節で導入した会話構造の単位（対話ペア）とそれに基づく敬語使用パタンを分析装置として用いながら、5つの各会話事例の具体的な分析をおこなう。

5つの会話事例にはすべて、尊敬方向か親密方向のどちらかへの拡張型が認められ、そのうち3事例に前節で述べたインドネシア語の敬語的特徴が関与している。まず、5.7.1項で取り上げる会話事例には、拡張型【尊敬方向】が認められる。この型は、まさに原（1999）の解釈が基づいていた事例に観察された型である。次の5.7.2項で扱う会話事例においても5.7.1項と同様に拡張型【尊敬方向】が認められるが、さらに、それに加えてB vs. I型も見られる。5.7.3項では、5.7.1項と5.7.2項とは異なり、拡張型【親密方向】が観察される事例を分析する。5.7.4項で分析するのは、拡張型【親密方向】に加えて、さらにB vs. I型も認められる事例であ

る。最後に、5.7.5項では、観察される敬語使用パタンは5.7.4項と同じであるが、敬語使用パタンの実現のプロセスがそれとは異なる変則的な事例を分析する。

5.7.1　会話事例1―拡張型【尊敬方向】

ここであげる事例は、原（1999）で用いた会話に見られた敬語使用パタンと同一の拡張型【尊敬方向】が認められる会話である。表5.3で示したように、Kは平民層、GSは貴族層であり、2人は大学の職員として同僚の関係である。このような伝統的社会階層と新しい社会階層の二重の身分関係においては、2人の会話には5.3.1項で述べた敬語使用の規範の拡張が起こりうる。カーストに基づく社会階層ではKはGSよりも下位（K＜GS）であるが、新しい社会階層の1つの要素である職業の面ではKとGSは同僚の関係（K＝GS）である。また、KとGSは大変親しいという間柄ではない。

このような会話参加者のKとGSの二重構造の関係と親密さの程度とから期待されるバリ語の敬語使用パタンは、(ii) 拡張型【尊敬方向】「敬－敬」である。この会話事例に観察される敬語使用パタンは、表5.6の通りである。この表で用いる略称・記号は先の表5.4と同じである。ただし、表5.4に加えて、観察されたパタンは○、観察されないパタンは×で表した。○に続く括弧内の数字は頻度数である（次項以降も同様）。また、この会話テキストおよび対話ペアの一覧は、付録2の会話事例1と表IIに掲載してある。

平民層Kと貴族層GSの二重の身分的関係と親密さの程度とから予測されるのは、(ii) 拡張型【尊敬方向】であり、実際にそのタイプが現れた。観察されたパタンは、両方の発話ユニットにBIコード混在の見られない (ii)-a「敬－敬」と両方あるいは一方の発話ユニットにBIコード混在の見られる (ii)-b「敬/CM－敬/CM」、(ii)-c「敬/CM－敬」、(ii)-d「敬－敬/CM」である。

(i) 規範型である「敬－普」のパタンは、KとGSの話者関係からは期待

5.7 バリ語の敬語使用における2方向の拡張型とインドネシア語の敬語的特徴

表5.6 KとGSの敬語使用パタン

表中の略称・記号が表す意味は次の通りである。「敬」：敬語類ユニット、「普」：普通語類ユニット、「イ」：インドネシア語ユニット、「CM」：発話ユニットにコード混在を含む、「*」：理論上起こり得ないパタン、太字：原（1999）で観察されたパタン、「○」：観察されたパタン、「×」：観察されなかったパタン、（　）内の数字：当該パタンの頻度数

敬語使用パタン	実現の有無		K（平民層）	—	GS（貴族層）
(i) 規範型	○ (2)	(i)-a	敬	—	普
	×	(i)-b	敬/CM	—	普/CM
	×	(i)-c	敬/CM	—	普
	×	(i)-d	敬	—	普/CM
(ii) 拡張型【尊敬方向】	○ (1)	**(ii)-a**	**敬**	—	**敬**
	○ (3)	(ii)-b	敬/CM	—	敬/CM
	○ (3)	(ii)-c	敬/CM	—	敬
	○ (1)	(ii)-d	敬	—	敬/CM
(iii) 拡張型【親密方向】	×	(iii)-a	普	—	普
	×	(iii)-b	普/CM	—	普/CM
	×	(iii)-c	普/CM	—	普
	×	(iii)-d	普	—	普/CM
(iv) B vs. I 型	×	**(iv)-a**	**敬**	—	**イ**
	×	(iv)-b	敬/CM	—	イ
	×	*(iv)-c	普	—	イ
	×	*(iv)-d	普/CM	—	イ
	×	(iv)-e	イ	—	普
	×	(iv)-f	イ	—	普/CM
	×	*(iv)-g	イ	—	敬
	×	*(iv)-h	イ	—	敬/CM
(v) インドネシア語型	○ (1)	(v)-a	イ	—	イ

されないが、2箇所に観察される。なぜそのパタンが認められるのだろうか。この理由はKの用いる敬語語彙と関係があると考えられる。全般的にKの発話は、敬語類の要素が含まれているが、やや普通語類の要素が多く用いられる傾向がある。それにGSが合わせようとして普通語類で質問すると、Kは敬語類で答え、その結果 (i) 規範型に該当する (i)-a「敬－普」というパタンが生まれたと考えられる。

第 5 章　BI コード混在と敬語使用の相互作用

　ただ、なぜ平民層 K の発話は、敬語類の要素を含むものの、普通語類の要素も多く用いられる傾向があるのだろうか。この疑問には、親密さの側面から答えることができるだろう。先に述べたように、K と GS は大変親密な関係とは言いがたく、最初から（iii）拡張型【親密方向】である「普−普」を選択するほどではない。しかし、（ii）拡張型【尊敬方向】の「敬−敬」をずっと続けるのはよそよそしく感じるため、K は敬語類だけでなく、普通語類の要素を用いることによって、親密さを少し示したと考えられる。この K の発話は、5.2 節で触れた Kersten（1984：29）の「くだけた性質の話の場合、しばしば敬語類と普通語類が混合される」という指摘と一致している。このような敬語類の要素混入も用いながら普通語類の要素を多く用いる K の発話ユニットに反応し、次の対話ペアで GS が普通語類と汎用語類の要素から成る発話で質問すると、それに対して K は普通語類を用いなかった。このように、2 人の敬語使用パタンは、（ii）拡張型【尊敬方向】「敬−敬」から（iii）拡張型【親密方向】「普−普」へ移行するまでには至らなかった。（iii）拡張型【親密方向】に移行しなかったのは、K と GS が親密でないためだけでなく、この会話が職場の電話でなされ、内容は業務に関するものであることも、影響しているかもしれない。

　会話のはじめには（v）インドネシア語型「イ−イ」のパタンがあるが、これは電話による会話のためである。バリでは電話のはじめのやりとりはインドネシア語でなされるのが慣習的である。

　以上見てきたように、K と GS の会話は、出自（カースト）に基づく上下関係と新しい社会階層である職業に基づく上下関係の二重構造の関係と親密さの程度から期待されるように、互いに敬語類を用いる（ii）拡張型【尊敬方向】が観察された。したがって、本書の事例においても、原（1999）と同様に、二重の身分関係をもつ会話参加者の間に拡張型【尊敬方向】のパタンが示されたことになる。次項の事例には、（ii）拡張型【尊敬方向】の他に、さらに（iv）B vs. I 型、つまりどちらか一方の話者の発話ユニット全体がインドネシア語である敬語使用パタンが認められる。

5.7.2　会話事例2―拡張型【尊敬方向】とB vs. I型

本項では、(ii) 拡張型【尊敬方向】に加えて、さらに (iv) B vs. I型が見られる会話において、インドネシア語がどのような機能を果たしているかを明らかにする。

ここで分析する会話事例は会話参加者PとGAの2人によるものである。Pは平民層、GAは貴族層であり、カーストに基づく社会階層ではPはGAよりも下（P＜GA）である。一方、新しい階層の1つである職業の側面では、PはGAの大学における上司であり、GAはPの教え子であるため、PはGAより上（P＞GA）の立場である。これらの二重構造の関係に基づくと、期待されるバリ語の敬語使用パタンは、(ii) 拡張型【尊敬方向】である「敬－敬」もしくは (iii) 拡張型【親密方向】「普－普」である。なお、PとGAはそれほど親密な関係ではない。したがって、(iii) 拡張型【親密方向】「普－普」が起こる可能性は低い。

実際に観察された敬語使用パタンは、表5.7に示す通り、(ii) 拡張型【尊敬方向】の (ii)-a「敬－敬」、(ii)-b「敬/CM－敬/CM」、(ii)-c「敬/CM－敬」、(ii)-d「敬－敬/CM」、(iv) B vs. I型の (iv)-a「敬－イ」、(iv)-b「敬/CM－イ」である。また、会話テキストおよび対話ペアの一覧は、付録2の会話事例2と表Ⅲに掲載してある。

(i) 規範型は、PとGAの二重の身分関係から避けられたと考えられる。(ii) と (iii) の拡張型に関しては、予測通り、2人の親密さの程度から (iii) 拡張型【親密方向】が避けられ、(ii) 拡張型【尊敬方向】が現れた。このパタンには (ii)-a「敬－敬」、(ii)-b「敬/CM－敬/CM」、(ii)-c「敬/CM－敬」、(ii)-d「敬－敬/CM」の4種類が認められる。どちらか一方の話者の発話ユニットがインドネシア語ユニットをなすパタンである (iv) B vs. I型は、(iv)-a「敬－イ」と (iv)-b「敬/CM－イ」の2種類が観察された。貴族層のGAがインドネシア語要素のみを用いる敬語使用パタンは、どのように解釈したらよいだろうか。

B vs. I型のパタンの出現には、図5.6の左側の部分で破線矢印によって模式的に表すように、原（1999）と同様の解釈を与える。つまり、まず2

第5章 BIコード混在と敬語使用の相互作用

表5.7 PとGAの敬語使用パタン

表中の略称・記号が表す意味は次の通りである。「敬」：敬語類ユニット、「普」：普通語類ユニット、「イ」：インドネシア語ユニット、「CM」：発話ユニットにコード混在を含む、「*」：理論上起こり得ないパタン、太字：原（1999）で観察されたパタン、「○」：観察されたパタン、「×」：観察されなかったパタン、（　）内の数字：当該パタンの頻度数

敬語使用パタン	実現の有無		P（平民層）	—	GA（貴族層）
(i)規範型	×	(i)-a	敬	—	普
	×	(i)-b	敬/CM	—	普/CM
	×	(i)-c	敬/CM	—	普
	×	(i)-d	敬	—	普/CM
(ii)拡張型【尊敬方向】	○（1）	**(ii)-a**	**敬**	—	**敬**
	○（1）	(ii)-b	敬/CM	—	敬/CM
	○（2）	(ii)-c	敬/CM	—	敬
	○（1）	(ii)-d	敬	—	敬/CM
(iii)拡張型【親密方向】	×	(iii)-a	普	—	普
	×	(iii)-b	普/CM	—	普/CM
	×	(iii)-c	普/CM	—	普
	×	(iii)-d	普	—	普/CM
(iv)B vs. I型	○（1）	**(iv)-a**	**敬**	—	**イ**
	○（3）	(iv)-b	敬/CM	—	イ
	×	*(iv)-c	普	—	イ
	×	*(iv)-d	普/CM	—	イ
	×	(iv)-e	イ	—	普
	×	(iv)-f	イ	—	普/CM
	×	*(iv)-g	イ	—	敬
	×	*(iv)-h	イ	—	敬/CM
(v)インドネシア語型	×	(v)-a	イ	—	イ

人の会話参加者の間にはカーストの差があり、反対に新しい社会階層である職業の側面では、身分が下の話者（平民層）は身分が上の話者（貴族層）より上あるいは同等の地位であるという二重の身分関係が見られる。このような2人の話者の間では、身分が上の話者（貴族層）にとって新しい規範である（ii）拡張型【尊敬方向】「敬 – 敬」は拡張の行き過ぎと感じられる場合があり、拡張の行き過ぎを従来の規範である規範型の方向にやや引

5.7 バリ語の敬語使用における2方向の拡張型とインドネシア語の敬語的特徴

原(1999)

(iv) B vs. I 型
敬 ― イ
(下) (上)

(i) 規範型
敬 ― 普
(下) (上)

尊敬方向　　　親密方向
拡　張

(ii) 拡張型【尊敬方向】
敬 ― 敬
(下) (上)

(iii) 拡張型【親密方向】
普 ― 普
(下) (上)

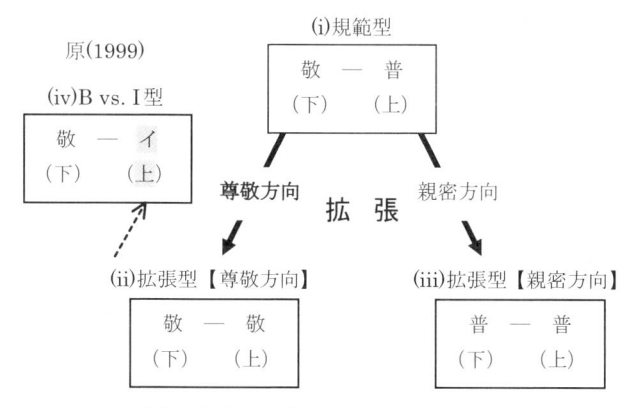

図 5.6　規範的敬語使用から尊敬方向への拡張
「敬」は敬語類ユニット、「普」は普通語類ユニット、「イ」はインドネシア語ユニットを表す。「(上)」は話者の身分が上（貴族層）であること、「(下)」は話者の身分が下（平民層）であることを表す。「----➤」は拡張型から規範型方向への引き戻しを表す。網掛けはインドネシア語を選択した話者を表す。

き戻すために、敬語的に中立なインドネシア語を用いた結果、(iv) B vs. I 型「敬－イ」が実現したと解釈することができる。この事例に即して言い換えれば、貴族層の GA は、職場の上司とはいえ平民層の P に敬語類を用いるのに違和感を感じることがあり、インドネシア語を用いたと考えられる。

5.7.3　会話事例3―拡張型【親密方向】

5.7.1 項と 5.7.2 項で考察した会話事例は、拡張型【尊敬方向】が認められるケースであった。ここでは、もう一方の拡張型【親密方向】が現れる会話を対象とする。

本項で分析の対象とする会話事例の参加者は、WG と GE の2人である。表 5.3 に示した通り、WG は平民層、GE は貴族層であり、伝統的なカーストの社会階層の側面では、WG は GE よりも下（WG ＜ GE）である。一方、新しい社会階層の1つである職業の側面では、WG と GE は大学の同級生であるため、WG と GE は同等（WG ＝ GE）である。これらの伝統的社会階層と新しい社会階層の二重の身分的関係に基づくと、会話参加者 WG と GE

の間に期待されるバリ語の敬語使用パタンは、新しい規範である（ii）拡張型【尊敬方向】の「敬－敬」もしくは（iii）拡張型【親密方向】の「普－普」である。WGとGEはともに大学の同じヒンドゥー教関連の学生同好会のメンバーで親しい友人の関係であるため、（iii）拡張型【親密方向】である「普－普」の起きる可能性が高いと予測される。

表5.8では、表5.6と表5.7と同様に、この会話事例で実際に観察された敬語使用パタンには○の記号と度数を、観察されない敬語使用パタンには×の記号を付してある。なお、会話テキストおよび対話ペアの一覧は、付録2の会話事例3と表Ⅳに掲載してあるので参照してほしい。

WGとGEの二重の身分的関係と親密さの程度とから推測される通り、この2人の会話では、（iii）拡張型【親密方向】の（iii)-a「普－普」、（iii)-b「普/CM－普/CM」、（iii)-c「普/CM－普」、（iii)-d「普－普/CM」が主に現れた。（i）規範型「敬－普」は、やはり新しい社会階層の側面と親密さを重視した結果、避けられたと推察できる。

（ii）拡張型【尊敬方向】の（ii)-a「敬－敬」は、上で予測したようにカーストの身分関係を重視したために起こったのではない。このパタンは、会話開始部分の挨拶として現れたものである。このやりとりはバリ社会の個人レベルの会話におけるやりとりの中では珍しく、一般的には、主にヒンドゥー教に関係のある式典や集会でなされる挨拶の冒頭に現れるものである。しかし、WGとGEが属するヒンドゥー教関連同好会では、この挨拶が個人レベルで普通になされている。この会話では、そのメンバーであるWGとGEが、そこでの習慣にしたがっていると考えられる。

表5.8には示されていないが、1か所だけ平民層WGが普通語類を用い、貴族層GEが敬語類を用いる「普－敬」という規範型が逆転した奇妙な敬語使用パタンが見られた。それは、WGが普通語類ユニットで「元気か？」と尋ね、GEが敬語類ユニットで「元気です」とおどけた調子で答える対話ペアにおいてである。これは、GEが本来期待されない敬語類を冗談として用いることによって、（iii）拡張型【親密方向】の敬語使用パタンで親密さが示された会話に一種の文彩（あや）を付与したものと考えられる。この

5.7 バリ語の敬語使用における2方向の拡張型とインドネシア語の敬語的特徴

表 5.8　WG と GE の敬語使用パタン

表中の略称・記号が表す意味は次の通りである。「敬」：敬語類ユニット、「普」：普通語類ユニット、「イ」：インドネシア語ユニット、「CM」：発話にコード混在を含む、「＊」：理論上起こり得ないパタン、太字：原（1999）で観察されたパタン、「○」：観察されたパタン、「×」：観察されなかったパタン、（　）内の数字：当該パタンの頻度数

敬語使用パタン	実現の有無		WG（平民層）	—	GE（貴族層）
(i) 規範型	×	(i)-a	敬	—	普
	×	(i)-b	敬/CM	—	普/CM
	×	(i)-c	敬/CM	—	普
	×	(i)-d	敬	—	普/CM
(ii) 拡張型【尊敬方向】	○ (2)	**(ii)-a**	**敬**	—	**敬**
	×	(ii)-b	敬/CM	—	敬/CM
	×	(ii)-c	敬/CM	—	敬
	×	(ii)-d	敬	—	敬/CM
(iii) 拡張型【親密方向】	○ (1)	(iii)-a	普	—	普
	○ (5)	(iii)-b	普/CM	—	普/CM
	○ (2)	(iii)-c	普/CM	—	普
	○ (1)	(iii)-d	普	—	普/CM
(iv) B vs. I 型	×	**(iv)-a**	**敬**	—	**イ**
	×	(iv)-b	敬/CM	—	イ
	×	*(iv)-c	普	—	イ
	×	*(iv)-d	普/CM	—	イ
	×	(iv)-e	イ	—	普
	×	(iv)-f	イ	—	普/CM
	×	*(iv)-g	イ	—	敬
	×	*(iv)-h	イ	—	敬/CM
(v) インドネシア語型	×	(v)-a	イ	—	イ

　ようなレトリックとも呼ぶべき語用に、敬語法の変則的（破格的）適用が関与することは、言語の変異や変化のメカニズムを考える上で興味深い。しかしながら、レトリックと敬語的破格との関係は、将来の調査研究にゆずることにする。

　この WG と GE の会話事例では、2人の二重の身分関係から推測された通り、互いに普通語類を用いる（iii）拡張型【親密方向】が頻繁に観察され

た。次の事例には、その他に、どちらか一方の話者の発話ユニットがインドネシア語要素のみから構成される敬語使用パタンである（iv）B vs. I型が観察される。

5.7.4　会話事例4—拡張型【親密方向】とB vs. I型

本項で分析対象とする会話では、前項で扱った会話で見られた（iii）拡張型【親密方向】の他に、さらに（iv）B vs. I型が認められる。ここでは、（iii）拡張型【親密方向】と（iv）B vs. I型がどのような関係にあるのか、そしてインドネシア語がどのような機能を果たしているのかが問題となる。

ここで分析を行う会話事例には、KDと前項の会話参加者でもあったGEの2人が参加している。KDは平民層、GEは貴族層であり、伝統的な社会階層のカーストの側面から見ると、KDはGEよりも下位（KD＜GE）である。一方、新しい社会階層の1つである職業の側面から見ると、KDとGEは大学のクラスメートであり、彼らは同等（KD＝GE）である。このように、KDとGEの間にも前の3つの会話事例と同様に二重の身分関係が見られる。

KDとGEの間に期待されるバリ語の敬語使用パタンは、新しい規範である（ii）拡張型【尊敬方向】の「敬−敬」もしくは（iii）拡張型【親密方向】の「普−普」である。KDとGEは大学の同じヒンドゥー教関連同好会の親しい友人の関係であるため、（iii）拡張型【親密方向】に該当する「普−普」の起きる可能性が高いと予測される。

実際にKDとGEの会話で現れた敬語使用パタンは、表5.9の通りである。表中で用いる略称・記号は、前項までの会話事例と同様である。会話テキストと対話ペア一覧は、付録2の会話事例4と表Vに掲載してある。

KDとGEの二重の身分的関係と親密さの程度から期待される通り、(iii) 拡張型【親密方向】は、4つのパタン（iii）-a「普−普」、（iii）-b「普/CM−普/CM」、（iii）-c「普/CM−普」、（iii）-d「普−普/CM」が全部で20回現れている。それとは対照的に、もう1つの拡張型である（ii）拡張型【尊敬方向】は1つも現れない。また、(i) 規範型に該当する敬語使用パタンも

5.7 バリ語の敬語使用における2方向の拡張型とインドネシア語の敬語的特徴

表 5.9 KDとGEの敬語使用パタン

表中の略称・記号が表す意味は次の通りである。「敬」：敬語類ユニット、「普」：普通語類ユニット、「イ」：インドネシア語ユニット、「CM」：発話ユニットにコード混在を含む、「*」：理論上起こり得ないパタン、太字：原（1999）で観察されたパタン、「○」：観察されたパタン、「×」：観察されなかったパタン、（　）内の数字：当該パタンの頻度数

敬語使用パタン	実現の有無		KD（平民層）	—	GE（貴族層）
(i) 規範型	×	(i)-a	敬	—	普
	×	(i)-b	敬/CM	—	普/CM
	×	(i)-c	敬/CM	—	普
	×	(i)-d	敬	—	普/CM
(ii) 拡張型【尊敬方向】	×	**(ii)-a**	**敬**	—	**敬**
	×	(ii)-b	敬/CM	—	敬/CM
	×	(ii)-c	敬/CM	—	敬
	×	(ii)-d	敬	—	敬/CM
(iii) 拡張型【親密方向】	○ (4)	(iii)-a	普	—	普
	○ (5)	(iii)-b	普/CM	—	普/CM
	○ (6)	(iii)-c	普/CM	—	普
	○ (5)	(iii)-d	普	—	普/CM
(iv) B vs. I 型	×	**(iv)-a**	**敬**	—	**イ**
	×	(iv)-b	敬/CM	—	イ
	×	*(iv)-c	普	—	イ
	×	*(iv)-d	普/CM	—	イ
	○ (3)	(iv)-e	イ	—	普
	×	(iv)-f	イ	—	普/CM
	○ (1)	*(iv)-g	イ	—	敬
	×	*(iv)-h	イ	—	敬/CM
(v) インドネシア語型	×	(v)-a	イ	—	イ

まったく現れないが、こちらは新しい社会階層である職業の側面が重視されたため避けられたと考えられる。

　(iv) B vs. I 型に該当する敬語使用パタンは、2種類観察された。1つは、平民層のKDのみがインドネシア語を用い、貴族層のGEは普通語類を用いる (iv)-e「イ－普」である。もう1つは、平民層のKDのみがインドネシア語を用い、貴族層のGEは敬語類を用いる (iv)-g「イ－敬」である。

203

(iv)-e「イ−普」について解釈を試みよう。なぜKDのみがインドネシア語を用いるのだろうか。もしこの会話に主に現れる拡張型が（ii）拡張型【尊敬方向】の「敬−敬」であったならば、KDがバリ語の敬語類を上手く用いることができないためにインドネシア語を用いたと解釈することもできる。バリ語母語話者にとってもバリ語の敬語類を正しく用いるには意識的な訓練が必要であり、とくに若者には不得手とする者も多い。しかし、ここで現れている拡張型は、(iii) 拡張型【親密方向】に該当する (iii)-a「普−普」、(iii)-b「普/CM−普/CM」、(iii)-c「普/CM−普」、(iii)-d「普−普/CM」である（つまり敬語類が現れることはない）ため、その理由は当てはまらない。普通語類を不得手とするバリ語母語話者は非常に少ないと言ってよい。

では、(iv) B vs. I型に当てはまる (iv)-e「イ−普」はどう解釈できるだろうか。平民層のKDは貴族層のGEと親しい関係ではあるものの、おそらく、カーストの高いGEに対して普通語類を使うことはやや行き過ぎていると感じることがある。そうかと言って、KDが敬語類による発話を行うと、新しい社会階層の側面を考慮しない敬語使用パタンである (i) 規範型「敬−普」が実現してしまう。あるいは、KDが敬語類を用い、GEがそれに合わせて同じく敬語類を用いた場合、(ii) 拡張型【尊敬方向】が実現し、親しい間柄なのによそよそしくなってしまう。

このように、バリ語の敬語使用のみでは、KDが (iii) 拡張型【親密方向】「普−普」に感じる「行き過ぎ」は解消されない。そこで、図5.7の右側の部分に破線矢印によって示すように、KDは行き過ぎを引き戻すために、敬語的なニュアンスを避け、敬語的に中立のインドネシア語を選択したと解釈できるのではないだろうか。すなわち、身分が下の話者（平民層）が、(i) 規範型「敬−普」から (iii) 拡張型【親密方向】「普−普」への変化を行き過ぎと感じることがあり、その行き過ぎを規範型の方向に引き戻すために敬語的に中立のインドネシア語を選択したと考えられる[9]。

(iv) B vs. I型には、(iv)-e「イ−普」のほかに、(iv)-g「イ−敬」のパタンが1つ観察されていた。それは、KDがGEの普通語類での質問にインド

5.7 バリ語の敬語使用における2方向の拡張型とインドネシア語の敬語的特徴

```
原(1999)                    (i)規範型                      本書
                           ┌─────────┐
(iv)B vs. I型              │ 敬 ― 普 │                  (iv)B vs. I型
┌─────────┐                │（下）（上）│                 ┌─────────┐
│ 敬 ― イ │                └─────────┘                  │ イ ― 普 │
│（下）（上）│              ╱           ╲                │（下）（上）│
└─────────┘           尊敬方向         親密方向            └─────────┘
     ↖               ↙    拡 張    ↘                   ↗
      ╲             ↙                ↘                 ╱
   (ii)拡張型【尊敬方向】          (iii)拡張型【親密方向】
    ┌─────────┐                    ┌─────────┐
    │ 敬 ― 敬 │                    │ 普 ― 普 │
    │（下）（上）│                  │（下）（上）│
    └─────────┘                    └─────────┘
```

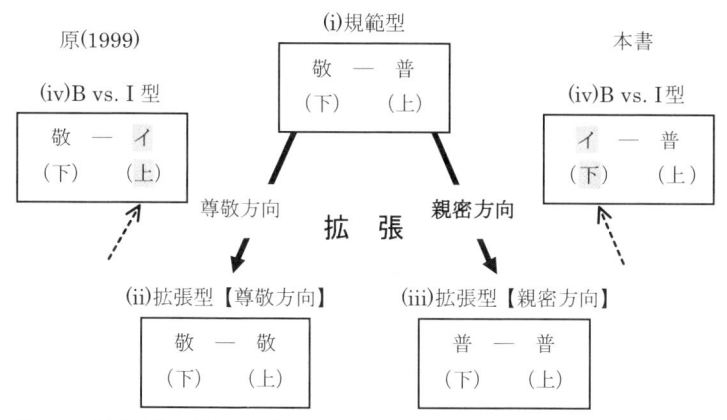

図5.7 規範的敬語使用から親密方向への拡張
「敬」は敬語類ユニット、「普」は普通語類ユニット、「イ」はインドネシア語ユニットを表す。「（上）」は話者の身分が上（貴族層）であること、「（下）」は話者の身分が下（平民層）であることを表す。「---→」は、拡張型から規範型の方向への引き戻しを表す。網掛けはインドネシア語を選択した話者を表す。

ネシア語で「元気だ」と答える前起ユニットとGEがバリ語敬語類で「お元気なのですか」とKDの答えを確認する後起ユニットとから構成される対話ペアにおいてである。しかしながら、2人の二重の身分的関係と親密さの程度に基づけば、これは明らかに伝統的な規範と新しい規範のいずれからも逸脱している。これはどのように解釈できるだろうか。

本来は、(iii) 拡張型【親密方向】が期待される2人の間には、この場合KDのインドネシア語の発話に対し、GEは普通語類の発話を行うことが予測されるはずである。しかし、GEは期待されない敬語類を冗談として用いることによって、会話に一種の文彩（あや）を付けようとしたと考えられる。このパタンの出現は、前項（5.7.3項）の (iii) 拡張型【親密方向】が期待されるWGとGEの会話に観察された、「普－敬」という規範型の逆転した奇妙な敬語使用パタンと類似している。同じようにGEは、KDとの会話においても、期待されない敬語類を用いることによって同様の効果を生み出そうとしたと思われる。しかし、他の話者にはそのような事例は認められず、GEの個人的な特徴である可能性もある。したがって、この会話事

例に現れた (iv)-g「イ-敬」は例外的なパタンであり、上で述べた解釈と矛盾するものではない。

　この会話事例において先ほど提案したインドネシア語が果たす中立的な機能に関する解釈は、身分が下の話者（平民層）がインドネシア語を用いる (iv)-e「イ-普」のパタンに基づいていたが、一方、5.7.2項で見られたB vs. I型は身分が上の話者（貴族層）がインドネシア語を用いる (iv)-a「敬-イ」と (iv)-b「敬/CM-イ」であった。また、原（1999）で見られたB vs. I型も (iv)-a「敬-イ」であった。本項の会話事例に見られた身分が下の話者（平民層）がインドネシア語を用いるB vs. I型（図5.7の右側）と、5.7.2項および原（1999）における身分が上の話者（貴族層）がインドネシア語を用いるB vs. I型（図5.7の左側）は、どのような関係にあるのだろうか。これら2つを比較してみよう。以下の表5.10と表5.11を注目してほしい。

　表5.10と表5.11は、規範型から2方向の拡張型への移行、そして拡張

表5.10　拡張型【尊敬方向】の行き過ぎを引き戻すために身分が上の話者が行うインドネシア語の選択

	カースト低	カースト高
(i) 規範型	敬語類	普通語類
↓	‖	≠
(ii) 拡張型【尊敬方向】	敬語類	敬語類
↓	‖	≠
(iv) B vs. I型	敬語類	インドネシア語

表5.11　拡張型【親密方向】の行き過ぎを引き戻すために身分の下の話者が行うインドネシア語の選択

	カースト低	カースト高
(i) 規範型	敬語類	普通語類
↓	≠	‖
(iii) 拡張型【親密方向】	普通語類	普通語類
↓	≠	‖
(iv) B vs. I型	インドネシア語	普通語類

5.7　バリ語の敬語使用における2方向の拡張型とインドネシア語の敬語的特徴

型からB vs. I型への移行における話者2人（平民層と貴族層）の敬語語彙の選択を示したものである。表5.10の拡張型は（ii）拡張型【尊敬方向】、表5.11の拡張型は（iii）拡張型【親密方向】である。原（1999）で扱った事例で現れた拡張型と5.7.3項の事例で現れた拡張型は、（ii）拡張型【尊敬方向】である。一方、本項の事例で現れた拡張型は（iii）拡張型【親密方向】である。表5.10と表5.11とを比較すると、インドネシア語を選択する話者について、以下の2つの事実に気づく。

（1）拡張型が尊敬方向か親密方向かによって、インドネシア語を選択する話者のカーストは異なる。つまり（ii）拡張型【尊敬方向】では貴族層が、（iii）拡張型【親密方向】では平民層がインドネシア語を選択している。この事は、インドネシア語を選択する話者は、カーストから予測できないことを意味する。
（2）規範型（従来の規範）から拡張型（新しい規範）に移行した際、使用する敬語語彙クラスが変化する側の話者がインドネシア語を選択する[10]。たとえば、表5.10が示すように、尊敬方向への拡張のために普通語類から敬語類へ使用する敬語語彙クラスを変えざるを得なくなった貴族層の話者は、その代わりにインドネシア語を選択する。同様に、表5.11が示すように、親密方向への拡張のために敬語類から普通語類へ使用する敬語語彙クラスを変えざるを得なくなった平民層の話者は、その代わりにインドネシア語を選択する。

この2つの事実は、いったいどのように説明することができるだろうか。おそらく、次のようなメカニズムが働いていると考え得るだろう。すなわち、規範型から拡張型に変化した際、使用する敬語語彙クラスが変化する側の話者が拡張型への変化を行き過ぎと時に感じることがある。その話者は、その行き過ぎを規範型の方向にやや引き戻すために、敬語的ニュアンスのないインドネシア語を選択する。これは両方向の拡張型に適用され、インドネシア語の使用は、貴族層にとっては平民層への行き過ぎた敬意を、

平民層にとっては貴族層への行き過ぎた親密さを緩和する機能を果たしている——このように解釈することができる。

5.7.5　会話事例5—拡張型【親密方向】とB vs. I型

前項では、(iii) 拡張型【親密方向】と (iv) B vs. I型の敬語使用パタンを含むKDとGEによる会話事例を分析した結果、次のような解釈を提案した。すなわち、平民層のKDが、規範的敬語使用から互いに普通語類を用いる (iii) 拡張型【親密方向】への変化を行き過ぎと感じることがあり、それを規範的敬語使用の方向にやや引き戻すために、敬語的に中立なインドネシア語を選択し、(iv) B vs. I型が実現したという解釈をおこなった。本項では、最後に、(iii) 拡張型【親密方向】と (iv) B vs. I型のパタンを含む、もう1つの会話事例を考察する。この締めくくりに取り上げるケースは、観察される敬語使用パタンは前項と同じであるものの、それらが現れるプロセスがやや異なる変則的な場合である。

この会話には、PとGLの2人が参加している。表5.3で示したように、Pは平民層であり、GLは貴族層であるため、カーストに基づく社会階層ではPがGLよりも下（P＜GL）である。新しい階層の1つである職業の面では、2人とも大学教師であるが、PはGLの上司であり、GLはPにとって大学の元教え子であるため、PはGLよりも上（P＞GL）である。このように、これまで見てきた4ケースとまったく同様に、会話参加者の間に二重の身分的関係が見られる。その関係から期待されるバリ語の敬語使用パタンは、(ii) 拡張型【尊敬方向】「敬－敬」である。(iii) 拡張型【親密方向】「普－普」は、PとGLが親しい場合には起こりうる。

この会話事例に実際に観察される敬語使用パタンとそれらが現れる頻度は、表5.12に示した。会話テキストと対話ペア一覧は、付録2の会話事例5と表VIに掲載してある。

この会話で観察される敬語使用パタンとそれらの頻度から、次の3つの問題が浮かび上がる。

(1) (i) 規範型は、新しい社会階層（職業）におけるPとGLの身分関係

5.7 バリ語の敬語使用における2方向の拡張型とインドネシア語の敬語的特徴

表 5.12　PとGLの敬語使用パタン

表中の略称・記号が表す意味は次の通りである。「敬」：敬語類ユニット、「普」：普通語類ユニット、「イ」：インドネシア語ユニット、「CM」：発話ユニットにコード混在を含む、「*」：理論上起こり得ないパタン、太字：原（1999）で観察されたパタン、「○」：観察されたパタン、「×」：観察されなかったパタン、（　）内の数字：当該パタンの頻度数

敬語使用パタン	実現の有無		P（平民層）	—	GL（貴族層）
(i) 規範型	○ (1)	(i)-a	敬	—	普
	○ (5)	(i)-b	敬/CM	—	普/CM
	○ (5)	(i)-c	敬/CM	—	普
	○ (4)	(i)-d	敬	—	普/CM
(ii) 拡張型【尊敬方向】	×	**(ii)-a**	**敬**	—	**敬**
	×	(ii)-b	敬/CM	—	敬/CM
	○ (2)	(ii)-c	敬/CM	—	敬
	×	(ii)-d	敬	—	敬/CM
(iii) 拡張型【親密方向】	○ (6)	(iii)-a	普	—	普
	○ (9)	(iii)-b	普/CM	—	普/CM
	○ (2)	(iii)-c	普/CM	—	普
	○ (5)	(iii)-d	普	—	普/CM
(iv) B vs. I型	×	**(iv)-a**	**敬**	—	**イ**
	×	(iv)-b	敬/CM	—	イ
	×	*(iv)-c	普	—	イ
	×	*(iv)-d	普/CM	—	イ
	○ (4)	(iv)-e	イ	—	普
	○ (1)	(iv)-f	イ	—	普/CM
	×	*(iv)-g	イ	—	敬
	×	*(iv)-h	イ	—	敬/CM
(v) インドネシア語型	×	(v)-a	イ	—	イ

を考慮に入れると、期待されないにもかかわらず、(i)-b「敬/CM－普/CM」、(i)-c「敬/CM－普」、(i)-d「敬－普/CM」が観察され、全部で15回認められた。この数字は、他と比べても決して低い頻度とは言えない。なぜ2人の身分的関係から期待されない (i) 規範型の頻度が高いのだろうか。

（2）この会話では、PとGLの身分関係から期待される拡張型は、尊敬方

向では (ii)-c「敬/CM－敬」が2回しか観察できなかった。一方、親密方向は、(iii)-a「普－普」、(iii)-b「普/CM－普/CM」、(iii)-c「普/CM－普」、(iii)-d「普－普/CM」の4つのパタンにおいて計22回という比較的高い頻度で観察された。実は、後でわかる通り、これらの (iii) 拡張型【親密方向】は、2人が親しいために現れているのではない。では、なぜ (iii) 拡張型【親密方向】が比較的高い頻度で認められるのだろうか。

(3) 上記の問題、(1) と (2) をふまえると、前項で提案した (iv) B vs. I 型に関する解釈は、この会話に通用するだろうか（ここで見られる (iv) B vs. I 型は、(iv)-e「イ－普」と (iv)-f「イ－普/CM」である）。

以下、3つの敬語使用パタンに関する問題の説明を試みる。(i) 規範型、(iii) 拡張型【親密方向】、(iv) B vs. I 型の3タイプの敬語使用パタンの出現は、3つの段階を経て展開する、一連の敬語使用パタンの変化の過程として解釈できる。その過程の要点をわかりやすく表現したものが、図5.8である。図5.8を参照しながら、上記の問題を論じていく。

図5.8は、縦方向には3つのコラムから成る。左のコラムは話者Pの選択する敬語語彙クラス、右のコラムは話者GLの選択する敬語語彙クラス、真ん中のコラムはPとGLが選択した結果実現した敬語使用パタンである。PとGLのコラムには、PとGLがその敬語語彙クラスを選んだ理由を記しており、その部分には網かけを施してある。横方向には3段階に分かれており、その3段階によって敬語使用パタンの変遷を示している。上記の (1)、(2)、(3) の問題は、それぞれ図5.8の第1段階、第2段階、第3段階に該当する問題である。段階順に各問題を見ていこう。

(1) なぜ規範型が多く認められるのか

上で提起した (1) の問題を論じる。図5.8の第1段階を見てほしい。第1段階では、PとGLの身分的関係から期待されない (i) 規範型の (i)-a「敬－普」、(i)-b「敬/CM－普/CM」、(i)-c「敬/CM－普」、(i)-d「敬－普/CM」

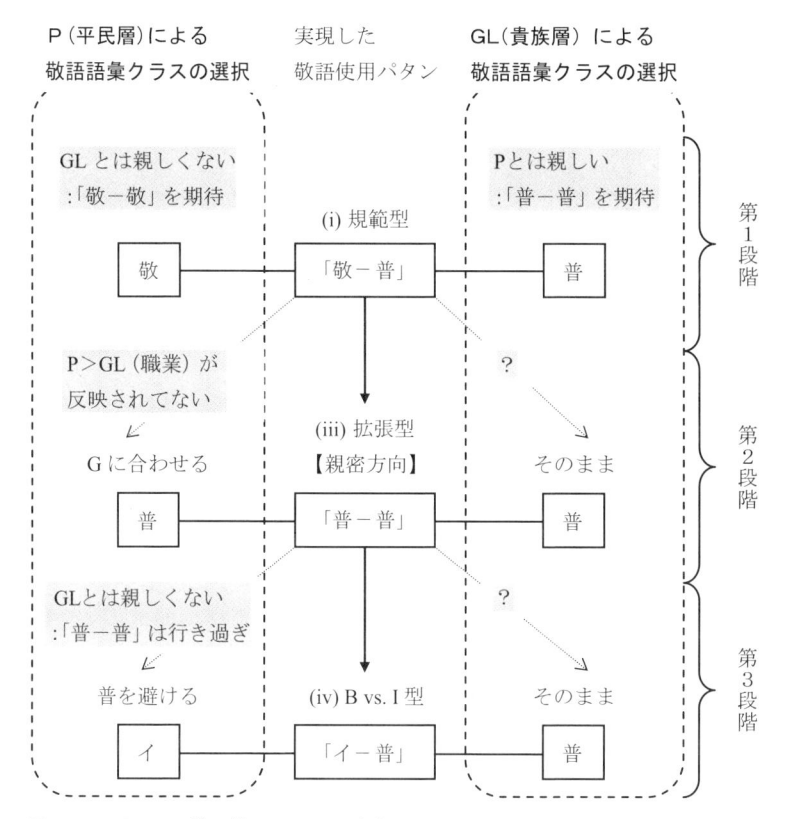

5.7 バリ語の敬語使用における2方向の拡張型とインドネシア語の敬語的特徴

```
P(平民層)による              実現した              GL(貴族層)による
敬語語彙クラスの選択         敬語使用パタン         敬語語彙クラスの選択
```

```
  GLとは親しくない                             Pとは親しい
  :「敬－敬」を期待                           :「普－普」を期待         ┐
                        (i) 規範型                                    │ 第
                                                                      │ 1
   [敬] ─────────── 「敬－普」 ─────────── [普]                        │ 段
                                                                      │ 階
                              │         ？                          ┘
  P>GL(職業)が                 │         ↘
  反映されてない                 │                                     ┐
   ↓                            ↓                                     │ 第
  Gに合わせる           (iii) 拡張型        そのまま                   │ 2
                       【親密方向】                                   │ 段
   [普] ─────────── 「普－普」 ─────────── [普]                        │ 階
                              │         ？                          ┘
  GLとは親しくない               │         ↘
  :「普－普」は行き過ぎ            │                                   ┐
   ↓                            ↓                                     │ 第
  普を避ける            (iv) B vs. I 型      そのまま                  │ 3
                                                                      │ 段
   [イ] ─────────── 「イ－普」 ─────────── [普]                        │ 階
                                                                      ┘
```

図 5.8　PとGLの敬語使用パタンの変化
「敬」は敬語類ユニット、「普」は普通語類ユニット、「イ」はインドネシア語ユニットを表す。網かけを付した部分は、PとGLがそれぞれの敬語語彙クラスを選択した理由を表す。

が比較的高頻度で現れる（計15回）。なぜ（i）規範型のパタンが現れたのだろうか。この理由は、次のように推測することができる。すなわち、PとGLがそれぞれ感じている2人の親密さの程度に差があることが原因となり、2人が目指す敬語使用パタンが違うためであると考えられる。

　PはGLとの関係をそれほど親密ではないと捉えているのに対し、一方GLはPとの関係を親密であると捉えている。その結果、PにとってGLは元教え子であると同時に部下、すなわち新しい社会階層（職業）の面ではPよ

り下であるものの、PはGLの貴族層のカーストを尊重し、(ii) 拡張型【尊敬方向】「敬−敬」を目指すために、敬語類を含む発話を行う。

それに対して、GLは、Pはかつての先生であると同時に現在上司であるものの、Pとは親しい関係であると捉えているため、(iii) 拡張型【親密方向】「普−普」を目指し、普通語類を選択する。このような2人の親密さに関する認識の違いによって、(i) 規範型に該当する (i)-b「敬/CM−普/CM」、(i)-c「敬/CM−普」、(i)-d「敬−普/CM」の敬語使用パタンが生じたと考えられる。これが、図5.8の第1段階に相当する。

(2) なぜ拡張型【親密方向】が多く認められるのか

次の第2段階では、(iii) 拡張型【親密方向】に移行する。このタイプは、(i) 規範型と同じ程度頻繁に見られる敬語使用パタンであり、(iii) 拡張型【親密方向】の (iii)-a「普−普」、(iii)-b「普/CM−普/CM」、(iii)-c「普/CM−普」、(iii)-d「普−普/CM」が全部で22回見られる。しかしながら、先述したように、このパタンは、PとGLが互いに親しいと感じているために起こっているのではない。そこで、なぜ (iii) 拡張型【親密方向】が実現したかが問題となる。

これらの (iii) 拡張型【親密方向】のパタンは、(i) 規範型から変化したものと捉えることができる。Pにとっては、第1段階で実現した (i) 規範型「敬−普」は、新しい社会階層を考慮した2人の身分的関係（P＞GL）に基づくと、不適切と感じられたと考えられる。職業の側面におけるP＞GLの関係を反映させるためには、敬語使用パタンは、互いに同じ敬語語彙クラスを選択する拡張型である必要がある。しかし、先に見たように、(ii) 拡張型【尊敬方向】「敬−敬」は成立しなかった。そこでPは、GLと親しいと感じている訳ではないが、(iii) 拡張型【親密方向】「普−普」を目指し、普通語類を選択することによって、GLと同じレベルの敬語使用を行うことを選んだ。

一方、GLは、理由は不明であるが、第1段階と同様に普通語類を選択する。その結果、親しい関係の話者の間に見られる (iii) 拡張型【親密方向】

5.7 バリ語の敬語使用における2方向の拡張型とインドネシア語の敬語的特徴

である (iii)-a「普−普」、(iii)-b「普/CM−普/CM」、(iii)-c「普/CM−普」、(iii)-d「普−普/CM」が実現したのである。

（3） B vs. I 型はどのような機能を果たしていると解釈できるか

第3段階では、(iv) B vs. I 型の (iv)-e「イ−普」と (iv)-f「イ−普/CM」というパタンが現れる。この (iv) B vs. I 型の機能は、前項と同じように解釈できるだろうか。

(iv) B vs. I 型は、(iii) 拡張型【親密方向】から移行したものと捉える。第2段階で (iii) 拡張型【親密方向】「普−普」が実現したものの、PはやはりGLと互いに普通語類を用いるほど親しくはなく、拡張が行き過ぎていると感じたのだろう。そのため、「普−普」のパタンが続くことを避けるために、Pは敬語的に中立な性格を持っているインドネシア語（cf.第5.6節）を選択したと考えられる。この段階においても、GLは、理由は不明であるが、引き続き普通語類を用いる。このようにして、Pがインドネシア語を用いる (iv) B vs. I 型が実現したと考えられる。

このような3段階を経た敬語使用パタンの変遷において、PとGLの選択する語彙クラスを比較すると、図5.8からもわかる通り、Pは敬語類、普通語類、インドネシア語の順で交替し、GLは3段階を通して一貫して普通語類である。すなわち、使用する敬語語彙クラスは、Pは変化し、一方GLは変化しない。このように、インドネシア語を選択した話者は、(i) 規範型から (iii) 拡張型【親密方向】へ移行する際に使用する敬語語彙クラスが交替した側の話者である。これは、表5.11で示した、インドネシア語を選択する話者と一致している。

ただし、この事例は、前項で分析した会話事例とは違い、2人の話者が予測した敬語使用パタンタイプが一致しなかったために、片方が感じたであろう違和感の解消を試みるという変則的な例である。この事例でPがインドネシア語を選択したのは、前項で提案したような「拡張型への変化の行き過ぎを規範型の方向にやや引き戻すため」ではなく、実現した拡張型がPのそもそも期待する方向である【尊敬方向】ではなかったためである。

しかし、このような変則的な事例においても、規範型から拡張型に移行する際にインドネシア語を選択するのは、使用する敬語語彙クラスが変化した側の話者であり、バリ敬語的に中立のインドネシア語を使うことによって、違和感を軽減しようとしていると解釈できる。したがって、前項で行った解釈は、「使用する敬語語彙クラスが変化した側の話者が、敬語的に中立のインドネシア語を選択する」という部分に関しては、PとGLの会話にも有効であると言える。

最後に、今述べた解釈が予測する、PとGLの会話事例で見られた敬語使用パタンの変遷とは異なる展開の可能性について触れておこう。この事例では、使用する敬語語彙クラスを交替させていたのはPのみであり、GLはずっと普通語類を用いていた。しかし、可能性としては、実際とは逆に、GLの側が使用する敬語語彙クラスが交替し、Pのそれは交替しないという展開の仕方もあり得る。この実際とは逆の展開の仕方を示したのが図5.9である。

この場合、第1段階の（i）規範型「敬－普」から、第2段階でGLがPに合わせて敬語類を選択することによって、(ii) 拡張型【尊敬方向】の「敬－敬」が実現する。しかし、第3段階では、GLはPとの関係を (ii) 拡張型【尊敬方向】「敬－敬」を選択するほどあらたまったものではないと感じ、(ii) 拡張型【尊敬方向】が続くのを避けようとする。その手段として、GLはインドネシア語を選択し、PとGLの間に (iv) B vs. I型の「敬－イ」が実現する。

このように「規範型から拡張型へ移行した際に使用する敬語語彙クラスが変化した側の話者が、インドネシア語を用いる」という解釈（モデル）は、図5.9で示すような図5.8のちょうど裏返しにあたるシナリオを予測する。私の見通しでは、図5.9のようなケースは十分あり得る。この検証は、今後の課題であるが、その検証には次の2つを行うことが必要である。1つは、会話コーパスの拡大によって、図5.9に該当する実際の会話事例を見つけることである。それと同時に、バリ人に図5.9のシナリオ（つま

5.7 バリ語の敬語使用における2方向の拡張型とインドネシア語の敬語的特徴

りGLが敬語語彙クラスを交替させるような展開）があり得るかどうかを尋ねるというやり方で、バリ人の言語意識に照らし合わせる必要がある。

もし、このような検証によって、本項で扱った会話事例とは逆の展開（つまり図5.9）のケースが起きないということが明らかになった場合、次の問題に取り組む必要がある。その問題は、なぜPの側のみに語彙クラスの交替が起き、GLには起きないのかということである。

以上、本項では、前項とはやや異なる変則的な事例を用い、その事例に

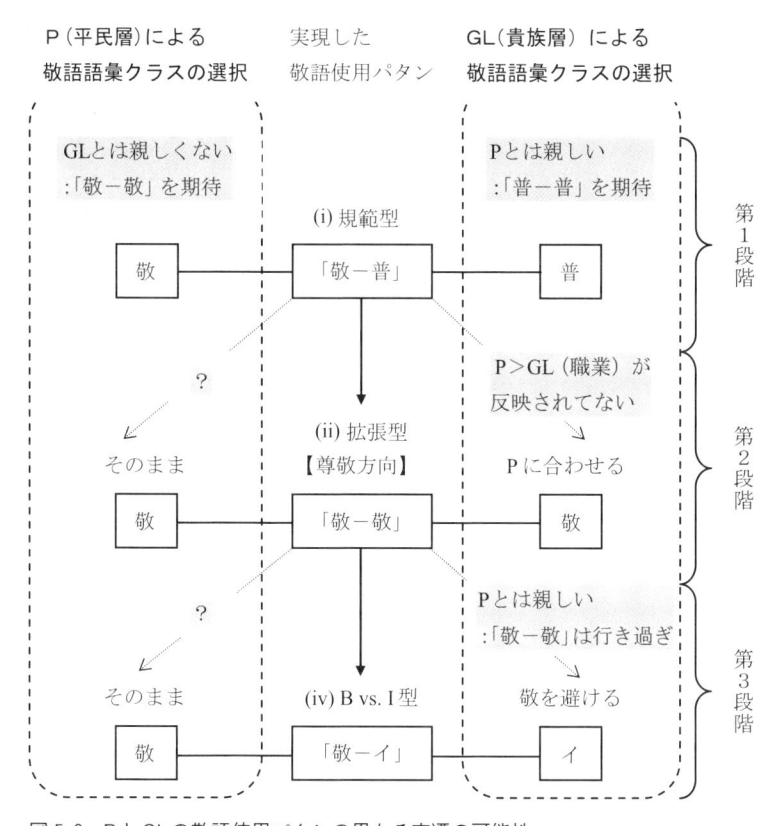

図5.9 PとGLの敬語使用パタンの異なる変遷の可能性

「敬」は敬語類ユニット、「普」は普通語類ユニット、「イ」はインドネシア語ユニットを表す。網かけを付した部分は、PとGLがそれぞれ敬語語彙クラスを選択した理由を表す。

おいても前項の解釈が有効であることを述べた。そして、最後に、その解釈が、分析した会話事例とは逆の展開のシナリオを予測する可能性について触れた。次項では、5つの会話事例の分析によって明らかになった点を改めて確認する。

5.7.6　BIコード混在の会話におけるインドネシア語の敬語的機能

5.7節を通して、5ケースの会話事例に基づき、BIコード混在の現象を敬語使用との相互作用という側面から考察し、そこでBIコード混在がどのような機能を果たしているかという問題を明らかにしようと試みた。その議論の重要な点をここで要約しておこう。

5.7.1項で扱ったKとGSの会話および5.7.2項で扱ったPとGAの会話では、両者が敬語類を用いる（ii）拡張型【尊敬方向】が観察された。そのうち、5.7.2項のPとGAの会話では、さらに貴族層GAの発話ユニットがインドネシア語要素のみから成る（iv）B vs. I型が観察された。このGAのインドネシア語の選択については、原（1999）の提案する下記のような解釈がそのまま適用できるということが確認された。

原（1999）の解釈は、次のような社会的に二重構造の関係をもつ2人の話者の間の会話に成り立つ。すなわち、一方が平民層カースト、もう一方が貴族層カーストという出自の階層の差があり、反対に職業の面では平民層カーストが貴族層カーストにくらべて地位が高いという二重の身分関係の話者による会話である。原（1999）では、このような二重の身分関係をもつ2者の間において、このような解釈を提案した。すなわち、身分が下の話者（平民層）が敬語類を用い、身分が上の話者（貴族層）が普通語類を用いる敬語使用の「従来の規範」から平民層と貴族層が互いに敬語類を用いるという「新しい規範」への変化は、身分が上の話者（貴族層）にとって、規範からの拡張の行き過ぎと感じられる場合があり、敬語類のかわりに敬語的に中立な性質をもつインドネシア語を用いる（つまりここではB vs. I型が現れる）ことによって、拡張の行き過ぎを引き戻しているというものである。つまり、インドネシア語を用いることは、拡張の許容範囲

5.7 バリ語の敬語使用における2方向の拡張型とインドネシア語の敬語的特徴

を規範の方向にやや引き戻す機能を果たしていると解釈することができる。

次に、5.7.3項のWGとGEによる会話事例では、互いに普通語類を用いる（iii）拡張型【親密方向】が認められた。5.7.4項のKDとGEによる会話事例においても（iii）拡張型【親密方向】が認められ、さらに身分が下の話者（平民層）のKDがインドネシア語を用い、身分が上の話者（貴族層）が普通語類を用いる（iv）B vs. I型も認められた。この平民層の側がインドネシア語を用いる（iv）B vs. I型を次のように解釈した。すなわち、身分が下の話者（平民層）が敬語類を、身分が上の話者（貴族層）が普通語類を用いる（i）規範型の敬語使用パタンから互いに普通語類を用いる（iii）拡張型【親密方向】への変化は、平民層にとって行き過ぎと感じられることがあり、敬語的に中立なインドネシア語を用いることによって、その拡張の行き過ぎを規範型の方向に引き戻しているというものである。

このように、私の解釈は、(1) 拡張型【尊敬方向】と拡張型【親密方向】は、いずれもB vs. I型に移行する可能性がある、(2) その移行は規範的な敬語使用パタンからの拡張が行き過ぎであると感じられることに起因している、という2点に要約できる。

さらに、両方向の拡張型とそれぞれの拡張型とともに現れるB vs. I型を観察することによって、拡張型からB vs. I型へ移行するメカニズムに新たな解釈を付け加えることが可能となった。まず、使用する敬語語彙クラスが規範型と異なる話者は、拡張型【尊敬方向】では貴族層、拡張型【親密方向】では平民層であった。そのような拡張型とB vs. I型を2つの方向の間で対比してみると、インドネシア語を選択したのは、いずれも規範型から拡張型に移行した際に使用する敬語語彙クラスが変化した側の話者であることがわかった。この事実から、B vs. I型が現れるメカニズムを次のように発展的に解釈することができる。

（1）話者の間には、二重の身分関係がある。つまり、伝統的な社会階層であるカーストの側面では差があり、反対に新しい社会階層（職業）の側面ではカーストの低い側がカーストの高い側にくらべて上位あるいは同等である。

217

（2）規範型から拡張型へ移行する際、拡張型が尊敬方向でも親密方向でも、規範型と異なる敬語語彙クラスを選択する話者がインドネシア語を選択する。
（3）インドネシア語選択の理由は、敬語語彙クラスを交替した話者が、規範の拡張が行き過ぎていると感じることがあり、つまり貴族層にとっては平民層への敬意が、平民層にとっては貴族層への親密さが行き過ぎていると感じることがあり、拡張を規範の方向にやや引き戻そうとしたためである。その手段として、敬語的に中立であるインドネシア語を選択した。

5.8　本章の要約

　本章では、BIコード混在の現象をバリ語の敬語使用と関連づけることによって、BIコード混在が会話においてどのような機能を果たしているかという問題を議論した。本章を終えるにあたり、各節でおこなったことを要約しておく。

　はじめに、5.2節では、議論のために必要なバリ語の敬語使用を理解するために、敬語セットを形成する語彙要素の交替によって複数の敬語的レベルの異なる文が生成されることを中心に、バリ語の敬語法の要点を述べた。次に、5.3節では、社会構造の変化とともにバリ語敬語使用に変化が見られるというバリ語敬語研究の文脈で指摘されている現象を、バリ語敬語使用の許容範囲の拡張と捉え直した。そして、この現象とBrown and Gilman（1960）によるPower and Solidarityの原理との関連性という理論的な問題についても触れた。続いて、5.4節では、このバリ語敬語使用の許容範囲の拡張がどのような身分関係の話者の間で起き得るのかを伝統的な社会階層であるカーストと近代的な社会階層である職業の2つの指標から明らかにした。すなわち、平民層と貴族層というカーストの差がある一方で、職業の面では平民層が貴族層にくらべて上、あるいは同等の地位にあるという二重構造の関係をもつ話者による会話においてである。そして、

このような身分関係にあてはまる話者が参加する会話事例である 5 例を認定した。次いで、5.5 節では、会話事例の具体的な分析のために、会話の内部構造の単位として、Scheglo ら による隣接ペアに基づき、新たに導入した対話ペアという概念を用いて、観察が確認された敬語使用パタンを分類・提示した。5.6 節では、インドネシア語をバリ語の敬語類・普通語類と比較することによって、敬語的にはインドネシア語が敬意性・親密性に関与しない中立の特徴をもつことを示した。最後に、5.7 節では、5.4 節であげた 5 例の会話事例を詳細に分析した。その結果、原（1999）で提案した拡張型【尊敬方向】に関する解釈を、拡張型【親密方向】にも発展させることができた。平民層が敬語類、貴族層が普通語類を用いる従来の規範型から互いに敬語類を用いる拡張型【尊敬方向】あるいは普通語類を用いる拡張型【親密方向】への変化を、尊敬方向・親密方向のどちらの方向であれ、同様の原理で解釈することが可能であることを示した。すなわち、規範型とは異なる敬語語彙クラスを用いる話者の側が拡張を行き過ぎと時に感じる場合があり、敬語的に中立なインドネシア語を用いることによって、拡張の行き過ぎを規範型の方向にやや引き戻す機能を果たしているという解釈を提案した。

注

1) もちろん、これらの文に汎用語類の要素も含まれる可能性があり、そのことによって敬語レベルに影響を与えることはない。
2) "Dalam pergaulan saat ini yang sangat akrab antara kawan yang sudah dikenal betul pengacauan pemakaian Basa Andap dalam pergaulan antarwangsa atau juga antargolongan seakan sudah mulai dianggap biasa."（Udara Naryana 1983: 36）
3) 吉田（1992）はバリ語とインドネシア語の発音に近い「カスタ」と呼ぶが、本書では、より一般的な名称である「カースト」の用語を用いる。
4) ただし、会話事例 41 番と 56 番も、5.4.1 項で述べた話者の身分関係、すなわちカーストの差がある関係で、職業の側面でカーストの高い方がカーストの低い方と同等もしくは格下であるという話者関係にあてはまるが、短すぎるため、分析対象に含めない。
5) 本章の初出論文である原（2009b）では議論を簡潔でわかりやすくするために、発話ユニット内のコード混在が見られるパタン、つまり (i)-b, (i)-c, (i)-d, (ii)-b, (ii)-c, (ii)-d, (iii)-b, (iii)-c, (iii)-d, (iv)-b, (iv)-f, (iv)-g を除き分析した。
6) 本章の初出論文である原（2009b）では「BI 型」と呼んでいた。
7) 注 10 を参照。

第5章　BIコード混在と敬語使用の相互作用

8) Moeliono（1986：62-65）では、音韻論、形態統語論、統語論、語彙目録の各分野で2つの変種の差を例示している。
9) KDがインドネシア語を用いる（iv）B vs. I型、つまり（iv)-e「イー普」のパタンにおけるKDの発話ユニットは極めて短い。もし、コード交替の"効果"というものがあり、それが発話ユニットの長さと関連するならば、このKDの発話ユニットはコード交替の効果が弱いと言えるかもしれない。しかし、今のところコード交替の効果およびとその発話ユニットの長さとの関係については不明である。
10) 言い換えると、規範型と拡張型の両方に同じ敬語語彙クラスを用いている話者は、決してインドネシア語を選択しないことになる。表5.4で＊が付されている（iv)-c,（iv)-d,（iv)-g,（iv)-hがまさにこれに該当することに注意されたい。

第6章

結論

　以上の章において、バリ言語社会の理解にとって非常に重要なBIコード混在がいかなる現象なのか明らかにしようと試みてきた。本書で扱おうとしたBIコード混在は、私がバリ社会において典型的であると判断する、バリ語母語話者による、バリ語がインドネシア語にくらべてより優勢なBIコード混在であった。そのようなバリ語優勢の非対称的BIコード混在を扱うために、要素数に基づき、2言語の要素が拮抗しているか、バリ語要素がインドネシア語要素よりも優勢な会話を認定し分析対象のコーパスとした。そこに現れたBIコード混在を、新しく導入した表示法によって記述しながら、統語構造、談話構造、敬語使用の視点から考察・分析をおこなった。その結果、BIコード混在について何が明らかになったかを、以下に要約して述べる。さらに、その内容をふまえ、BIコード混在にかかわる今後の研究課題についても述べる。

　まず、BIコード混在現象を考察するにあたり、交替領域と非交替領域という2つの概念を導入し、BIコード混在文の構成要素が相互にもつ階層構造を形式的表示によって明らかにする枠組みを新たに提案した。このような枠組みに基づいて、BIコード混在を記述しながら、以下の3つの問題を考察した。

第6章 結　論

（1）統語構造においてBIコード混在は、どのような規則性を示すか。
（2）談話構造においてBIコード混在は、どのような機能を果たすか。
（3）BIコード混在は、バリ語の敬語使用とどのような相互作用を起こしているか。

これらの問題の考察結果の要点を以下に述べる。

　統語構造とBIコード混在の分布的関係を考察した結果、次のことが明らかになった。まず、主語、述語、付加詞の文構成要素の違いによってBIコード混在の比率に差があること、3つの文構成要素間にBIコード混在の分布の偏りがあることがわかった。次に、主語、述語、付加詞それぞれを形成する句におけるBIコード混在を、主要部のみから成るか、主要部と指定部の両方から成るか、という句構造の違いに注目して観察し、そして主要部と指定部のどちらにBIコード交替が起きているかを観察した結果、3つの文構成要素に一貫したBIコード混在の分布の偏りは認められなかった。しかし、付加詞において主要部のみから成る副詞句にはBIコード交替が起きている事例がきわめて多く観察され、それは他の文構成要素にはない偏りであった。BIコード交替が起きている副詞句の多くは談話マーカーとして機能する接続詞と文副詞であり、なぜ談話マーカーとして機能する接続詞と文副詞にBIコード交替が起きるのかという問題が浮かび上がった。この問題については、談話構造の視点を取り入れることによって、原（2000）、原（2001）、原（2002）で「談話マーカーは一般的にポーズやイントネーションによって際立たせられる性質をもつことに注目し、談話マーカーにおけるBIコード混在が接続詞と接続詞的な副詞である談話マーカーを際立たせる機能を果たす」という解釈を提案している。本書では、Azuma（1997）の主張に批判的に触れながら、この解釈を再検討し、拡大した事例においても支持されることを示した。

　また、バリ語とインドネシア語は形態統語構造が非常に類似し、BIコード混在文においてどちらの言語をML（基盤言語）であるか特定することが困難である中で、例外的に形態統語規則が大きく異なる文法領域として受身構文があることを指摘し、この構文を含むBIコード混在文を考察した。

その結果、受身構文を含むBIコード混在文に限り、そこに現れるBIコード混在がMyers-Scotton流のコードスイッチングと捉えられることができる可能性が示された。すなわち、受身構文が含まれるBIコード混在文は、2言語の形態統語規則の違いから、どちらの言語をMLとしているのか特定でき、BIコード混在をバリ語からインドネシア語へのコードスイッチングあるいはインドネシア語からバリ語へのコードスイッチングと捉え直すことができた。

　そして、バリ語がMLと解釈できる受身構文が、インドネシア語がMLと解釈できる受身構文に比べて、圧倒的に多く観察された。もし受身構文がBIコード混在においてMLとEL（挿入言語）がそれぞれ何であるかを示すインディケーターとして機能しているとすると、上の結果は、本書で分析対象としたバリ語要素優勢のBIコード混在の会話において、MLがバリ語、ELがインドネシア語である傾向が強いことを示唆している。本書で扱う会話コーパスの設定の際に、どちらのコードが優勢であるかを示すものとして要素数を用いたが、ここに見られるバリ語とインドネシア語の非対称性は、受身構文の分析結果が示す非対称性に一致している。つまり、BIコード混在という事例においても、従来の理論的概念であるMLとELを認定する可能性があり、本書の会話コーパスにおいてバリ語＝MLと解釈できる文がインドネシア語＝ELと解釈できる文にくらべて圧倒的に多いという結果は、バリ語がインドネシア語に比べて優勢であるという非対称性と呼応している。

　敬語使用の側面からは、バリ語は敬語体系をもち、インドネシア語はそれをもたないという語彙構造の違いに注目しながら、2言語のコード混在がどのような機能を果たしているのかを考察した。原（1999）では、平民層が敬語類、貴族層が普通語類を用いる「従来の規範」から互いに敬語類を用いる「新しい規範」に変化することが、貴族層にとって「拡張の行き過ぎ」と感じられる場合があり、敬語類のかわりに敬語的に中立なインドネシア語を用いることによって、「拡張の行き過ぎ」を「従来の規範」の方向にやや引き戻す機能を果たしている、と解釈した。この原（1999）の解

釈における「新しい規範」は、平民層と貴族層が互いに敬語類を用いる「尊敬方向への拡張」であったが、本書では、さらにもう一方の規範の拡張、つまり平民層と貴族層が互いに普通語類を用いる「親密方向への拡張」にも考察を広げた。その結果、平民層が敬語類、貴族層が普通語類を用いる「従来の規範」から互いに敬語類を用いる「尊敬方向の拡張」あるいは互いに普通語類を用いる「親密方向への拡張」への変化を、尊敬方向・親密方向のどちらの方向であれ、同様の原理で解釈できることを示した。すなわち、従来の規範とは異なる敬語語彙クラスを用いる話者の側がその変化を時に行き過ぎと感じることがあり、敬語的に中立なインドネシア語を用いることによって、従来の規範に拡張の行き過ぎをやや引き戻す機能を果たしているという解釈を提案した。つまり、原（1999）の解釈は支持され、さらに解釈が適用できる範囲を発展させることができた。

以上、BIコード混在について、統語構造、談話構造、敬語使用の側面から、本書が明らかにしてきた内容の要点を示した。以下では、これらの内容をふまえ、今後行うべき研究課題について述べる。

本書でBIコード混在の分布を統語構造の側面から考察した際に対象としたテキストは、文の構成要素の主語・述語・付加詞のいずれかの要素にBIコード混在が認められるものであり、3つの文構成要素外の要素、すなわち間投詞や文末詞particleのみにBIコード交替が見られる文はのぞいた。つまり、主語・述語・付加詞がバリ語要素であり、3つの文構成要素以外の要素（間投詞、particle）のみがインドネシア語要素であるBIコード混在文は、第3章で行った統語構造とBIコード混在の分布的関係に関する考察対象とはしなかった。また、主語・述語・付加詞のいずれかにBIコード混在が見られる文で、さらに3構成要素外の要素にBIコード交替が起きている場合においても、そのようなBIコード交替は分析対象とはしていない。統語論からはみだしてしまう文構成要素外の間投詞やparticleは、語用論的な視点から、文構成要素とは別の枠組みで考察する必要があるためである。文構成要素外の要素に見られるBIコード交替を考察することは、今後の課題である。

また、本書で扱わなかった、バリ社会において"非典型的"と私がみなすBIコード混在現象の考察も今後取り組むべき課題である。私が収集したBIコード混在が認められる会話資料にも見られるように、要素数の上でバリ語がインドネシア語にくらべて優勢である、私がバリ社会において"典型的"と判断する会話ばかりでなく、インドネシア語がバリ語にくらべて優勢である、いわばバリ社会において非典型的なBIコード混在も認められている。バリ言語社会を理解するために、両方のBIコード混在を調査し、考察することは必要である。したがって、"非典型的な"BIコード混在の資料も十分収集し、インドネシア語優勢の非対称的BIコード混在を考察しなくてはいけない。

　BIコード混在の新しい語用の発生を示唆するという意味で、このような非典型的と私がみなすBIコード混在の資料を質的に観察する予備調査の結果に触れておこう。この結果は、先に述べた文構成要素外のparticleと関連する。

　インドネシア語要素がバリ語要素にくらべて優勢である非対称的BIコード混在が見られる会話において、主語・述語・付加詞の文構成要素がインドネシア語要素であるが、文構成要素外のparticleはバリ語要素というBIコード混在文が見られ、その頻度は比較的珍しくはないと言えそうである。そのようなBIコード混在文において、バリ語の文構成要素外のparticleは、文全体を"バリ語らしく"させている機能を果たしているのではないだろうかと考えられる。この解釈については、今後、インドネシア語要素がバリ語要素にくらべて優勢な非対称的BIコード混在の十分な資料に基づき、精密に検討しなければならない。

　さらに、バリ言語社会の包括的な理解のためには、本書が対象としたバリ語話者の圧倒的多数を占める平地方言話者だけでなく、バリ語二大方言を構成するもう1つの方言である山地方言話者の会話に見られるBIコード混在の調査も不可欠である。

　バリ語山地方言とインドネシア語のBIコード混在を考察することは、記述的な重要性だけでなく、理論的な重要性もある。第1章で指摘したよう

に、平地方言は敬語語彙の交替による敬語法が発達しているが、山地方言は敬語語彙をもたず、敬語体系が存在しない。第5章で、バリ語平地方言の会話におけるBIコード混在は、話者間の距離を調整するような一種の敬語的機能を果たしているという解釈を提案したが、敬語法をもたない山地方言の会話において、話者間の距離の調整機能とインドネシア語コードの間にはどのような関係があるのだろうか。この問題も今後取り組むべき課題である。

付録1　会話事例一覧

　ここでは、2.7節で言及した表Ⅰを掲載し、本書で分析対象とする会話資料の会話状況に関する情報を提示する。この表に記されている65ケースの会話は、第3章、第4章、第5章の分析に用いている。第3章と第4章で示した例文は、これらの会話事例のテキストの中に観察されたものであり、例文に付した会話番号は、この表の番号に対応している。第5章で分析した5ケースの会話リストは表5.3に示したが、この表Ⅰから取り出したものである。

表Ⅰ　本書で分析対象とする会話事例一覧

列（1）のアルファベットによる略称は、会話参加者を表す。列（1）の括弧内は、順に、年齢層、性別、職業、（もう一方の話者との関係）、居住地、（出身地）、カーストを記してある。

会話番号	（1）会話参加者の社会的属性	（2）場面	（3）話題
1	P（30代、女、大学教官、デンパサール在住、平民層）―花売り（中年女性）	州都デンパサールの市場	買い物の交渉
2	MY（50代、男、公務員、デンパサール在住、ブラーフマナ層）―MYの妻（40代、公務員、ブラーフマナ層）	MYらの家	ヒンドゥー教の祭日の儀礼の段取り
3	P（1と同一）―Pの母（70代、主婦、ブレレン在住、平民層）	電話	Pの同僚の舅の葬式
4	P（1と同一）―Pの舅（60代、無職、クルンクン在住、平民層）	Pの家（デンパサール）	ヒンドゥー教の祭日の儀礼の段取り
5	P（1と同一）―W（10代後半、女、Pの使用人、Pの家に住込、平民層）	Pの家	近所の女中の噂話
6	P（1と同一）―Pの姑（60代、主婦、クルンクン在住、ウェシア層）	Pの家（供え物を作りながら）	ヒンドゥー教の祭日の儀礼の供え物の準備
7	P（1と同一）―Pの従姉（40代、公務員／農家、クルンクン在住、平民層）	電話	家畜飼育を他に頼む際の注意点、近況

付　録

会話番号	（1）会話参加者の社会的属性	（2）場面	（3）話題
8	P（1と同一）—従姉の義妹（クルンクン在住、平民層）	電話	従姉の所在
9	GD（20代、男、出版業、デンパサール在住、ブラーフマナ層）—MY（GDの父、2と同一）	GDらの家	結婚したばかりの妻と従兄弟を訪ねるように勧める
10	P（1と同一）—W（5と同一）	Pの家	土地による料理法の違い
11	PD（30代、男、大学内の食堂主人、デンパサール在住、平民層）—P（1と同一）	食堂	PDの身重の妻の近況
12	P（1と同一）—Pの義兄（40代、中学教師、バンリ在住、平民層）	電話	実家での儀礼の時間を尋ねる
13	ID（小学生、男、バンリ在住、平民層）—DD（小学生、男、IDの友達、バンリ在住、平民層）	IDの家	成績、趣味
14	P（1と同一）—Pの母（3と同一）	電話	Pの母がデンパサールに来る予定日
15	AD（10代前半、男、中学生、デンパサール在住、ブレレン出身、平民層）—KM（小学生、男、ADの従弟、ブレレン出身、平民層）	KMの家	KMのガールフレンド
16	P（1と同一）—サラック売り（中年女性）	デンパサール市内の市場	買い物の交渉
17	P（1と同一）—Pの義妹（30代後半、Pより年上、小学教師、バンリ在住、平民層）	電話	Pの義姉への伝言、NGがPから子供服をもらった礼
18	TR（10代後半、女、大学生、デンパサール在住、平民層）—ST（10代後半、女、TRの同級生、デンパサール在住、平民層）	大学キャンパス	男子学生の噂話
19	TR（18と同一）—YD（20代、男、ホテル勤務、TRの恋人、デンパサール在住、平民層）	電話	次に会う約束
20	DM（20代、主婦、デンパサール在住、ブラーフマナ層）—GN（20代、女、大学生、DMの義妹、デンパサール在住、ブラーフマナ層）	DMの家	親戚の女中が辞める

会話番号	（1）会話参加者の社会的属性	（2）場面	（3）話題
21	PC（30代、男、大学職員、デンパサール在住、平民層）―P（1と同一）	電話	PCが車で出勤することへの同僚の妬み
22	WG（20代、男、大学生、デンパサール在住、平民層）―GE（20代、男、大学生、デンパサール在住、ブラーフマナ層）	大学キャンパス	共通の友人の噂話
23	TR（18と同一）―RT（10代後半、女、TRの大学友人、デンパサール在住、タバナン出身、平民層）	大学キャンパス	授業と帰省の予定
24	TR（18と同一）―RN（10代後半、女、TRの大学友人、デンパサール在住、タバナン出身、平民層）	電話	授業の予定
25	P（1と同一）―竹ひご売り（中年女性）	デンパサール市内の市場	買い物の交渉
26	TP（小学生、男、バンリ在住、平民層）―DO（小学生、男、TPの同級生、バンリ在住、平民層）	友人IDの家	成績、趣味
27	GL（20代後半、男、大学教官、デンパサール在住、サトリア層）―シーフード店店員（20代前半、男、デンパサール在住、平民層）	シーフード店	店の状況
28	PD（11と同一）―客（30代、女）	食堂	注文
29	WR（30代、女、大学教官、Pの同僚、デンパサール在住、平民層）―P（1と同一）	電話	WRの夫（同僚）への伝言
30	WT（10代前半、女、中学生、ブレレン出身、デンパサール在住、平民層）―AG（40代、男、大学教官、WTの叔父、ブレレン出身、デンパサール在住、平民層）	AGの家（WTは寄宿）	中間試験の予定
31	GT（20代後半、男、会社員、デンパサール在住、ブラーフマナ層）―DG（20代前半、女、大学生、GTの妹、デンパサール在住、ブラーフマナ層）	GTらの家	DGの恋人の事故

付　録

会話番号	（1）会話参加者の社会的属性	（2）場面	（3）話題
32	TR（18と同一）―RNの母（40代、TRの同級生RNの母、デンパサール在住、平民層）	電話	RNの所在
33	P（1と同一）―MN（40代、男、大学教官、Pの上司、デンパサール在住、サトリア層）	電話	大学の宗教儀礼の予定の確認
34	K（40代、男、大学職員、平民層）―GS（30代、男、大学職員、デンパサール在住、ブラーフマナ層）	電話	業務
35	GD（9と同一）―GDの妹（20代、大学生、デンパサール在住、ブラーフマナ層）	GDらの家	GDの妹の大学生活
36	KD（20代、男、大学生、GEの同級生、デンパサール在住、平民層）―GE（22と同一）	大学キャンパス	近況、結婚相手の条件
37	AN（30代、男、大学教官、東京に留学中、Pの夫、平民層）―ANの母（6と同一）	電話	近況、バリの子供への奨学金の遅滞
38	GM（50代、男、タバナン出身、デンパサール在住、ブラーフマナ層）―GD（20代、男、会社員、GMの遠縁、デンパサール在住、ブラーフマナ層）	GMの家	家族の近況
39	TR（8と同一）―AG（30と同一）	レストラン	初対面のTRの大学や住まい
40	P（1と同一）―BD（50代、男、大学教官、Pの上司、デンパサール在住、カランアッサム出身、サトリア層）	大学（休憩時間）	事務書類の記入方法
41	P（1と同一）―仕立て屋（20代、女、デンパサール在住、ブラーフマナ層）	仕立て屋の前、店と客の関係	挨拶
42	YS（40代、女、大学教官、ギアニャール在住、平民層）―IN（40代、女、大学教官、YSの同僚、デンパサール在住、平民層）	大学（休憩時間）	休みの過ごし方
43	GT（31と同一）―GG（30代、女、生命保険会社員、GTの同僚、デンパサール在住、サトリア層）	会社（休憩時間）	GGの家族、仕事の進み具合

会話番号	(1) 会話参加者の社会的属性	(2) 場面	(3) 話題
44	P（1と同一）—GL（27と同一、Pの部下）	大学（休憩時間）	GLの子供の幼稚園探し
45	GS（34と同一）—DS（30代、女、大学職員、GSの同僚、デンパサール在住、ウェシア層）	電話（大学）	電話の取り次ぎ
46	AL（10代後半、女、大学生、デンパサール在住、平民層）—SM（10代後半、女、大学生、ALのヒンドゥー教同好会仲間、デンパサール在住、平民層）	大学キャンパス	ALのジャワ視察旅行
47	P（1と同一）—KT（30代、男、大学教官、Pの同僚、ギアニャール在住、平民層）	電話	書類の在り処
48	EKの家族（成人以上、男、デンパサール在住、サトリア層）—P（1と同一）	電話	EKへの電話の取次ぎ
49	P（1と同一）—DV（30代、男、ガイド、Pの隣人、デンパサール在住、タバナン出身、平民層）	Pの家	水道料金の支払い、非協力的な近隣住民への不平
50	P（1と同一）—TK（30代、女、雑貨屋、デンパサール在住、タバナン出身、平民層）	雑貨屋で買い物	注文と支払い
51	YS（42と同一）—IN（42と同一）	大学（休憩時間）	YSの夫（同僚）の研修旅行
52	YD（20代、女、大学生、デンパサール在住、ブレレン出身、平民層）—SR（20代、男、大学生、YDの後輩、デンパサール在住、平民層）	大学キャンパス	YDの卒業式の準備、就職
53	AN（37と同一）—P（1と同一、ANの妻）	電話（東京とバリ）	雑誌の講読
54	GM（38と同一）—GD（38と同一）	GMの家	国会の委員長選出
55	GA（20代、女、大学教官、Pの部下、デンパサール在住、サトリア層）—P（1と同一）	Pの車の中（帰宅途中）	同僚の副業
56	P（1と同一）—GD（20代、男、コンピュータ修理会社店員、デンパサール在住、平民層）	電話	プリンタ修理の要請

付　録

会話番号	(1) 会話参加者の社会的属性	(2) 場面	(3) 話題
57	AR（20代、女、大学職員、デンパサール在住、タバナン出身、平民層）―GL（27と同一、ARの先輩）	大学	実験の段取り
58	P（1と同一）―電気店の店員（20代、女、電器店店員、平民層？）	電器店（デンパサール）	変圧計の品定め
59	TR（18と同一）―WW（10代後半、女、大学生、TRの同級生、デンパサール在住、平民層）	大学キャンパス	大学の課題、新しい大統領
62	AL（46と同一）―HR（20代、男、大学生、ヒンドゥー教サークル仲間、平民層）	大学キャンパス	ALのジャワ視察旅行
61	P（1と同一）―MK（50代、男、大学教官、Pの上司、デンパサール在住、タバナン出身、平民層）	Pの車の中（帰宅途中）	病気の同僚の近況
60	AG（30と同一）―KK（30代、男、役所臨時職員、ANの弟、クルンクン在住、平民層）	客を案内する車中	自己紹介、互いの家族
63	P（1と同一）―ID（13と同一、Pの甥）	Pの家	IDの成績と進路
64	GA（55と同一）―GL（27と同一、GAの先輩）	大学（休憩時間）	大学院の入学申請
65	教え子RKの家族（成人以上、女、サトリア層）―P（1と同一）	電話	RKへの電話の取り次ぎ

付録2　会話テキストと敬語使用パタン

　第5章で分析の対象とした5つの会話テキスト（会話事例1〜会話事例5、会話状況に関する情報は表5.3を参照）を提示する。各テキストは、対話ペアを構成する発話ユニットごとに示し、左に番号を付してある。対話ペア（つまり前起ユニットと後起ユニットの組み合わせ）とそれに基づく敬語使用パタンは、各会話テキストの最後に表II〜表VIとして示してある。第5章で述べたように、1つのターンと対話ペアの片割れの発話ユニットが一致せずに、1つのターンの中にある対話ペアの後起ユニットと後続の対話ペアの前起ユニットが含まれている場合がある。また、対話ペアの後起ユニットは、次の対話ペアの前起ユニットと一致している場合がある。

　テキストの原文や敬語情報に関する表記方法は、次の通りである。1行目は、第2章で導入した入れ子構造の表示方法を用いて原文を表記した。ただし、非交替領域および非交替単位には括弧をつけず、文字タイプは標準のままとする。イタリックはインドネシア語を表す。2行目は逐語訳である。3行目は、各要素が属する語彙クラスを表す。「普」はバリ語普通語類の要素、「敬」はバリ語敬語類の要素、「汎」はバリ語汎用語類の要素、「共」は非交替要素（バリ語＝インドネシア語共通要素、バリ語＝インドネシア語借用的要素）、「イ」はインドネシア語要素である。一番下の行は自由訳である。

会話事例1（K-GS）
（1）　K：　$_{Dl}[_{Ul}[Halo]_{Ul}]_{Dl}.$　$_{Dl}[_{Ul}[Selamat]_{Ul}$　$_{Ul}[siang]_{Ul}]_{Dl}.$
　　　　　　　もしもし　　　　　　無事な　　　　　昼
　　　　　　　　イ　　　　　　　　　イ　　　　　　　イ
　　　　　「もしもし。こんにちは。」

付　録

(2) GS： ₍Dl₎[₍Ul₎[*Selamat*]₍Ul₎　₍Ul₎[*siang*]]₍Dl₎　Pak.
　　　　　　無事な　　　　　昼　　　　　Mr.
　　　　　　イ　　　　　　　イ　　　　　共
　　　　「こんにちは。」

(3) K： ₍Dl₎[₍Ul₎[Sira]₍Ul₎　₍Ul₎[niki]₍Ul₎]₍Dl₎?
　　　　　　だれ　　　これ
　　　　　　敬　　　　敬
　　　　「どなたですか。」

(4) GS： ₍Dl₎[₍Ul₎[Tiang]₍Ul₎]₍Dl₎　Gus-₍Dl₎[₍Ul₎[e]₍Ul₎]₍Dl₎.
　　　　　　私　　　　　　人名（ブラーフマナ層の）-the
　　　　　　敬　　　　　　共−普
　　　　「私はグスです。」

(5) K： Gus-₍Dl₎[₍Ul₎[e]₍Ul₎]₍Dl₎?　　Gus.　　Gus.
　　　　人名（ブラーフマナ層の）-the　人名（ブラーフマナ層の）　人名（ブラーフマナ層の）
　　　　　　共−普　　　　　　　　　　共　　　　　　　共
　　　　「グス？グス。グス。」

(6) GS： ₍Dl₎[₍Ul₎[Nggih]₍Ul₎]₍Dl₎.　₍Dl₎[₍Ul₎[Tiang]₍Ul₎]₍Dl₎.
　　　　　　同意　　　　　　　　私
　　　　　　敬　　　　　　　　　敬
　　　　「はい。私です。」

(7) K： ₍Dl₎[₍Ul₎[Drika]₍Ul₎　₍Ul₎[wenten]₍Ul₎　₍Ul₎[*alat*]₍Ul₎　₍Ul₎[*pamer*]₍Ul₎]₍Dl₎-an　PSTP
　　　　　　そこで　　　　　ある　　　　　道具　　　展覧会(pameran)　農業技術学科
　　　　　　敬　　　　　　　敬　　　　　　イ　　　　イ−共
　　　　　₍Dl₎[₍Ul₎[driki]₍Ul₎　₍Ul₎[kari]₍Ul₎]₍Dl₎?
　　　　　　ここで　　まだ
　　　　　　敬　　　　敬
　　　　「そちらに農業技術学科の展覧会の時の道具がまだこちらにあるでしょう？」

(8) GS： ₍Dl₎[₍Ul₎[Wenten]₍Ul₎]₍Dl₎.
　　　　　　ある
　　　　　　敬
　　　　「あります。」

(9) K： ₍Dl₎[₍Ul₎[Pidan]₍Ul₎　₍Ul₎[kal]₍Ul₎　₍Ul₎[aba]₍Ul₎-₍Ul₎[a]₍Ul₎　₍Ul₎[niki]₍Ul₎]₍Dl₎?
　　　　　　いつ　　　〜する予定　もってくる-受身(abana)　これ
　　　　　　汎　　　　普　　　　　普−普　　　　　　　　　敬
　　　　「いつこれは持っていきますか？」

(10) GS： ᴅˡ[ᵤˡ[Buin]ᵤˡ, ᵤˡ[buin]ᵤˡ ᵤˡ[pidan]ᵤˡ ᵤˡ[kal]ᵤˡ
　　　　　　さらに　　　さらに　　　いつ　　　〜する予定
　　　　　　　普　　　　　普　　　　汎　　　　普
　　　　ᵤˡ[ben(eh)]ᵤˡ]ᴅˡ-in-ᴅˡ[ᵤˡ[a]ᵤˡ ᵤˡ[keto]ᵤˡ]ᴅˡ?
　　　　　直す(benehin)-受身　　　　そのような
　　　　　　汎-共-普　　　　　　　　　普
　　「いつ直す予定なのかということ？」

(11) K： ᴅˡ[ᵤˡ[Ten]ᵤˡ]ᴅˡ. ᴅˡ[ᵤˡ[Buin]ᵤˡ ᵤˡ[pidan]ᵤˡ]ᴅˡ ambil-ᴅˡ[ᵤˡ[a]ᵤˡ]ᴅˡ?
　　　　　否定詞　　　　　さらに　　いつ　　　　とる-受身
　　　　　　敬　　　　　　　普　　　汎　　　　共(敬)-普
　　「いいえ。いつ取りに来るんだ？」
　　　　ᴅˡ[ᵤˡ[Kantun]ᵤˡ ᵤˡ[driki]ᵤˡ]ᴅˡ. ᴅˡ[ᵤˡ[Ring]ᵤˡ, ᵤˡ[ring]ᵤˡ]ᴅˡ LPM.
　　　　　まだ　　　　ここで　　　　　　〜で　　　〜で　　　大学の機関名
　　　　　　敬　　　　　敬　　　　　　　敬　　　　　敬　　　　　共
　　「まだこちらにあります。LPMに。」

(12) GS： ᴅˡ[ᵤˡ[Nggih]ᵤˡ]ᴅˡ.
　　　　　同意
　　　　　　敬
　　「わかりました。」
　　　　ᴅˡ[ᵤˡ[Nanti]ᵤˡ ᵤˡ[tiang]ᵤˡ ᵤˡ[tiang]ᵤˡ ᵤˡ[bicara]ᵤˡ-ᵤˡ[kan]ᵤˡ ᵤˡ[dumun]ᵤˡ ᵤˡ[driki]ᵤˡ]ᴅˡ.
　　　　　あとで　　　私　　　　　私　　　　話す(bicarakan)　　　　まず　　　ここで
　　　　　　イ　　　　敬　　　　　敬　　　　　イ-イ　　　　　　　　　敬　　　　敬
　　「後で私が、私がこちらでまず話します。」

(13) K： ᴅˡ[ᵤˡ[Nggih]ᵤˡ]ᴅˡ. ᴅˡ[ᵤˡ[Coba]ᵤˡ]ᴅˡ Gus ᴅˡ[ᵤˡ[nggih]ᵤˡ]ᴅˡ.
　　　　　同意　　　　　　　　試す　　　　　人名(ブラーフマナ層の)　particle
　　　　　　敬　　　　　　　　イ　　　　　　　共　　　　　　　　　　　敬
　　「はい。やってみて下さい、グス。」

(14) GS： ᴅˡ[ᵤˡ[Nggih]ᵤˡ]ᴅˡ.
　　　　　同意
　　　　　　敬
　　「はい。」

付　録

(15) K： D1[U1[Pang]U1, U1[pang]U1　U1[beneh]U1　U1[niki]U1
　　　　　　～になるように　～なるように　本当の　　これ
　　　　　　　　　普　　　　　普　　　　　普　　　敬

　　　　　U1[pang]U1　U1[ten]U1　U1[bes]U1　U1[mekelo]U1]D1.
　　　　　～になるように　否定詞　～すぎる　　長い
　　　　　　　普　　　　　敬　　　普　　　　　普

　　「あまり長くならないように。」

　　　　　D1[U1[Pedalem]U1　U1[driki]U1　U1[nyen]U1]D1.
　　　　　　かわいそうな　　ここで　　　あとで
　　　　　　　　普　　　　　　敬　　　　　普

　　「ここにあるともったいない。」

　　　　　D1[U1[Nyen]U1]D1　N-D1[U1[tawang]U1　U1[anggo]U1-U1[a]U1]D1.
　　　　　　だれ　　　　　　知る(nawang)　　使う-受身(anggona)
　　　　　　　普　　　　　　共-普　　　　　　普-汎

　　「もしかして使われてしまうかもしれない。」

　　　　　D1[U1[Go]U1]D1　N-D1[U1[potong]U1　U1[kripik]U1]D1　anu　D1[U1[to]U1]D1?
　　　　　～に使う　　　　切る(motong)　　　チップス　　　　あれ　　それ
　　　　　　普　　　　　　共-イ　　　　　　　イ　　　　　　　　　　共　普

　　「あのチップスを切るためのものだろう？」

　　　　　D1[U1[Kripik]U1　U1[singkong]U1　U1[to]U1　U1[asa]U1-U1[ne]U1]D1?
　　　　　　チップス　　　キャッサバ　　　それ　　～の感じがする(asane)
　　　　　　　イ　　　　　　イ　　　　　　普　　　　普-普

　　「キャッサバのチップスだったか。」

(16) GS： O-　D1[U1[nggih]U1]D1.　D1[U1[Nggih]U1]D1.　D1[U1[Nggih]U1]D1.
　　　　　間投詞　同意　　　　　　同意　　　　　　　同意
　　　　　　共　　敬　　　　　　　敬　　　　　　　　敬

　　「あー、はい。はい。はい。」

　　　　　D1[U1[Nanti]U1, U1[nanti]U1　U1[tiang]U1　U1[bicara]U1-U1[kan]U1
　　　　　　あとで　　　あとで　　　　私　　　　　話す(bicarakan)
　　　　　　　イ　　　　　イ　　　　　敬　　　　　イ-イ

　　　　　U1[sama]U1　U1[Bapak]U1-U1[e]U1　U1[dumun]U1.
　　　　　　～と　　　男性-the　　　　　まず
　　　　　　イ　　　　イ-普　　　　　　敬

　　「後で、後で、私があの人にまず話します。」

(17) K :　ₐ₁[ᵤ₁[Nggih]ᵤ₁]ₐ₁.　　ₐ₁[ᵤ₁[Nggih]ᵤ₁]ₐ₁.　　ₐ₁[ᵤ₁[*Terima*]ᵤ₁　ᵤ₁[*kasih*]ᵤ₁]ₐ₁.
　　　　　　同意　　　　　　同意　　　　　　　　ありがとう
　　　　　　敬　　　　　　　敬　　　　　　　　　イ　　　　　イ
　　　「そうですか。そうですか。どうも。」
(18) GS :　ₐ₁[ᵤ₁[Ngiring]ᵤ₁]ₐ₁.　　ₐ₁[ᵤ₁[Ngiring]ᵤ₁]ₐ₁.
　　　　　　それでは　　　　　　それでは
　　　　　　敬　　　　　　　　　敬
　　　「では。では。」

表Ⅱ　KとGSの会話に見られる対話ペアとそれに基づく敬語使用パタン
「敬」：敬語類ユニット、「普」：普通語類ユニット、「イ」：インドネシア語ユニット、「CM」：発話ユニットにコード混在を含む、「汎」：汎用語類のみからなる発話ユニット

対話ペア	前起ユニット	−	後起ユニット	敬語使用パタン	K	−	GS
P1	（1）	−	（2）	（v）インドネシア語型	イ	−	イ
P2	（3）	−	（4）	（ii）拡張型【尊敬方向】	敬	−	敬
P3	（5）	−	（6）		汎	−	敬
P4	（7）	−	（8）	（ii）拡張型【尊敬方向】	敬/CM	−	敬
P5	（9）	−	（10）	（i）規範型	敬	−	普
P6	（10）	−	（11）	（i）規範型	敬	−	普
P7	（11）	−	（12）	（ii）拡張型【尊敬方向】	敬	−	敬/CM
P8	（12）	−	（13）	（ii）拡張型【尊敬方向】	敬/CM	−	敬/CM
P9	（13）	−	（14）	（ii）拡張型【尊敬方向】	敬/CM	−	敬
P10	（15）	−	（16）	（ii）拡張型【尊敬方向】	敬/CM	−	敬/CM
P11	（16）	−	（17）	（ii）拡張型【尊敬方向】	敬/CM	−	敬/CM
P12	（17）	−	（18）	（ii）拡張型【尊敬方向】	敬/CM	−	敬

付　録

会話事例2（P-GA）

(1) GA : ₀ₗ[ᵤₗ[*Coba*]ᵤₗ, ᵤₗ[*coba*]ᵤₗ ᵤₗ[cingak]ᵤₗ]₀ₗ-in baju-₀ₗ[ᵤₗ[ne]ᵤₗ]₀ₗ.
　　　　　　試す　　　試す　　　見る(cingakin)　　服 -the
　　　　　　　イ　　　　イ　　　　敬-共　　　　　共-普
　　　「服を見させて下さい。」

(2) P : Gede-gede, Gung.
　　　　どれも大きい　人名(サトリア層の)
　　　　　共-共　　　　共
　　　「どれも大きいですよ、グン。」

(3) GA : Masa?
　　　　間投詞
　　　　　共
　　　「まさか。」

(4) P : ₀ₗ[ᵤₗ[Nggih]ᵤₗ]₀ₗ.
　　　　同意
　　　　　敬
　　　「はい。」

(5) GA : Baju ₀ₗ[ᵤₗ[napi]ᵤₗ ᵤₗ[niki]ᵤₗ]₀ₗ?
　　　　　共　　　敬　　　敬
　　　　　服　　　何　　　これ
　　　「これは何の服ですか？」

(6) P : Baju kaos.
　　　　服　Tシャツ
　　　　共　　共
　　　「Tシャツです。」

(7) GA : Bu ₀ₗ[ᵤₗ[kal]ᵤₗ]₀ₗ N-₀ₗ[ᵤₗ[tumbas]ᵤₗ]₀ₗ?
　　　Mrs.(2人称として)　～する予定　　　買う(numbas)
　　　　　共　　　　　　普　　　　　　　共-敬
　　　「買いますか？」

(8) P : ₍D1₎[₍U1₎[Ten]₍U1₎]₍D1₎. ₍D1₎[₍U1₎[*Ini*]₍U1₎ ₍U1₎[nak]₍U1₎ ₍U1₎[tiang]₍U1₎]₍D1₎
　　　　　　否定詞　　　　これ　　　particle　　　私
　　　　　　　敬　　　　　　イ　　　　　普　　　　敬
　　　titip-in-₍D1₎[₍U1₎[a]₍U1₎]₍D1₎ ka ₍D1₎[₍U1₎[kene]₍U1₎]₍D1₎.
　　　　預ける(titipin)-受身　　　〜へ　　このようなもの
　　　　　　共-共-普　　　　　　　共　　　　　普
　　　「いいえ。これは、私はあの人に預けられたんです。」
　　　　"Tu coba Tu di rumah!"
　　　　人名　試す　人名　〜で　家
　　　「『トゥ、やってみて、トゥ、家で』って。」
　　　Aduh ₍D1₎[₍U1₎[pang]₍U1₎ ₍U1₎[kuda]₍U1₎ ₍U1₎[kaden]₍U1₎
　　　間投詞　　　〜回　　　　　いくつ　　　　〜と思う
　　　　　共　　　　　普　　　　　汎　　　　　　普
　　　₍U1₎[orah]₍U1₎]₍D1₎-in-₍D1₎[₍U1₎[a]₍U1₎ ₍U1₎[nggih]₍U1₎]₍D1₎?
　　　　　言う(orahin)-受身　　　　　　　　particle
　　　　　　普-共-普　　　　　　　　　　　　敬
　　　「まったく、何度頼まれたと思ってるのかしら？」
　　　Anu ₍D1₎[₍U1₎[pedalem]₍U1₎ ₍U1₎[masih]₍U1₎ ₍U1₎[ia]₍U1₎, ₍U1₎[keto]₍U1₎]₍D1₎.
　　　あれ　　かわいそうな　　〜も　　彼女　　そのような
　　　　共　　　　普　　　　　普　　　普　　　　普
　　　「あの、彼女もかわいそうだな、と思って。」

(9) GA : ₍D1₎[₍U1₎[Nggih]₍U1₎]₍D1₎.
　　　　　　同意
　　　　　　　敬
　　　「そうですか。」

(10) P : A- ₍D1₎[₍U1₎[*cobak*]₍U1₎ ₍U1₎[gen]₍U1₎]₍D1₎.
　　　間投詞　試す　　　〜のみ
　　　　共　　　イ　　　　普
　　　「あー、やってみるだけ。」
　　　₍D1₎[₍U1₎[Nyen]₍U1₎ ₍U1₎[wenten]₍U1₎ ₍U1₎[*cocok*]₍U1₎]₍D1₎, N-₍D1₎[₍U1₎[tumbas]₍U1₎]₍D1₎.
　　　　あとで　　　いる　　　合う　　　　　買う(numbas)
　　　　　普　　　　敬　　　　イ　　　　　　共-敬
　　　「もしかして合うのがあったら、買います。」

付　録

(11) GA： $_{Dl}[_{Ul}[\text{Dija}]_{Ul}\ _{Ul}[\text{niki}]_{Ul}]_{Dl}$?
　　　　　　　どこで　　これ
　　　　　　　　汎　　　敬
　　　　「どこでですか？」
　　　　Di,　di,　di,　di　$_{Dl}[_{Ul}[rumah]_{Ul}\ _{Ul}[mau]_{Ul}\ _{Ul}[di]_{Ul}-_{Ul}[kenten]_{Ul}-_{Ul}[e]_{Ul}]_{Dl}$?
　　　　〜で　〜で　〜で　〜で　　家　　　〜したい　　受身-そのようにする-the
　　　　　共　　共　　共　　共　　イ　　　　イ　　　　　　イ-敬-普
　　　　「家であれするのですか？」

(12) P： $_{Dl}[_{Ul}[\text{Napi}]_{Ul}-_{Ul}[\text{ne}]_{Ul}]_{Dl}$?
　　　　　　　何-the
　　　　　　　敬-普
　　　　「何がですか？」

(13) GA： $_{Dl}[_{Ul}[\text{Niki}]_{Ul}]_{Dl}$.
　　　　　　　これ
　　　　　　　　敬
　　　　「これです。」

(14) P： $_{Dl}[_{Ul}[\text{Nggih}]_{Ul}]_{Dl}$.
　　　　　　　同意
　　　　　　　　敬
　　　　「はい。」
　　　　$_{Dl}[_{Ul}[\text{Tiang}]_{Ul},\ _{Ul}[tiang]_{Ul}\ _{Ul}[onkon]_{Ul}-_{Ul}[a]_{Ul}]_{Dl}$　N-$_{Dl}[_{Ul}[aba]_{Ul}$
　　　　　　私　　　　私　　　　命じる-受身　　　　もっていく(ngaba)
　　　　　　敬　　　　敬　　　　　普-普　　　　　　　　共-普
　　　　$_{Ul}[mulih]_{Ul}\ _{Ul}[nika]_{Ul}]_{Dl}$.
　　　　　帰る　　それ
　　　　　　普　　　敬
　　　　「私は、私はそれを持って帰るように言われたんです。」

(15) GA： Bu?　　　　　　　　O　　$_{Dl}[_{Ul}[gitu]_{Ul}]_{Dl}$.
　　　　Mrs.(2人称として)　間投詞　そのような
　　　　　　共　　　　　　　　共　　　イ
　　　　「先生（あなた）が？　あー、そうですか。」

(16) P： E.
　　　　合意
　　　　　共
　　　　「ん。」

(17) GA： ₍D₁₎[₍U₁₎[Berapa]₍U₁₎-₍U₁₎[an]₍U₁₎　₍U₁₎[kata]-₍U₁₎[nya]₍U₁₎]₍D₁₎　Bu?
　　　　　　　　いくら-～代(berapaan)　　～というらしい(katanya)　Mrs.
　　　　　　　　　　　イ-イ　　　　　　　　イ-イ　　　　　　　共
　　　　　「いくらくらいですか？」

(18) P： ₍D₁₎[₍U₁₎[Tujuh]₍U₁₎　₍U₁₎[lima]₍U₁₎　₍U₁₎[kenten]₍U₁₎]₍D₁₎?
　　　　　　　７　　　　　　　５　　　　　　そのような
　　　　　　　イ　　　　　　　イ　　　　　　　敬
　　　　　「75,000 ルピアでしたか？」

(19) GA： ₍D₁₎[₍U₁₎[Semua]₍U₁₎　₍U₁₎[sama]₍U₁₎]₍D₁₎?
　　　　　　　すべて　　　　同じ
　　　　　　　　イ　　　　　　イ
　　　　　「全部同じですか？」

(20) P： ₍D₁₎[₍U₁₎[Ndak]₍U₁₎　₍U₁₎[tau]₍U₁₎]₍D₁₎.
　　　　　　　否定詞　　　　知る
　　　　　　　　イ　　　　　　イ
　　　　　「知りません。」

　　　　　₍D₁₎[₍U₁₎[Nanti]₍U₁₎　₍U₁₎[yen]₍U₁₎　₍U₁₎[wenten]₍U₁₎　₍U₁₎[cocok]₍U₁₎　₍U₁₎[nika]₍U₁₎
　　　　　　　後で　　　もし　　　ある　　　　合う　　　　それ
　　　　　　　　イ　　　　普　　　　敬　　　　　イ　　　　　敬
　　　　　₍U₁₎[kal]₍U₁₎]₍D₁₎　telpon　₍D₁₎[₍U₁₎[tiang]₍U₁₎]₍D₁₎.
　　　　　～するつもり　電話する　　私
　　　　　　　普　　　　共　　　　敬
　　　　　「後でもし合うものがありましたら、電話します。」

(21) GA： O　₍D₁₎[₍U₁₎[gitu]₍U₁₎]₍D₁₎.
　　　　　間投詞　そのような
　　　　　　共　　　イ
　　　　　「あーそうですか。」

付　録

表Ⅲ　PとGAの会話に見られる対話ペアとそれに基づく敬語使用パタン
「敬」：敬語類ユニット、「普」：普通語類ユニット、「イ」：インドネシア語ユニット、「CM」：発話ユニットにコード混在を含む、「共」：非交替要素（バリ語＝インドネシア語共通要素、バリ語＝インドネシア語借用的要素）のみからなる発話ユニット

対話ペア	前起ユニット	−	後起ユニット	敬語使用パタン	P	−	GA
P1	（1）	−	（2）		共	−	敬/CM
P2	（3）	−	（4）		敬	−	共
P3	（5）	−	（6）		共	−	敬
P4	（7）	−	（8）	(ii)拡張型【尊敬方向】	敬/CM	−	敬
P5	（8）	−	（9）	(ii)拡張型【尊敬方向】	敬/CM	−	敬
P6	（10）	−	（11）	(ii)拡張型【尊敬方向】	敬/CM	−	敬/CM
P7	（11）	−	（12）	(ii)拡張型【尊敬方向】	敬	−	敬/CM
P8	（12）	−	（13）	(ii)拡張型【尊敬方向】	敬	−	敬
P9	（14）	−	（15）	(iv)B vs. I型	敬	−	イ
P10	（15）	−	（16）		共	−	イ
P11	（17）	−	（18）	(iv)B vs. I型	敬/CM	−	イ
P12	（19）	−	（20）	(iv)B vs. I型	敬/CM	−	イ
P13	（20）	−	（21）	(iv)B vs. I型	敬/CM	−	イ

会話事例3（WG-GE）

(1) GE： $_{Dl}[_{Ul}[\text{Swasti}]_{Ul}$ $_{Ul}[\text{Astu}]_{Ul}]_{Dl}$, Do.
　　　　　　ヒンドゥー教式の挨拶　　　　人名
　　　　　　　　敬　　　　　敬　　　　共
　　　「平安でありますように、ド。」

(2) WG： $_{Dl}[_{Ul}[\text{Om}]_{Ul}$ $_{Ul}[\text{swasti}]_{Ul}$ $_{Ul}[\text{astu}]_{Ul}]_{Dl}$.
　　　　　　ヒンドゥー教式の挨拶
　　　　　　　敬　　　　　敬　　　　　敬
　　　「平安でありますように。」

(3) GE： Beh $_{Dl}[_{Ul}[\text{mekelo}]_{Ul}$ $_{Ul}[\text{sing}]_{Ul}$ $_{Ul}[\text{taen}]_{Ul}$ $_{Ul}[\text{tepuk}]_{Ul}$ $_{Ul}[\text{aa}]_{Ul}]_{Dl}$.
　　　間投詞　　長い　　　　否定　　～したことがある　見える　　particle
　　　　共　　　普　　　　　普　　　　　普　　　　　　普　　　　　普
　　　「もう、長く見たことがないよなあ。」

(4) WG： $_{Dl}[_{Ul}[\text{Aa}]_{Dl}$. $_{Dl}[_{Ul}[\text{Kenken}]_{Ul}]_{Dl}$ kabar Gus?
　　　　　　同意　　　　　どのような　　　　様子　人名（ブラーフマナ層の）
　　　　　　普　　　　　　　普　　　　　　　共　　　共
　　　「ああ。グスはどんな様子だい？」

(5) GE： $_{Dl}[_{Ul}[\text{Becik}]_{Ul}-_{Ul}[\text{becik}]_{Ul}]_{Dl}$.
　　　　　　大体よい
　　　　　　敬-敬
　　　「良いですよ。」

(6) WG： $_{Dl}[_{Ul}[\text{Becik}]_{Ul}-_{Ul}[\text{becik}]_{Ul}]_{Dl}$?
　　　　　　大体よい
　　　　　　敬-敬
　　　「良いですか。」

(7) GE： $_{Dl}[_{Ul}[\text{Kenken}]_{Ul}]_{Dl}$ anu-$_{Dl}[_{Ul}[\text{a}]_{Ul}]_{Dl}$? $_{Dl}[_{Ul}[\text{Apa}]_{Ul}$ $_{Ul}[\text{adan}]_{Ul}-_{Ul}[\text{e}]_{Ul}]_{Dl}$?
　　　　どのような　　　　あれ-the　　　　　何　　　　　名前-the
　　　　　普　　　　　　　共-普　　　　　　普　　　　　普-普
　　　「あれはどうだ？なんて言うんだ？」
　　　$_{Dl}[_{Ul}[\text{Sekaa}]_{Ul}$ $_{Ul}[\text{gamel}]_{Ul}-_{Ul}[\text{a}]_{Ul}]_{Dl}$?
　　　　グループ　　　　ガムラン-the
　　　　　汎　　　　　　　汎-普
　　　「ガムランのグループは？」

付　録

（8）　WG：$_{\text{DI}}[_{\text{UI}}[Engken]_{\text{UI}}\ _{\text{UI}}[to]_{\text{UI}}]_{\text{DI}}.\ _{\text{DI}}[_{\text{UI}}[Biasa]_{\text{UI}}\ _{\text{UI}}[gen]_{\text{UI}}\ _{\text{UI}}[ja]_{\text{UI}}]_{\text{DI}}.$
　　　　　　　どのような　　それ　　　　　普通の　　　　〜のみ　　particle
　　　　　　　　　普　　　　　普　　　　　　普　　　　　　汎　　　　　普　　　普
　　　　「どうかな。普通だよ。」
　　　　Anu　$_{\text{DI}}[_{\text{UI}}[apa]_{\text{UI}}\ _{\text{UI}}[adan]_{\text{UI}}\text{-}_{\text{UI}}[e]_{\text{UI}}]_{\text{DI}}?$
　　　　あれ　　　　何　　　　　　名前-the
　　　　　共　　　　普　　　　　　普-普
　　　　「あれ、なんていうんだ？」
　　　　$_{\text{DI}}[_{\text{UI}}[Latih]_{\text{UI}}]_{\text{DI}}\text{-an-}_{\text{DI}}[_{\text{UI}}[Latih]_{\text{UI}}]_{\text{DI}}\text{-an}\ _{\text{DI}}[_{\text{UI}}[enu]_{\text{UI}}]_{\text{DI}}.$
　　　　　　　練習-練習（latihan-latihan）　　　　　　　まだ
　　　　　　　　　イ-共-イ-共　　　　　　　　　　　　　　普
　　　　「練習はまだやっている。」
　　　　$_{\text{DI}}[_{\text{UI}}[Kalau]_{\text{UI}}\ _{\text{UI}}[raga]_{\text{UI}}\ [kapah]_{\text{UI}},\ _{\text{UI}}[tiang]_{\text{UI}}\ _{\text{UI}}[kapah]_{\text{UI}}\ _{\text{UI}}[kene]_{\text{UI}}]_{\text{DI}}.$
　　　　　　　もし　　　　私達　　　めずらしい　　　私　　めずらしい　このような
　　　　　　　　イ　　　　普　　　　　普　　　　　　敬　　　　普　　　　　普
　　　　「もし俺達がたまにしかやらないと、私もたまにしかやりません。」
　　　　$_{\text{DI}}[_{\text{UI}}[Apa]_{\text{UI}}\ _{\text{UI}}[adan]_{\text{UI}}\text{-}_{\text{UI}}[e]_{\text{UI}}]_{\text{DI}}?$
　　　　　　　何　　　　　　名前-the
　　　　　　　普　　　　　　普-普
　　　　「なんていうんだ？」
　　　　$_{\text{DI}}[_{\text{UI}}[Enu]_{\text{UI}}]_{\text{DI}}\text{ bareng-bareng }_{\text{DI}}[_{\text{UI}}[keto]_{\text{UI}}\ _{\text{UI}}[ma]_{\text{UI}}\text{-}_{\text{UI}}[gambel]_{\text{UI}}$
　　　　　　　まだ　　　　　一緒に　　　　　　そのような　　演奏する（magambel）
　　　　　　　　普　　　　　　共　　　　　　　　　普　　　　　　汎-汎
　　　　$_{\text{UI}}[kapah]_{\text{UI}}\ _{\text{UI}}[keto]_{\text{UI}}]_{\text{DI}}.$
　　　　　　たまに　　そのような
　　　　　　　普　　　　　普
　　　　「まだ一緒にやっているけど、ガムランを演奏するのはたまにだ。」
　　　　$_{\text{DI}}[_{\text{UI}}[Sekat]_{\text{UI}}\ _{\text{UI}}[ba]_{\text{UI}}]_{\text{DI}}\text{ masuk Badung di Badung }_{\text{DI}}[_{\text{UI}}[aja]_{\text{UI}}$
　　　　　　　〜以来　　すでに　　学校へいく　地名　　〜で　　地名　　　　〜のみ
　　　　　　　　汎　　　　普　　　　共　　　　共　　　共　　　共　　　　　イ
　　　　$_{\text{UI}}[keweh]_{\text{UI}}\ _{\text{UI}}[baan]_{\text{UI}}\text{-}_{\text{UI}}[a]_{\text{UI}}\ _{\text{UI}}[jemak]_{\text{UI}}\ _{\text{UI}}[puk]_{\text{UI}}]_{\text{DI}}.$
　　　　　　　難しい　　　そのために（baana）　　　とる　　　particle
　　　　　　　　普　　　　　普-普　　　　　　　　　普　　　　　普
　　　　「バドゥンで学校に入ってから、そのためにバドゥンでガムランをとるの
　　　　　は大変だ。」

(9) GE： Arti−_Dl[_Ul[ne]_Ul _Ul[meN]_Ul]_Dl-gabung
つまり(artine)　　組み合わせる(menggabung)
共−普　　　　　　　イ−共

_Dl[_Ul[se]_Ul-_Ul[buah]_Ul]_Dl　kretivitas　seni　_Dl[_Ul[dadi]_Ul-_Ul[ne]_Ul _Ul[aa]_Ul]_Dl？
ひとつの(sebuah)　　　活動　芸術　その結果(dadinne)　particle(同意の求め)
イ−イ　　　　　　　共　　共　　普−普　　　　　　普

Anu　_Dl[_Ul[aa]_Ul]_Dl？
あれ　particle(同意の求め)
共　　普

「つまり、ひとつの芸術活動を組み合わせることになるんだな？あれだな？」

(10) WG： Nah　_Dl[_Ul[keto]_Ul _Ul[keweh]，_Ul[keweh]_Ul _Ul[apa]_Ul _Ul[adan]_Ul-_Ul[e]_Ul]_Dl？
particle　そのような　難しい　難しい　何　　名前-the
共　　　　普　　　　普　　　普　　普　　普−普

「あのように、何が難しいというんだ？」

_Dl[_Ul[MeN]_Ul]_Dl-bagi　_Dl[_Ul[waktu]_Ul]_Dl　_Ul[model_Ul-_Ul[ne]_Ul]_Dl.
割く(membagi)　　　　時間　　　　たとえば(modelne)
イ−共　　　　　　　　イ　　　　　イ−普

「たとえば時間をさくこと。」

(11) GE： _Dl[_Ul[Aa]_Ul]_Dl.
同意
普

「そうだ。」

_Dl[_Ul[Tapi]_Ul _w<_Ul[se--ne]_Ul-_Ul[benar]_Ul>_w _Ul[yen]_Ul]_Dl　di　kampus　_Dl[_Ul[model]_Ul-_Ul[ne]_Ul
しかし　本当は(sebenarne)　　　もし　　〜でキャンパス　たとえば(modelne)
イ　　　普−イ　　　　　　　　普　　共　共　　　　　イ−普

_Ul[di]_Ul-_Ul[kembang]_Ul-_Ul[kan]_Ul]_Dl　anu　_Dl[_Ul[kan]_Ul]_Dl　N-_Dl[_Ul[sida]_Ul-_Ul[ang]
受身-発展させる(kembangkan)　　あれ　　particle　　　できる(nyidaang)
イ−イ−イ　　　　　　　　　　共　　　イ　　　　　共−普−汎

_Ul[sing]_Ul　_Ul[keto]_Ul　_Ul[aa]_Ul]_Dl.
否定　　　そのような　particle(同意の求め)
普　　　　普　　　　　普

「だけど、本当は、キャンパスでだったら例えば、あれを発展させるのはできる、そうじゃないか？」

付　録

(12) WG： N–_{Dl}[_{Ul}[sida]_{Ul}–[ang]_{Ul}　_{Ul}[gen]_{Ul},　_{Ul}[kala]_{Ul}　_{Ul}[kene]_{Ul}　_{Ul}[keweh]_{Ul}]_{Dl}.
　　　　　　できる(nyidaang)　　　　〜のみ　　　しかし　　　このような　　難しい
　　　　　　　共–普–汎　　　　　　　普　　　　　普　　　　　　普　　　　　　普
　　　　「できる、だけど、難しい。」
　　　　　　　N–_{Dl}[_{Ul}[alih]_{Dl}],　 N–_{Dl}[_{Ul}[alih]_{Dl}]　_{Ul}[soroh]_{Dl}　gamelan
　　　　　　　求める(ngalih)　　　　求める(ngalih)　　　グループ　　　　ガムラン
　　　　　　　共–普　　　　　　　　共–普　　　　　　　汎　　　　　　　　汎
　　　　　_{Dl}[_{Ul}[keto]_{Ul}　_{Ul}[keweh]_{Ul}]_{Dl}.
　　　　　　　そのような　　難しい
　　　　　　　　普　　　　　普
　　　　「ガムラングループを探すのは難しい。」
　　　　　_{Dl}[_{Ul}[Timpal]_{Ul}–_{Ul}[timpal]_{Ul}–_{Ul}[ne]_{Ul}　_{Ul}[ajak]_{Ul}　_{Ul}[demen]_{Ul}　_{Ul}[to]_{Ul}
　　　　　　　友–友-the　　　　　　　　　　　　共に　　　　好きな　　　そのような
　　　　　　　普–普–普　　　　　　　　　　　　 普　　　　　 普　　　　　 普
　　　　　_{Ul}[keweh]_{Ul}　_{Ul}[bin]_{Ul}　_{Ul}[dik]_{Ul}–_{Ul}[lah]_{Ul}]_{Dl}.
　　　　　　難しい　　　さらに　　　少し -particle(強調)
　　　　　　　普　　　　　普　　　　普–イ
　　　　「友だちがいっしょに好きでいるということはさらに少し難しい。」

(13) GE：_{Dl}[_{Ul}[*Ya*]_{Ul}]_{Dl}.
　　　　　　同意
　　　　　　　イ
　　　　「ああ。」
　　　　　_{Dl}[_{Ul}[*Kalau*]_{Ul}　_{Ul}[bes]_{Ul}　_{Ul}[ada]_{Ul}　_{Ul}[ne]_{Ul}　_{Ul}[uli]_{Ul}　Jawa, Sumatra,
　　　　　　　もし　　　　〜過ぎる　　ある　　関係代名詞　〜から　　地名　　地名
　　　　　　　イ　　　　　　普　　　　普　　　　普　　　　　普　　　　共　　　共
　　　　　budaya–_{Ul}[ne]_{Ul}　_{Ul}[ber]_{Ul}–_{Ul}[*beda*]_{Ul}　_{Ul}[sing]_{Ul}　_{Ul}[keto]_{Ul}]_{Dl}?
　　　　　　文化-the　　　　　　違う(berbeda)　　　　否定　　　そのような
　　　　　　共–普　　　　　　　　イ–イ　　　　　　　普　　　　　普
　　　　「もしジャワ、スマトラからの人が多すぎると、文化が違う、そうじゃないか？」

(14) WG：_{Dl}[_{Ul}[*To*]_{Ul}　_{Ul}[ba]_{Ul}]_{Dl}. N-ajak keras _{Dl}[_{Ul}[bin]_{Ul}　_{Ul}[dik]_{Ul}]_{Dl}.
　　　　　　そのような　particle　ともにする(ngajak)　強い　　さらに　　少し
　　　　　　　普　　　　　普　　　　共–共　　　　　　　共　　　普　　　　普
　　　　「そうだ。もう少し強くないと。」

(15) GE： Nah ~D1~[~U1~[yen]~U1~]~D1~　　N–~D1~[~U1~[sida]~U1~–~U1~[ang]~U1~
　　　　　particle　　　もし　　　　　　できる(nyidaang)
　　　　　　　　　　　　共　　普　　　　　共–普–汎

　　　　　~U1~[mani]~U1~ ~U1~[nak]~U1~ ~U1~[dini]~U1~　N–~D1~[~U1~[gae]~U1~]~D1~　anu–~D1~[~U1~[ne]~U1~　~U1~[nyak]~U1~]~D1~?
　　　　　　明日　　強意　　ここで　　　作る(ngae)　　　あれ-the　　　～したい
　　　　　　普　　　普　　　普　　　　　共–普　　　　　共–普　　　　普
　　　「できるなら、今度ここであれを作りたくないか？」

(16) WG： ~D1~[~U1~[*Cobak*]~U1~　~U1~[to]~U1~]~D1~.
　　　　　　　　　試す　　　　　　それ
　　　　　　　　　イ　　　　　　　普
　　　「ためしてみよう。」

　　　　　~D1~[~U1~[*Harus*]~U1~],　~U1~[*harus*]~U1~]~D1~　N–~D1~[~U1~[sida]~U1~–~U1~[ang]~U1~　~U1~[raga]~U1~]~D1~
　　　　　　must　　　　　　must　　　　　　できる(nyidaang)　　　　私達
　　　　　　イ　　　　　　　イ　　　　　　　共–普–汎　　　　　　　普

　　　　　N–~D1~[~U1~[gae]~U1~　~U1~[dini]~U1~]~D1~.
　　　　　　作る(ngae)　　　ここで
　　　　　　共–普　　　　　普
　　　「私達はここで作れなければいけない。」

　　　　　~D1~[~U1~[Yen]~U1~　~U1~[sing]~U1~,　~U1~[yen]~U1~　~U1~[sing]~U1~　~U1~[keto]~U1~],
　　　　　　もし　　　否定　　　　もし　　否定　　　そのような
　　　　　　普　　　　普　　　　　普　　　普　　　　普

　　　　　~U1~[sing]~U1~]~D1~　N–~D1~[~U1~[sida]~U1~–~U1~[ang]~U1~　~U1~[ber]~U1~–~U1~[kembang]~U1~　~U1~[timpal]~U1~–~U1~[timpal]~U1~.
　　　　　　否定　　　　　できる(nyidaang)　　　　　発展する(berkembang)　　　　友–友
　　　　　　普　　　　　　共–普–汎　　　　　　　イ–イ　　　　　　　　　　　普–普

　　　　　~U1~[sing]~U1~]~D1~　N–~D1~[~U1~[sida]~U1~–~U1~[ang]~U1~　~U1~[ber]~U1~–~U1~[kembang]~U1~　~U1~[masih]~U1~　~U1~[puk]~U1~]~D1~.
　　　　　　否定　　　　　できる(nyidaang)　　　　　発展する(berkembang)　　　～も　　　particle
　　　　　　普　　　　　　共–普–汎　　　　　　　イ–イ　　　　　　　　　　普　　　　普
　　　「もしそのようでなければ、発展できなかったら、友だちも発展できない。」

付　録

(17) GE： DI[UI[*Ya*]UI]DI．
　　　　　　 同意
　　　　　　　イ

　　　　　Nah　DI[UI[keto]UI　UI[gen]UI　UI[malu]UI]DI　Do，　DI[UI[nah]UI]DI．
　　　　particle　　そのような　　〜のみ　　　まず　　　人名　　　　particle
　　　　　　　　　　　共　　　　　　普　　　　普　　　　普　　　　共　　　　普
　　　　「そうだ。さあ、そのくらいにしておこう、ド。」
　　　　　　　　DI[UI[Mani]UI]DI　ajak　anu　DI[UI[nah]UI]DI．　DI[UI[Orah]UI]DI-in　DI[UI[*datang*]UI]DI．
　　　　　　　　　　明日　　　一緒に　あれ　　particle　　　　言う(orahin)　　　　来る
　　　　　　　　　　　普　　　　共　　共　　　普　　　　　　　普-共　　　　　　　イ
　　　　「明日あれといっしょにな。来るようにいっておけ。」

表Ⅳ　WGとGEの会話に見られる対話ペアとそれに基づく敬語使用パタン
「敬」：敬語類ユニット、「普」：普通語類ユニット、「イ」：インドネシア語ユニット、
「CM」：発話ユニットにコード混在を含む

対話ペア	前起ユニット	−	後起ユニット	敬語使用パタン	WG	−	GE
P1	（1）	−	（2）	(ii)拡張型【尊敬方向】	敬	−	敬
P2	（3）	−	（4）	(iii)拡張型【親密方向】	普	−	普
P3	（4）	−	（5）		普	−	敬
P4	（5）	−	（6）	(ii)拡張型【尊敬方向】	敬	−	敬
P5	（7）	−	（8）	(iii)拡張型【親密方向】	普/CM	−	普
P6	（9）	−	（10）	(iii)拡張型【親密方向】	普/CM	−	普/CM
P7	（10）	−	（11）	(iii)拡張型【親密方向】	普/CM	−	普/CM
P8	（11）	−	（12）	(iii)拡張型【親密方向】	普/CM	−	普/CM
P9	（12）	−	（13）	(iii)拡張型【親密方向】	普/CM	−	普/CM
P10	（13）	−	（14）	(iii)拡張型【親密方向】	普	−	普/CM
P11	（15）	−	（16）	(iii)拡張型【親密方向】	普/CM	−	普
P12	（16）	−	（17）	(iii)拡張型【親密方向】	普/CM	−	普/CM

会話事例4（KD-GE）

(1)　GE： DI[UI[Kenken]UI　UI[gatra]UI]DI　Dek？
　　　　　　　どのような　　　様子　　　　人名
　　　　　　　　　普　　　　　普　　　　　共
　　　「元気か、デ？」

(2) KD：O ₒ₁[ᵤ₁[baik]ᵤ₁-ᵤ₁[baik]ᵤ₁]ᴅ₁.
　　　　　間投詞　　　大体よい
　　　　　　共　　　　イーイ
　　　　「あー、元気だ。」
(3) GE：ₒ₁[ᵤ₁[Becik]ᵤ₁]ᴅ₁.
　　　　　　　元気な
　　　　　　　　敬
　　　　「お元気ですか。」
(4) 　　ₒ₁[ᵤ₁[Engken]ᵤ₁, ᵤ₁[engken]ᵤ₁]ᴅ₁ kabar di Buleleng-ₒ₁[ᵤ₁[e]ᵤ₁]ᴅ₁?
　　　　　どのような　　　どのような　　様子　～で　地名-the
　　　　　　　普　　　　　　　普　　　　共　　共　　共—普
　　　　「ブレレンの様子はどんなだ、どんなだ？」
　　　　ₒ₁[ᵤ₁[Gumi]ᵤ₁]ᴅ₁　Buleleng-ₒ₁[ᵤ₁[e]ᵤ₁]ᴅ₁?
　　　　　　土地　　　　　　地名-the
　　　　　　　汎　　　　　　共—普
　　　　「ブレレンの土地は？」
(5) KD：Buleleng aman ₒ₁[ᵤ₁[jani]ᵤ₁]ᴅ₁.
　　　　　地名　　平穏な　　　　今
　　　　　共　　　共　　　　　　普
　　　　「ブレレンは今平穏だ。」
　　　　ₒ₁[ᵤ₁[Suud]ᵤ₁ ᵤ₁[ada]ᵤ₁]ᴅ₁ rusuh, ₒ₁[ᵤ₁[sing]ᵤ₁ ᵤ₁[ada]ᵤ₁]ᴅ₁.
　　　　　　終わる　　　ある　　　暴動　　　否定　　　ある
　　　　　　　普　　　　　普　　　共　　　　普　　　　普
　　　　「暴動のあとは、（何も）ない。」
　　　　ₒ₁[ᵤ₁[Sing]ᵤ₁ ᵤ₁[apa]ᵤ₁]ᴅ₁.
　　　　　否定　　　何
　　　　　普　　　　普
　　　　「何もない。」
(6) GE：ₒ₁[ᵤ₁[Tajen]ᵤ₁ ᵤ₁[mara]ᵤ₁]ᴅ₁ rame ₒ₁[ᵤ₁[aa]ᵤ₁]ᴅ₁?
　　　　　　闘鶏　　　～したばかり　賑やかな particle（同意の求め）
　　　　　　　汎　　　　　普　　　　共　　　　普
　　　　「闘鶏は賑やかだろ？」

249

付　録

(7) KD: ᴅ₁[ᴜ₁[Aa]ᴜ₁]ᴅ₁.　ᴅ₁[ᴜ₁[*Asli*]ᴜ₁]ᴅ₁　rame.
　　　　　同意　　　　　本当の　　　　賑やかな
　　　　　普　　　　　　イ　　　　　　共
　「ああ。本当に賑やかだ。」
　　　　　Bola-bola-an　　　　nomor　　ᴅ₁[ᴜ₁[*satu*]ᴜ₁]ᴅ₁　Buleleng.
　　球を使った賭け事(bola-bolaan)　番号　　　　1　　　　　　地名
　　　　　共-共-共　　　　　　共　　　　　イ　　　　　　　共
　「球ものはブレレンが一番だ。」
　　　　　ᴅ₁[ᴜ₁[*Jago*]ᴜ₁-ᴜ₁[*nya*]ᴜ₁　ᴜ₁[*dia*]ᴜ₁]ᴅ₁.
　　　　　得意とするもの-the　　　それ
　　　　　イ-イ　　　　　　　イ
　「そこの得意とするものだ。」

(8) GE: ᴅ₁[ᴜ₁[*Soal*]ᴜ₁-ᴜ₁[ne]ᴜ₁　ᴜ₁[tajen]ᴜ₁　ᴜ₁[*kan*]ᴜ₁]ᴅ₁　anu
　　　　　というのも(soalne)　　闘鶏　　　particle　　あれ
　　　　　イ-普　　　　　　　汎　　　　　イ　　　　　共
　　　　　ᴅ₁[ᴜ₁[sing]ᴜ₁]ᴅ₁　arti-ᴅ₁[ᴜ₁[ne]ᴜ₁]ᴅ₁
　　　　　否定　　　　　　　つまり(artine)
　　　　　普　　　　　　　　共-普
　　　　　ᴜ₁[sing]ᴜ₁]ᴅ₁　N-ᴅ₁[ᴜ₁[sida]ᴜ₁-ᴜ₁[ang]ᴜ₁]ᴅ₁　N-ᴅ₁[ᴜ₁[pasah]ᴜ₁-ᴜ₁[ang]ᴜ₁
　　　　　否定　　　　　できる(nyidaang)　　　　　　　　分ける(masahang)
　　　　　普　　　　　　共-普-汎　　　　　　　　　共-汎-汎
　　　　　ᴜ₁[ajak]ᴜ₁　ᴜ₁[*masyarakat*]ᴜ₁]ᴅ₁　Bali　ᴅ₁[ᴜ₁[aa]ᴜ₁]ᴅ₁?
　　　　　～と　　　　民衆　　　　　　　　バリ　particle(同意の求め)
　　　　　普　　　　　イ　　　　　　　　共　　普
　「というのも、闘鶏はつまり、バリの民衆と切り離すことはできないだろう？」

(9) KD: Nah　ᴅ₁[ᴜ₁[ba]ᴜ₁　ᴜ₁[dadi]ᴜ₁　ᴜ₁[keto]ᴜ₁]ᴅ₁.
　　　particle　すでに　～となる　そのような
　　　　共　　　普　　　普　　　　普
　「もうそうなっている。」
　　　　　ᴅ₁[ᴜ₁[Uli]ᴜ₁　ᴜ₁[pidan]ᴜ₁　ᴜ₁[keto]ᴜ₁　ᴜ₁[*model*]ᴜ₁-ᴜ₁[ne]ᴜ₁]ᴅ₁.
　　　　　～から　　　以前　　　　そのような　　たとえば(modelne)
　　　　　普　　　　　普　　　　　普　　　　　　イ-普
　「以前からたとえばそんなだった。」

(10) D1[U1[Men]U1]D1 Tabanan D1[U1[engken]U1]D1 kabar-D1[U1[ne]U1, [Beli]D1]?
　　　　particle　　　地名　　　どのような　　　様子-the　　　兄
　　　　汎　　　　　共　　　　普　　　　　　共-普　　　　　普
「ところで、タバナンはどんな様子なの、先輩？」

(11) GE： Tabanan D1[U1[patuh]U1] U1[keto]U1] U1[masih]U1]D1.
　　　　　地名　　　　　同じ　　　　そのような　　　～も
　　　　　共　　　　　　普　　　　　普　　　　　　　普
「タバナンも同じくそんなものだ。」

Arti-D1[U1[ne]U1] U1[liu]U1] U1[nak]U1] U1[demen]U1] U1[ma]-[tajen]U1],
つまり(artine)　　多い　　　particle　　好きな　　　　闘鶏をする(matajen)
共-普　　　　　　普　　　　普　　　　　普　　　　　　汎-汎

U1[ada]U1] U1[masih]U1] U1[sing]U1] U1[demen]U1]D1.
ある　　　　～も　　　　　否定　　　　好きな
普　　　　　普　　　　　　普　　　　　普

「つまり、闘鶏をするのが好きな人がたくさんいれば、好きでないのもいる。」

D1[U1[Kalau]U1] U1[kan]U1]D1 biasa-D1[U1[ne]U1] di subak
もし　　　　　　particle　　　普通は(biasane)　　～で　水利組合
イ　　　　　　　イ　　　　　　共-普　　　　　　共　　共

D1[U1[ada]U1]D1 urunan D1[U1[tajen]U1]D1 di banjar
ある　　　　　　寄付　　　闘鶏　　　　　～で 村の集会所
普　　　　　　　共　　　　汎　　　　　　共　　共

D1[U1[ada]U1]D1 urunan D1[U1[tajen.]U1]D1
ある　　　　　　寄付　　　闘鶏
普　　　　　　　共　　　　汎

「もし、普通は水利組合では闘鶏の寄付があって、村の集会所では闘鶏がある。」

(12) KD： D1[U1[Jadi]U1] U1[tajen]U1]D1 di D1[U1[mana]U1-U1[mana]U1] U1[keto]U1] U1[aa]U1]D1?
　　　　　だから　　　　闘鶏　　　　～で　どこ-どこ　　　　　　そのような　particle
　　　　　イ　　　　　　汎　　　　　共　　イ-イ　　　　　　　　普　　　　普
「だから、闘鶏はどこでもそうだろう？」

(13) GE： D1[U1[Aa]U1]D1.
　　　　　同意
　　　　　普
「そうだ。」

251

付　録

（14）　　Nah　ᴅӏ[ᴜӏ[*yang*]ᴜӏ　ᴜӏ[*penting*]ᴜӏ　ᴜӏ[*kan*]ᴜӏ
　　　　　　particle　　関係代名詞　　重要な　　particle
　　　　　　　　　共　　　イ　　　　イ　　　　イ
　　　　　ᴜӏ[cara]ᴜӏ　ᴜӏ[jani]ᴅӏ　N-ᴅӏ[ᴜӏ[sida]ᴜӏ-[ang]]ᴅӏ　masuk　ᴅӏ[ᴜӏ[panak]ᴜӏ　ᴜӏ[to]ᴜӏ]ᴅӏ.
　　　　　〜のような　　今　　　　できる(nyidaang)　　　　学校に行く　　子供　　そのような
　　　　　　　汎　　　普　　　　　共-普-汎　　　　　　　共　　　　普　　　普
　　　　「まあ、重要なのは、今は子供を学校に行かせることだ。」
　　　　　　　ᴅӏ[ᴜӏ[Anggon]ᴜӏ　ᴜӏ[*hibur*]ᴜӏ]ᴅӏ-an.
　　　　　　　　　〜に使う　　　　娯楽(hiburan)
　　　　　　　　　　普　　　　　　イ-共
　　　　「楽しみとして。」

（15）KD：ᴅӏ[ᴜӏ[Ma]ᴜӏ-ᴜӏ[tajen]ᴜӏ　ᴜӏ[payu]ᴜӏ]ᴅӏ,　masuk　ᴅӏ[ᴜӏ[payu]ᴜӏ,
　　　　　　　闘鶏する(matajen)　　実行される　　学校に行く　　実行される
　　　　　　　　汎-汎　　　　　　　普　　　　　　共　　　　　　普
　　　　　ᴜӏ[*minum*]ᴜӏ　ᴜӏ[payu]ᴜӏ　[keto]ᴜӏ]ᴅӏ.
　　　　　　酒を飲む　　　実行される　　そのような
　　　　　　　イ　　　　　普　　　　　普
　　　　「闘鶏もして、子供を学校に行かせて、酒も飲んで、ということだ。」

（16）GE：O　ᴅӏ[ᴜӏ[I]ᴜӏ]ᴅӏ　G.G　ᴅӏ[ᴜӏ[payu]ᴜӏ]ᴅӏ　N-ᴅӏ[ᴜӏ[adep]ᴜӏ]ᴅӏ　kacang.
　　　　　　間投詞　3人称の冠詞　　人名　　実現される　　　売る(ngadep)　　　豆
　　　　　　共　　　汎　　　　　共　　　普　　　　　　共-普　　　　　　共
　　　　「あー、G.Gは豆を売ることになった。」

（17）KD：ᴅӏ[ᴜӏ[I]ᴜӏ]ᴅӏ　K　ᴅӏ[ᴜӏ[engken]ᴜӏ　[(a)sa]ᴜӏ-ᴜӏ[e]ᴜӏ?
　　　　　　3人称の冠詞　人名　どのような　　〜の感じがする(asane)
　　　　　　汎　　　　　共　　普　　　　　　普-普
　　　　「Kはどうなんだ？」

（18）GE：K　ᴅӏ[ᴜӏ[asa]ᴜӏ-ᴜӏ[ne]ᴜӏ　ᴜӏ[sing]ᴜӏ　sangat　ᴅӏ[ᴜӏ[luung]ᴜӏ]ᴅӏ.
　　　　　人名　〜の感じがする(asane)　否定　　とても　　良い
　　　　　共　　　普-普　　　　　　　普　　　共　　　　普
　　　　「Kはとても良いわけではないようだ。」
　　　　　　　ᴅӏ[ᴜӏ[Bes]ᴜӏ　ᴜӏ[engken]ᴜӏ　[adan]ᴜӏ-ᴜӏ[e]ᴜӏ]ᴅӏ?
　　　　　　　　〜すぎる　　どのような　　名前-the
　　　　　　　　普　　　　　普　　　　　普-普
　　　　「何過ぎるというんだ？」

$_{D1}[_{U1}[Yen]_{U1}]_{D1}$　ngemurtiangtimira　$_{D1}[_{U1}[adan]_{U1}-_{D1}[e]_{U1}]_{D1}$.
　　　もし　　　　格言の一種　　　　　名前-the
　　　普　　　　　共　　　　　　　　　普-普
「ngemurtiangtimiraというんだ。」

（19）KD：$_{D1}[_{U1}[Yen]_{U1}$　$_{U1}[tajen]_{U1}$　$_{U1}[sing]_{U1}]_{D1}$　ngemurtiangtimira?
　　　　　　もし　　　　闘鶏　　　　否定　　　　格言の一種
　　　　　　普　　　　　汎　　　　　普　　　　　共
「闘鶏は、ngemurtiang timiraではないのか？」

（20）GE：Ngemurtiang timira　$_{D1}[_{U1}[ja]_{U1}$　$_{U1}[kalau]_{U1}$　$_{U1}[gigis]_{U1}]_{D1}$-an.
　　　　　格言の一種　　　　　　particle　　もし　　　少し-より（gigisan）
　　　　　共　　　　　　　　　　普　　　　　イ　　　普-共
「やや少しなら、ngemurtiang timiraだよ。」

　　　　$_{D1}[_{U1}[Aa]_{U1}]_{D1}$.　$_{D1}[_{U1}[Gigis]_{U1}]_{D1}$-an.
　　　　同意　　　　少し-より（gigisan）
　　　　普　　　　　普-共
「そうだ。やや少しなら。」

（21）KD：O.　Ngemurtiang timira.　$_{D1}[_{U1}[Buin]_{U1}$　$_{U1}[pis]_{U1}$　$_{U1}[sing]_{U1}$　$_{U1}[bakat]_{U1}]_{D1}$.
　　　　　間投詞　格言の一種　　　さらに　　　お金　　　否定　　　得る
　　　　　共　　　共　　　　　　　普　　　　　普　　　　普　　　　普
「ああ。ngemurtiang timiraね。さらに、お金が得られない。」

　　　　$_{D1}[_{U1}[Nak]_{U1}$　$_{U1}[joh]_{U1}$　$_{U1}[maan]_{U1}$　$_{U1}[aa]_{U1}]_{D1}$?
　　　　particle　　遠い　　　得る　　　particle（同意の求め）
　　　　普　　　　　普　　　　普　　　　普
「（闘鶏は）遠くだったんだよね？」

（22）GE：$_{D1}[_{U1}[Aa]_{U1}]_{D1}$.　$_{D1}[_{U1}[Yen]_{U1}$　$_{U1}[tajen]_{U1}$　$_{w}$<ke--an-$_{U1}[betul]_{U1}]_{D1}$>$_{w}$
　　　　　同意　　　　もし　　　闘鶏　　　たまたま（kebetulan）
　　　　　普　　　　　普　　　　汎　　　　共-イ
　　　　$_{U1}[ditu]_{U1}$　$_{U1}[ya]_{U1}]_{D1}$.
　　　　そこで　　　particle
　　　　普　　　　　普
「ああ。闘鶏は、たまたまそこだった。」

（23）KD：Dagang　nasi　idup,　dagang　sate　penyu.
　　　　　商人　　ごはん　生きる　商人　　串焼き　ウミガメ
　　　　　共　　　共　　　共　　　共　　　共　　　共
「ご飯屋は流行っている、ウミガメの串焼き売りは。」

253

付　録

(24) GE： D1[U1[I]U1]D1　G.G　N-D1[U1[adep]U1]D1　kacang.
　　　　　　3人称の冠詞　　人名　　売る(ngadep)　　　豆
　　　　　　　汎　　　　共　　　　共-普　　　　　共
　　　　「G.Gは豆を売っている。」

(25) KD： D1[U1[I]U1]D1　G.G　N-D1[U1[adep]U1]D1　kacang.　Hahaha….
　　　　　　3人称の冠詞　　人名　　売る(ngadep)　　　豆
　　　　　　　汎　　　　共　　　　共-普　　　　　共
　　　　「G.Gが豆を売っている。ハハハ。」

(26) GE： D1[U1[Men]U1]D1　kuliah　D1[U1[engken]U1]D1　Dek?
　　　　　　ところで　　　　授業　　　どのような　　　　人名
　　　　　　　汎　　　　　　共　　　　普　　　　　　　共
　　　　「ところで、大学はどうだい、デ？」

(27) KD： Beh　D1[U1[konden]U1　U1[tamat]U1[ne]U1]D1.　D1[U1[Enu]U1]D1　N-susun.
　　　　　間投詞　まだ〜ない　　卒業する　　これ　　　　まだ　論文をかく(nyusun)
　　　　　共　　　普　　　　　イ　　　　普　　　　　普　　　　　共-共
　　　　「まったく、まだ卒業してない。まだ卒論をかいている。」
　　　　D1[U1[Lagi]U1　U1[sedikit]U1　U1[aja]U1　U1[ini]U1]D1.
　　　　　さらに　　　　少し　　　　　〜のみ　　　これ
　　　　　イ　　　　　イ　　　　　　イ　　　　イ
　　　　「もう少しだけなんだ。」
　　　　D1[U1[Tinggal]U1]D1　bulan　April　D1[U1[kira]U1-U1[kira]U1]D1.
　　　　　残る　　　　　　　　月　　4月　　　おおよそ(kira-kira)
　　　　　イ　　　　　　　　　共　　　共　　　　イ-イ
　　　　「だいたい4月を残すだけだ。」
　　　　D1[U1[Bisa]U1]D1　seminar　D1[U1[satu]U1　U1[ini]U1　U1[dah]U1]D1.
　　　　　できる　　　　　セミナー　　1　　　　　これ　　　particle(強意)
　　　　　イ　　　　　　　共　　　　イ　　　　　イ　　　　イ
　　　　「1回目のセミナーをやることができる。」

(28) GE： D1[U1[Yang]U1　U1[penting]U1　U1[enggal]U1　U1[tamat]U1,　U1[mara]U1　U1[nganten]U1,
　　　　　関係代名詞　　重要な　　　早い　　　卒業する　　　ようやく〜する　結婚する
　　　　　イ　　　　　　イ　　　　　普　　　　イ　　　　　普　　　　　　　普
　　　　U1[nas]U1-U1[ne]U1　U1[keto]U1]D1.
　　　　　間投詞　　　そのような
　　　　　普-普　　　　普
　　　　「大事なのは、早く卒業して、それからようやく結婚する、そういうことだ。」

（29）KD： $_{Dl}[_{Ul}[Tamat]_{Ul}$, $_{Ul}[nganten]_{Ul}]_{Dl}$. Eh $_{Dl}[_{Ul}[tamat]_{Ul}$, $_{Ul}[ma]_{Ul}$-$_{Ul}[gae]_{Ul}]_{Dl}$.
　　　　　　卒業する　　　結婚する　　　間投詞　卒業する　　　　働く(magae)
　　　　　　　イ　　　　　　普　　　　　共　　　イ　　　　　　汎-普
　　　「卒業して、結婚する。いや、卒業して、働く。」

（30）GE： N-$_{Dl}[_{Ul}[adep]_{Ul}]_{Dl}$　kacang　$_{Dl}[_{Ul}[keto]_{Ul}]_{Dl}$.
　　　　　売る(ngadep)　　　　　豆　　　そのような
　　　　　　共-普　　　　　　　共　　　　普
　　　「豆を売って。」

（31）KD： $_{Dl}[_{Ul}[Rencana]_{Ul}$　$_{Ul}[nganten]_{Ul}$　$_{Ul}[umur]_{Ul}$　$_{Ul}[tiga]_{Ul}$-$_{Ul}[puluh]_{Ul}$　$_{Ul}[lima]_{Ul}$
　　　　　　予定　　　　　結婚する　　　年令　　　　3-十の単位　　　　　5
　　　　　　イ　　　　　　普　　　　　　イ　　　　　イ-イ　　　　　　　イ
　　　$_{Ul}[kalau]_{Ul}$　$_{Ul}[tidak]_{Ul}$　$_{Ul}[aral]_{Ul}$　$_{Ul}[meN]_{Ul}$-$_{Ul}[lintang]_{Ul}]_{Dl}$.
　　　　もし　　　　否定　　　　障害　　　邪魔する(melintang)
　　　　イ　　　　　イ　　　　　イ　　　　イ-イ
　　　「結婚の予定は35歳だ。もし何もなかったら。」
　　　$_{Dl}[_{Ul}[Tapi]_{Ul}$　$_{Ul}[kalau]_{Ul}$, $_{Ul}[kalau]_{Ul}$　$_{Ul}[ada]_{Ul}$, $_{Ul}[kalau]_{Ul}$　$_{Ul}[ada]_{Ul}$　$_{Ul}[aral]_{Ul}$,
　　　　しかし　　　もし　　　　もし　　　ある　　　もし　　　ある　　　障害
　　　　イ　　　　　イ　　　　　イ　　　　イ　　　　イ　　　　イ　　　　イ
　　　$_{Ul}[mungkin]_{Ul}$　$_{Ul}[buin]_{Ul}$　$_{Ul}[puan]_{Ul}$　$_{Ul}[bisa]_{Ul}$　$_{Ul}[nganten]_{Ul}]_{Dl}$.
　　　　多分　　　　明日　　　　　　　　　　できる　　　結婚する
　　　　イ　　　　　普　　　　　　　　　　　普　　　　　普
　　　「だけど、もし、もし機会があったら、多分翌日にでも結婚するかも知れない。」

付　録

（32）GE：Hahaha. ₍D1₎[₍U1₎[*Yang*]₍U1₎ ₍U1₎[*penting*]₍U1₎ ₍U1₎[*kan*]₍U1₎ ₍U1₎[I raga]₍U1₎]₍D1₎
　　　　　　　　　　　関係代名詞　　重要な　　　強意　　　　私達
　　　　　　　　　　　　　イ　　　　　イ　　　　　イ　　　　　普

　　　　　　N-₍D1₎[₍U1₎[*sida*]₍U1₎-₍U1₎[*ang*]₍U1₎]₍D1₎　arti-₍D1₎[₍U1₎[*ne*]₍U1₎]₍D1₎　masuk,
　　　　　　　　できる (nyidaang)　　　　　つまり (artine)　　学校へ行く
　　　　　　　　　汎-普-汎　　　　　　　　　　共-普　　　　　　　共

　　　　　₍D1₎[₍U1₎[*tamat*]₍U1₎,　₍U1₎[*nganten*]₍U1₎]₍D1₎, N-₍D1₎[₍U1₎[*gelah*]₍U1₎ ₍U1₎[*panak*]₍U1₎]₍D1₎.
　　　　　　　卒業する　　　結婚する　　　　　もつ (ngelah)　　子供
　　　　　　　　イ　　　　　　普　　　　　　　汎-普　　　　　　普

　「ハハハ。重要なのは、私達は学校にいけて、卒業できて、結婚できて、子供を持てることだ。」

　　　　　　₍D1₎[₍U1₎[*Sing*]₍U1₎ ₍U1₎[*monto*]₍U1₎-₍U1₎[*an*]₍U1₎ ₍U1₎[*gen*]₍U1₎]₍D1₎.
　　　　　　　　否定　　　　そのくらい (montoan)　　～のみ
　　　　　　　　普　　　　　普-汎　　　　　　　　　普

　「そんなものじゃないか。」

　　　　　　₍D1₎[₍U1₎[*Kurenan*]₍U1₎-₍U1₎[*e*]₍U1₎ ₍U1₎[*jegeg*]₍U1₎ ₍U1₎[*sing*]₍U1₎ ₍U1₎[*keto*]₍U1₎]₍D1₎?
　　　　　　　　妻-the　　　　　美人な　　　否定　　　そのような
　　　　　　　　普-普　　　　　　普　　　　　普　　　　　普

　「奥さんは美人でなきゃ、そうじゃないか？」

（33）KD：₍D1₎[₍U1₎[*Kurenan*]₍U1₎ ₍U1₎[*jegeg*]₍U1₎]₍D1₎.
　　　　　　　妻　　　　美人な
　　　　　　　普　　　　　普

　　　　　₍D1₎[₍U1₎[*Gini*]₍U1₎ ₍U1₎[*model*]₍U1₎-₍U1₎[*nya*]₍U1₎]₍D1₎　Gus.
　　　　　　このような　たとえば (modelnya)　　　人名（ブラーフマナ層の）
　　　　　　　イ　　　　　イ-イ　　　　　　　　　　共

　「奥さんは美人か。たとえばこうだよ、グス。」

　　　　　N-₍D1₎[₍U1₎[*alih*]₍U1₎ ₍U1₎[*kurenan*]₍U1₎ ₍U1₎[*to*]₍U1₎ ₍U1₎[*aa*]₍U1₎ ₍U1₎[*cukup*]₍U1₎ ₍U1₎[*jegeg*]₍U1₎
　　　　　　探す (ngalih)　　　妻　　そのような　particle (同意)　十分な　　美人な
　　　　　　　共-普　　　　　　普　　　　普　　　　普　　　　　イ　　　　　普

　　　　　₍U1₎[*ajak*]₍U1₎ ₍U1₎[*dueg*]₍U1₎ w<₍U1₎[*ma--an*]₍U1₎-₍U1₎[*jait*]₍U1₎]₍D1₎>w.
　　　　　　～と　　　　賢い　　　　供え物を編む (majaitan)
　　　　　　　普　　　　　普　　　　　汎-汎

　「奥さんを探すなら、十分美人で、そして供え物を編むのが上手であるべきだ。」

$_{Dl}[_{Ul}[\textit{Biar}]_{Ul}\ _{Ul}[\text{sugih}]_{Ul},\ _{Ul}[\text{sing}]_{Ul}\ _{Ul}[\text{kenapa}]_{Ul}]_{Dl}.$
　　　　　～だとしても　　お金持ち　　　否定　　　どのような
　　　　　　　　イ　　　　　　普　　　　　普　　　　　普
「金持ちだとしても、問題ない。」

(34) GE： $_{Dl}[_{Ul}[\textit{Aa}]_{Ul}]_{Dl}.\ _{Dl}[_{Ul}[\textit{Adi}]_{Ul}\ _{Ul}[\text{keto}]_{Ul}\ _{Ul}[\text{di}]_{Ul}]_{Dl}?$
　　　　　　同意　　　　　　なぜ　　　そのような　　なぜ
　　　　　　普　　　　　　　普　　　　　普　　　　　普
「そうだ。どうして、そうなんだ？」

(35) KD： $_{Dl}[_{Ul}[\textit{Aa}]_{Ul}]_{Dl}.\ _{Dl}[_{Ul}[\textit{Cukup}]_{Ul}\ _{Ul}[\text{keto}]_{Ul}\ _{Ul}[\text{jegeg}]_{Ul}$
　　　　　　同意　　　　　　十分　　　そのような　　美人な
　　　　　　普　　　　　　　イ　　　　　普　　　　　普
$_{Ul}[\text{ajak}]_{Ul}\ _{Ul}[\text{dueg}]_{Ul}\ _w<_{Ul}[\text{ma--an}]_{Ul}\text{-}_{Ul}[\text{jait}]_{Ul}>_w\ [\textit{biar}]_{Ul}\ _{Ul}[\text{sugih}]_{Ul}]_{Dl}.$
　　～と　　　上手い　　　供え物を編む(majaitan)　　　～だとしても　　金持ち
　　普　　　　普　　　　　汎-汎　　　　　　　　　　　　イ　　　　　　普
「そうさ。美人で供え物を編むのが上手いので十分だ、金持ちだとしても。」
$_{Dl}[_{Ul}[\textit{Ka}]_{Ul}\text{-}_{Ul}[\text{anggo}]_{Ul}\text{-}_{Ul}[\text{ang}]_{Ul}]_{Dl}.$
　　　　　　　十分とする（kanggoang）
　　　　　　　　汎-普-汎
「それでがまんしよう。」

(36) GE： Arti-$_{Dl}[_{Ul}[\text{ne}]_{Ul}\ _{Ul}[\text{sing}]_{Ul}\ _{Ul}[\text{nu}]_{Ul}\ _{Ul}[\text{I}]_{Ul}]_{Dl}$ G.G N-$_{Dl}[_{Ul}[\text{adep}]_{Ul}]_{Dl}$ kacang.
　　つまり(artine)　　否定　　まだ　3人称の冠詞　人名　売る(ngadep)　豆
　　共-普　　　　　普　　　普　　汎　　　共　　　共-普　　　　　　共
「つまり、G.Gはまだ、豆を売っていないのか。」

(37) KD： $_{Dl}[_{Ul}[\textit{Sing}]_{Ul}]_{Dl}.$　　　Hahaha...
　　　　　　否定
　　　　　　普
「いや。ハハハ。」

付　録

(38) GE: Nah ₍D₁₎[₍U₁₎[monto]₍U₁₎ ₍U₁₎[gen]₍U₁₎ ₍U₁₎[malu]₍U₁₎]₍D₁₎.
　　　　　　particle 　そのくらい　　～のみ　　　まず
　　　　　　　　　　 共　　　普　　　　普　　　普
　　　　「さあそのくらいにしておこう。」
　　　　　　₍D₁₎[₍U₁₎[Nyanan]₍U₁₎ ₍U₁₎[ma]₍U₁₎-₍U₁₎[lali]₍U₁₎ ₍U₁₎[ja]₍U₁₎ ₍U₁₎[aa]₍U₁₎]₍D₁₎.
　　　　　　　後で　　　　　遊ぶ(malali)　　particle　particle
　　　　　　　　普　　　　　汎-普　　　　　　普　　　　普
　　　　「あとで遊びにこいよ。」

(39) KD: ₍D₁₎[₍U₁₎[*Ya*]₍U₁₎]₍D₁₎.　Jalan-jalan.
　　　　　　同意　　　　　散歩する
　　　　　　　イ　　　　　共-共
　　　　「ああ。遊びにいくよ。」

(40) GE: ₍D₁₎[₍U₁₎[Aa]₍U₁₎]₍D₁₎.
　　　　　　同意
　　　　　　　普
　　　　「ああ。」

表V　KDとGEの会話に見られる対話ペアとそれに基づく敬語使用パタン

「敬」：敬語類ユニット、「普」：普通語類ユニット、「イ」：インドネシア語ユニット、「CM」：発話ユニットにコード混在を含む、「共」：非交替要素（バリ語＝インドネシア語共通要素、バリ語＝インドネシア語借用的要素）のみからなる発話ユニット

対話ペア	前起ユニット	−	後起ユニット	敬語使用パタン	KD	−	GE
P1	（1）	−	（2）	(iv)B vs. I型	イ	−	普
P2	（2）	−	（3）	(iv)B vs. I型	イ	−	敬
P3	（4）	−	（5）	(iii)拡張型【親密方向】	普	−	普
P4	（6）	−	（7）	(iii)拡張型【親密方向】	普/CM	−	普
P5	（8）	−	（9）	(iii)拡張型【親密方向】	普/CM	−	普/CM
P6	（10）	−	（11）	(iii)拡張型【親密方向】	普	−	普/CM
P7	（12）	−	（13）	(iii)拡張型【親密方向】	普/CM	−	普
P8	（14）	−	（15）	(iii)拡張型【親密方向】	普/CM	−	普/CM
P9	（16）	−	（17）	(iii)拡張型【親密方向】	普	−	普
P10	（17）	−	（18）	(iii)拡張型【親密方向】	普	−	普/CM
P11	（19）	−	（20）	(iii)拡張型【親密方向】	普	−	普/CM
P12	（20）	−	（21）	(iii)拡張型【親密方向】	普	−	普/CM
P13	（21）	−	（22）	(iii)拡張型【親密方向】	普	−	普/CM
P14	（23）	−	（24）		共	−	普
P15	（24）	−	（25）	(iii)拡張型【親密方向】	普	−	普
P16	（26）	−	（27）	(iii)拡張型【親密方向】	普/CM	−	普
P17	（28）	−	（29）	(iii)拡張型【親密方向】	普/CM	−	普/CM
P18	（29）	−	（30）	(iii)拡張型【親密方向】	普/CM	−	普
P19	（31）	−	（32）	(iii)拡張型【親密方向】	普/CM	−	普/CM
P20	（32）	−	（33）	(iii)拡張型【親密方向】	普/CM	−	普/CM
P21	（33）	−	（34）	(iii)拡張型【親密方向】	普/CM	−	普
P22	（34）	−	（35）	(iii)拡張型【親密方向】	普/CM	−	普
P23	（36）	−	（37）	(iii)拡張型【親密方向】	普	−	普
P24	（38）	−	（39）	(iv)B vs. I型	イ	−	普
P25	（39）	−	（40）	(iv)B vs. I型	イ	−	普

付　録

会話事例 5（P-GL）

（1）　GL：　$_{Dl}[_{Ul}[Engken]_{Ul}$　$_{Ul}[Mbok]_{Ul}]_{Dl}$, kabar-$_{Dl}[_{Ul}[ne]_{Ul}]_{Dl}$　E　$_{Dl}[_{Ul}[Mbok]_{Ul}]_{Dl}$?
　　　　　　　　　どのような　　　姉　　　　　　　様子-her　　人名　　姉
　　　　　　　　　　普　　　　　　普　　　　　　　共-普　　　　共　　　普
　　　　「Eの様子はどう、先輩？」

（2）　P：　$_{Dl}[_{Ul}[Baik]_{Ul}$-$_{Ul}[baik]_{Ul}$　$_{Ul}[gen]_{Ul}]_{Dl}$.
　　　　　　　　　大体良い　　　　　　　～のみ
　　　　　　　　　　イ-イ　　　　　　　　普
　　　　「元気よ。」

（3）　GL：　$_{Dl}[_{Ul}[Ija]_{Ul}$,　$_{Ul}[ija]_{Ul}$　$_{Ul}[ba]_{Ul}]_{Dl}$　masuk　$_{Dl}[_{Ul}[jani]_{Ul}]_{Dl}$?
　　　　　　　　どこ　　　どこ　　すでに　　登校する　　今
　　　　　　　　 普　　　 普　　　普　　　　 共　　　　普
　　　　「どこに、どこに今通っているの？」

　　　　　　$_{Dl}[_{Ul}[Ba]_{Ul}]_{Dl}$　kelas　$_{Dl}[_{Ul}[kuda]_{Ul}$　$_{Ul}[jani]_{Ul}$　E?
　　　　　　　　すでに　　　学年　　いくつ　　　今　　　人名
　　　　　　　　 普　　　　　共　　　普　　　　　普　　　共
　　　　「もう今は何年生、Eは？」

　　　　　　$_{Dl}[_{Ul}[Mekelo]_{Ul}$　$_{Ul}[sing]_{Ul}$　$_{Ul}[maan]_{Ul}$　$_{Ul}[ketemu]_{Ul}]_{Dl}$.
　　　　　　　　長い　　　　否定　　　　得る　　　　会う
　　　　　　　　 普　　　　　普　　　　　普　　　　　イ
　　　　「長く会ってない。」

　　　　　　$_{Dl}[_{Ul}[Engken]_{Ul}]_{Dl}$　kabar-$_{Dl}[_{Ul}[ne]_{Ul}]_{Dl}$　E?
　　　　　　　　どのような　　　　　様子-her　　　人名
　　　　　　　　　 普　　　　　　　　共-普　　　　 共
　　　　「Eの様子はどう？」

（4）　P：　E　kelas　$_{Dl}[_{Ul}[dua]_{Ul}]_{Dl}$　SD, SD delapan　$_{Dl}[_{Ul}[niki]_{Ul}$　$_{Ul}[lo]_{Ul}]_{Dl}$.
　　　　　人名　学年　　　 2　　　　小学校　第8小学校　　　これ　　　　particle
　　　　　共　　共　　　　イ　　　　共　　　　共　　　　　　敬　　　　　イ
　　　　「Eは小2です。この第8小学校ですよ。」

　　　　　　$_{Dl}[_{Ul}[Ne]_{Ul}]_{Dl}$　di　$_{Dl}[_{Ul}[depan]_{Ul}]_{Dl}$, di　$_{Dl}[_{Ul}[depan]_{Ul}]_{Dl}$　Sudirman Agung.
　　　　　　　関係代名詞　　～で　　　前　　　　～で　　　　前　　　　通り名
　　　　　　　　 普　　　　　共　　　イ　　　　共　　　　　イ　　　　共
　　　　「スディルマン・アグン通りの前の。」

(5) GL： ₍ₐ₎[ᵤ₁[Ajak]ᵤ₁, ᵤ₁[ajak]ᵤ₁   ᵤ₁[panak]ᵤ₁-ᵤ₁[ne]ᵤ₁]₍ₐ₎
          〜と一緒に　〜と一緒に　　　子供-his
            普　　　　　普　　　　　　普−普
        「彼の子供と一緒だ。」

(6) P： Pak　A.G.
        Mr.　人名
        共　　共
        「A.Gさんの。」

(7) GL： Pak　A.G?
        Mr.　人名
        共　　共
        「A.Gさん？」

(8) P： ₍ₐ₎[ᵤ₁[Panak]ᵤ₁-ᵤ₁[ne]ᵤ₁]₍ₐ₎　　Pak　A.G.
               子供-his　　　　　　　　Mr.　人名
                普−普　　　　　　　　　共　　共
        「A.Gさんの子供よ。」

        ₍ₐ₎[ᵤ₁[Pang]ᵤ₁   ᵤ₁[aluh]ᵤ₁]₍ₐ₎-an   N-titip-₍ₐ₎[ᵤ₁[ang]ᵤ₁]₍ₐ₎.
          〜になるように 簡単な-より(aluhan)   預ける(nitipang)
               普　　　　普−共　　　　　　共−共−汎
        「預けやすくなるように。」

(9) GL： E.
        同意
         共
        「ん。」

(10) P： ₍ₐ₎[ᵤ₁[Kala]ᵤ₁   ᵤ₁[keto]ᵤ₁   ᵤ₁[pun]ᵤ₁]₍ₐ₎.
           しかし　　　そのような　　すでに
             普　　　　　普　　　　　敬
        「だけど、こうなのよ。」

        ₍ₐ₎[ᵤ₁[Milu]ᵤ₁]₍ₐ₎ ₒ<ke--an₍ₐ₎[ᵤ₁[giat]ᵤ₁>ₒ   ᵤ₁[sore]ᵤ₁   ᵤ₁[nika]ᵤ₁   ᵤ₁[kene]ᵤ₁   ᵤ₁[padat]ᵤ₁]₍ₐ₎.
             参加する　　活動(kegiatan)　　　夕方　　それ　このように　密な
               普　　　　共−イ　　　　　　　イ　　敬　　　普　　　　イ
        「夕方の課外活動に参加して、このように忙しい。」

付　録

(11) GL： ₍D₁₎[₍U₁₎[Ada]₍U₁₎]₍D₁₎?
　　　　　　ある
　　　　　　　普
　　　　　「あるの？」

(12) P： ₍D₁₎[₍U₁₎[Ada]₍U₁₎]₍D₁₎.
　　　　　　ある
　　　　　　　普
　　　　　「ある。」

(13) GL： ₍D₁₎[₍U₁₎[Ada]₍U₁₎]₍D₁₎ ₍w₎<ke--an-₍D₁₎[₍U₁₎[giat]₍U₁₎>₍w₎ ₍U₁₎[sore]₍U₁₎]₍D₁₎?
　　　　　　ある　　　　　　活動(kegiatan)　　　夕方
　　　　　　　普　　　　　　　共-イ　　　　　　イ
　　　　　「夕方の活動があるの？」

(14) P： ₍D₁₎[₍U₁₎[Ada]₍U₁₎]₍D₁₎ ₍w₎<ke--an-₍D₁₎[₍U₁₎[giat]₍U₁₎>₍w₎ ₍U₁₎[sore]₍U₁₎]₍D₁₎.
　　　　　　ある　　　　　　活動(kegiatan)　　　夕方
　　　　　　　イ　　　　　　　共-イ　　　　　　イ
　　　　　「夕方の活動はある。」

　　　　　₍D₁₎[₍U₁₎[Pulang]₍U₁₎]₍D₁₎ sekolah jam ₍D₁₎[₍U₁₎[satu]₍U₁₎]₍D₁₎.
　　　　　　帰る　　　　　学校　～時　　　1
　　　　　　　イ　　　　　　共　　共　　　イ
　　　　　「学校から1時に帰ってから。」

(15) GL： Les ₍D₁₎[₍U₁₎[model]₍U₁₎-[ne]₍U₁₎]₍D₁₎? Les ₍D₁₎[₍U₁₎[Mbok]₍U₁₎]₍D₁₎?
　　　　　補習　　たとえば(modelne)　　　補習　　　姉
　　　　　　共　　　　イ-普　　　　　　　共　　　普
　　　　　「補習みたいなもの？補習なの、先輩？」

(16) P： ₍D₁₎[₍U₁₎[Nggih]₍U₁₎]₍D₁₎. Les ₍D₁₎[₍U₁₎[tapi]₍U₁₎, ₍U₁₎[tapi]₍U₁
　　　　　　同意　　　　補習　　しかし　　しかし
　　　　　　　敬　　　　　共　　　イ　　　　イ

　　　　　₍U₁₎[ten]₍U₁₎]₍D₁₎ les ₍D₁₎[₍U₁₎[bel]₍U₁₎-[ajar]₍U₁₎]₍D₁₎.
　　　　　～でない　　　補習　　勉強する(belajar)
　　　　　　　敬　　　　　共　　　イ-イ
　　　　　「はい。補習ですが、勉強の補習ではありません。」

(17) GL： Les.
　　　　　補習
　　　　　　共
　　　　　「補習か。」

(18) P : ₁₀[ᵤ₁[*MeN*]ᵤ₁-ᵤ₁[*tari*]ᵤ₁　ᵤ₁[wenten]ᵤ₁]₁₀.
　　　　　　踊り(menari)　　　　　　ある
　　　　　　　イ-イ　　　　　　　　敬
　　　「踊りがあります。」
　　　　　₁₀[ᵤ₁[Ba]ᵤ₁　ᵤ₁[kenten]ᵤ₁　ᵤ₁[Sanggar]ᵤ₁,　ᵤ₁[Sanggar]ᵤ₁]₁₀ Kukuruyuk.
　　　　　　それから　　　　グループ　　　　グループ　　　　　　コケコッコー
　　　　　　　普　　　　敬　汎　　　　　　汎　　　　　　　共
　　　「それから、コケコッコーグループ（伝統遊戯サークル）があります。」

(19) GL : ₁₀[ᵤ₁[Men]ᵤ₁　ᵤ₁[*sore*]ᵤ₁　ᵤ₁[ateh]ᵤ₁]₁₀?
　　　　　　particle　　　夕方　　　　　送る
　　　　　　　汎　　　　　イ　　　　　　普
　　　「ところで夕方は送るの？」

(20) P : ₁₀[ᵤ₁[Ateh]ᵤ₁]₁₀. ₁₀[ᵤ₁[Jani]ᵤ₁　ᵤ₁[ateh]ᵤ₁　ᵤ₁[jumah]ᵤ₁]₁₀ jam ₁₀[ᵤ₁[*satu*]ᵤ₁]₁₀.
　　　　　送る　　　　　　今　　　　送る　　　家に　　　　〜時　　1
　　　　　普　　　　　　　普　　　　普　　　　普　　　　　共　　　イ
　　　「送る。今は1時に家に送る。」
　　　　　₁₀[ᵤ₁[Suud]ᵤ₁　ᵤ₁[*makan*]ᵤ₁]₁₀ jam ₁₀[ᵤ₁[dua]ᵤ₁
　　　　　　終わる　　　　食べる　　　　　〜時　　2
　　　　　　　普　　　　　イ　　　　　　　共　　　普
　　　　ᵤ₁[buin]ᵤ₁　ᵤ₁[ma]ᵤ₁]₁₀-balik ka sekolah.
　　　　　また　　　戻る(mabalik)　〜へ　学校
　　　　　普　　　　汎-共　　　　　共　　　共
　　　「食事のあと、2時に学校にまた戻る。」

(21) GL : ₁₀[ᵤ₁[Sing]ᵤ₁　ᵤ₁[aden]ᵤ₁　ᵤ₁[da]ᵤ₁　ᵤ₁[ba]ᵤ₁　ᵤ₁[mulih]ᵤ₁　ᵤ₁[to]ᵤ₁]₁₀?
　　　　　　否定　　　より良い　　〜するな　particle　帰る　　　　それ
　　　　　　　普　　　　普　　　　　普　　　　普　　　普　　　　　普
　　　「帰らない方がいいんじゃないの？」
　　　　　₁₀[ᵤ₁[*Langsung*]ᵤ₁-ᵤ₁[ang]ᵤ₁　ᵤ₁[gen]ᵤ₁]₁₀.
　　　　　　そのまま続ける(langsungang)　　〜のみ
　　　　　　　イ-汎　　　　　　　　　　　　普
　　　「そのまま続けていさせれば。」

付　録

(22) P：　ᴅ₁[ᴜ₁[*Kadang*]ᴜ₁-ᴜ₁[*kadang*]ᴜ₁　ᴜ₁[ten]ᴜ₁　ᴜ₁[*mulih*]ᴜ₁]ᴅ₁.
　　　　　時々(kadang-kadang)　　　　否定　　帰る
　　　　　　　イ-イ　　　　　　　　敬　　　普
　　　　「時々は帰りません。」
　　　　　ᴅ₁[ᴜ₁[*Kadang*]ᴜ₁-ᴜ₁[*kadang*]ᴜ₁]ᴅ₁　ka　kampus　ᴅ₁[ᴜ₁[kal]ᴜ₁]ᴅ₁　ajak.
　　　　　時々(kadang-kadang)　　　　　　～へ　キャンパス　～するつもり　連れていく
　　　　　　　イ-イ　　　　　　　　　　　　共　　共　　　　　普　　　　　　共
　　　　「時にはキャンパスに連れて行きます。」
　　　　　ᴅ₁[ᴜ₁[*Nggak*]ᴜ₁　ᴜ₁[*bawa*]ᴜ₁]ᴅ₁　baju　ganti　ᴅ₁[ᴜ₁[*bawa*]ᴜ₁]ᴅ₁.
　　　　　　否定　　持ってくる　　　　服　　替え　　持ってくる
　　　　　　　イ　　　　イ　　　　　　共　　共　　　　イ
　　　　「替えの洋服を持って行って。」
　　　　　ᴅ₁[ᴜ₁[*Nyanan*]ᴜ₁]ᴅ₁　jam　ᴅ₁[ᴜ₁[*dua*]ᴜ₁　ᴜ₁[ateh]ᴜ₁　ᴜ₁[buin]ᴜ₁　ᴜ₁[*mrika*]ᴜ₁]ᴅ₁.
　　　　　　後で　　　　　　　　～時　　　2　　　　送る　　　また　　　　あちらへ
　　　　　　　普　　　　　　　　共　　　　イ　　　　普　　　　普　　　　　　敬
　　　　「あとで2時にあちらへまた送ります。」

(23) GL：　ᴅ₁[ᴜ₁[*Sampei*]ᴜ₁]ᴅ₁?
　　　　　　～まで
　　　　　　　イ
　　　　「いつまで？」

(24) P：　ᴅ₁[ᴜ₁[*Sampei*]ᴜ₁]ᴅ₁　jam　ᴅ₁[ᴜ₁[*se*]ᴜ₁]ᴅ₁-tengah　ᴅ₁[ᴜ₁[lima]ᴜ₁]ᴅ₁.　ᴅ₁[ᴜ₁[*Saya*]ᴜ₁]ᴅ₁…
　　　　　～まで　　　～時　　半分(setengah)　　　　5　　　　　　私
　　　　　　イ　　　　共　　　イ-共　　　　　　　　　汎　　　　　イ
　　　　「4時半まで。私は…」

(25) GL：　ᴅ₁[ᴜ₁[*Tapi*]ᴜ₁　ᴜ₁[sing]ᴜ₁　ᴜ₁[*cape*]ᴜ₁　ᴜ₁[*model*]ᴜ₁-ᴜ₁[ne]ᴜ₁]ᴅ₁?
　　　　　しかし　　　否定　　　疲れる　　　たとえば(modelne)
　　　　　　イ　　　　　普　　　　イ　　　　　　イ-普
　　　　「でも疲れないの？」

(26) P : ᴅⅼ[ᵤⅼ[Amun]ᵤⅼ ᵤⅼ[ia]ᵤⅼ ᵤⅼ[ten]ᵤⅼ ᵤⅼ[ja]ᵤⅼ ᵤⅼ[cape]ᵤⅼ]ᴅⅼ.
    もし 彼女 否定 particle 疲れる
    普   普   敬   普   イ
「あの子は疲れないです。」
   ᴅⅼ[ᵤⅼ[Cuma]ᵤⅼ ᵤⅼ[makan]ᵤⅼ ᵤⅼ[agak]ᵤⅼ ᵤⅼ[keweh]ᵤⅼ]ᴅⅼ.
    ただ〜 食事   やや   難しい
    イ   イ   イ   普
「ただ、食事がちょっと難しい。」
  Biasa-ᴅⅼ[ᵤⅼ[nya]ᵤⅼ ᵤⅼ[gitu]ᵤⅼ ᵤⅼ[dah]ᵤⅼ
  普通は(biasanya) そのような particle
    共-イ   イ   イ
 ᵤⅼ[kalau]ᵤⅼ ᵤⅼ[mau]ᵤⅼ ᵤⅼ[cari]ᵤⅼ]ᴅⅼ sekolah ᴅⅼ[ᵤⅼ[nika]ᵤⅼ]ᴅⅼ.
  もし 〜したい 探す   学校 それ
  イ   イ   イ   共   敬
「普通はそうなります。もしあの学校を選ぼうとするなら。」

(27) ᴅⅼ[ᵤⅼ[Yen]ᵤⅼ]ᴅⅼ N-ᴅⅼ[ᵤⅼ[alih]ᵤⅼ ᵤⅼ[ane]ᵤⅼ ᵤⅼ[paek]ᵤⅼ]ᴅⅼ Gung,
    もし 探す(ngalih) 関係代名詞 近い 人名(サトリア層の)
    普   共-普   普   普   共
  ᴅⅼ[ᵤⅼ[nggih]ᵤⅼ, ᵤⅼ[kene]ᵤⅼ ᵤⅼ[ya]ᵤⅼ]ᴅⅼ.
    particle このような particle
    敬   普   普
「もし近くのを探すとですね、グン、こうなのよ。」
  ᴅⅼ[ᵤⅼ[Ten]ᵤⅼ ᵤⅼ[puas]ᵤⅼ ᵤⅼ[raga]ᵤⅼ ᵤⅼ[mutu]ᵤⅼ-ᵤⅼ[nya]ᵤⅼ]ᴅⅼ rasa-ᴅⅼ[ᵤⅼ[nya]ᵤⅼ]ᴅⅼ.
    否定 満足する 私達   質-the   〜の感じがする(rasanya)
    敬   イ   普   イ-イ   共-イ
「私達は質に満足できない気がするのです。」

(28) GL : ᴅⅼ[ᵤⅼ[Nggih]ᵤⅼ]ᴅⅼ.
    同意
    敬
「はい。」

付　録

(29) P:　ᴅɪ[ᴜɪ[*Karena*]ᴜɪ　ᴜɪ[tepuk]ᴜɪ−ᴜɪ[tepuk]ᴜɪ]ᴅɪ, aduh　ᴅɪ[ᴜɪ[kene]ᴜɪ　ᴜɪ[keto]ᴜɪ]ᴅɪ.
　　　　　　〜なので　　　　色々見る　　　　　　間投詞　このような　そのような
　　　　　　　イ　　　　　　普−普　　　　　　　共　　　　普　　　　普
　　　「いろいろ見てみると、ああ、こんなだ、と思ってしまう。」
　　　　　　ᴅɪ[ᴜɪ[Ten]ᴜɪ　ᴜɪ[nyak]ᴜɪ　ᴜɪ[*puas*]ᴜɪ]ᴅɪ.
　　　　　　　否定　　　〜したい　　満足する
　　　　　　　敬　　　　普　　　　　イ
　　　「満足できません。」
　　　　　　ᴅɪ[ᴜɪ[Yen]ᴜɪ]ᴅɪ　N−ᴅɪ[ᴜɪ[alih]ᴜɪ　ᴜɪ[ane]ᴜɪ　ᴜɪ[joh]ᴜɪ, ᴜɪ[*itu*]ᴜɪ　ᴜɪ[*dah*]ᴜɪ]ᴅɪ.
　　　　　　もし　　　　探す(ngalih)　　関係代名詞　遠い　　　それ　　particle
　　　　　　　普　　　　共−普　　　　　　普　　　　普　　　　イ　　　イ
　　　　　　ᴅɪ[ᴜɪ[*Transport*]ᴜɪ]ᴅɪ.
　　　　　　　交通手段
　　　　　　　　イ
　　　「もし遠いのを探すと、あれです。交通手段が。」

(30) G:　ᴅɪ[ᴜɪ[Tiang]ᴜɪ　ᴜɪ[masih]ᴜɪ]ᴅɪ　bingung　ᴅɪ[ᴜɪ[masih]ᴜɪ]ᴅɪ
　　　　　　私　　　　　〜も　　　　　　困る　　　　　〜も
　　　　　　敬　　　　　普　　　　　　　共　　　　　　普
　　　　　　N−ᴅɪ[ᴜɪ[alih]ᴜɪ−ᴜɪ[ang]ᴜɪ]ᴅɪ　D　ᴅɪ[ᴜɪ[jani]ᴜɪ]ᴅɪ.
　　　　　　探してやる(ngalihang)　　　人名　　　今
　　　　　　共−普−普　　　　　　　　共　　　　普
　　　「私も、今Dに探してやるのに困っています。」
　　　　　　ᴅɪ[ᴜɪ[Dija]ᴜɪ　ᴜɪ[kal]ᴜɪ]ᴅɪ　masuk？
　　　　　　どこで　　〜するつもり　　入学する
　　　　　　普　　　　普　　　　　　　共
　　　「どこに入ろうか？」
　　　　　　ᴅɪ[ᴜɪ[Uka]ᴜɪ−ᴜɪ[ang]ᴜɪ　ᴜɪ[asuk]ᴜɪ−ᴜɪ[ang]ᴜɪ]ᴅɪ　playgrup,
　　　　　　〜したい(ukanang)　　　入れる(asukang)　　　　　保育園
　　　　　　普−汎　　　　　　　　普−普　　　　　　　　　　共
　　　　　　playgrup　ᴅɪ[ᴜɪ[sing]ᴜɪ　ᴜɪ[ada]ᴜɪ　ᴜɪ[paek]ᴜɪ　ᴜɪ[ditu]ᴜɪ]ᴅɪ.
　　　　　　保育園　　　　否定　　　　ある　　　　近い　　　　そこで
　　　　　　共　　　　　　普　　　　　普　　　　　普　　　　　普
　　　「保育園に入れたいんだけど、そこには近くにない。」

（31）P： Playgrup ₍Dl₎[₍Ul₎[ndak]₍Ul₎ ₍Ul₎[ada]₍Ul₎ ₍Ul₎[dah]₍Ul₎]₍Dl₎
　　　　　保育園　　　　否定　　　　ある　　　　particle
　　　　　　共　　　　　イ　　　　　イ　　　　　イ
　　　　　di ₍Dl₎[₍Ul₎[dekat]₍Ul₎]₍Dl₎ di ₍Dl₎[₍Ul₎[situ]₍Ul₎]₍Dl₎.
　　　　　～で　　近い　　　　～で　　そこで
　　　　　　共　　　イ　　　　　共　　　イ
　　　　「保育園はそこでは近くにはない。」
（32）GL： ₍Dl₎[₍Ul₎[Uka]₍Ul₎-₍Ul₎[a]₍Ul₎]₍Ul₎ ₍Ul₎[ada]₍Ul₎ ₍Ul₎[dini]₍Ul₎
　　　　　　～したい (ukana)　　　ある　　　　ここで
　　　　　　　普-普　　　　　　　　普　　　　　　普
　　　　　₍Ul₎[or(ah)]₍Ul₎-₍Ul₎[ang]₍Ul₎-₍Ul₎[a]₍Ul₎ ₍Ul₎[murah]₍Ul₎]₍Dl₎.
　　　　　　言う(orahang)-受身　　　　　安い
　　　　　　　　普-汎-汎　　　　　　　　イ
　　　　「ここに、安いと言われているのがある。」
　　　　　₍Dl₎[₍Ul₎[Apa]₍Ul₎]₍Dl₎? Kuncup Mekar?
　　　　　　　何　　　　　　幼稚園の名前
　　　　　　　普　　　　　　　　共
　　　　「何だっけ？クンチュップ・ムカールだっけ？」
（33）P： ₍Dl₎[₍Ul₎[Nggih]₍Ul₎]₍Dl₎. Kuncup Mekar.
　　　　　　同意　　　　　幼稚園の名前
　　　　　　　敬　　　　　　　共
　　　　「はい。クンチュップ・ムカールです。」
（34）GL： ₍Dl₎[₍Ul₎[Ada]₍Ul₎ ₍Ul₎[ja]₍Ul₎, ₍Ul₎[kene]₍Ul₎ ₍Ul₎[soal]₍Ul₎-₍Ul₎[ne]₍Ul₎]₍Dl₎.
　　　　　　ある　　　particle　このようなもの　というのも(soalne)
　　　　　　　普　　　　普　　　　普　　　　　　イ-普
　　　　「あるけど、これだから。」
　　　　　₍Dl₎[₍Ul₎[Apa]₍Ul₎ ₍Ul₎[adan]₍Ul₎-₍Ul₎[e]₍Ul₎ ₍Ul₎[aja(h)]₍Ul₎-in-₍Dl₎[₍Ul₎[a]₍Ul₎]₍Dl₎.
　　　　　　　何　　　　　名前-the　　　　　　教える(ajahin)-受身
　　　　　　　普　　　　　　普-普　　　　　　　　普-共-汎
　　　　「何と言うのが教えられるんだ？」
（35）P： ₍Dl₎[₍Ul₎[Ber]₍Ul₎-₍Ul₎[doa]₍Ul₎-₍Ul₎[ne]₍Ul₎]₍Dl₎.
　　　　　　　祈る(berdoa)-the
　　　　　　　　イ-イ-普
　　　　「お祈りが。」

付　録

(36) GL： ₍ᴅ₁₎[₍ᵤ₁₎[Aja(h)]₍ᵤ₁₎]₍ᴅ₁₎-in-₍ᴅ₁₎[₍ᵤ₁₎[a]₍ᵤ₁₎   ₍ᵤ₁₎[ber]₍ᵤ₁₎-₍ᵤ₁₎[doa]₍ᵤ₁₎]₍ᴅ₁₎   Kristen.
　　　　　　　教える(ajahin)-受身　　　　　　　祈る(berdoa)　　　　キリスト教
　　　　　　　　　普-共-汎　　　　　　　　　　　イ-イ　　　　　　　　共
　　　　「キリスト教のお祈りが教えられる。」
　　　　　₍ᴅ₁₎[₍ᵤ₁₎[Gini]₍ᵤ₁₎]₍ᴅ₁₎.   ₍ᴅ₁₎[₍ᵤ₁₎[Jadi]₍ᵤ₁₎   ₍ᵤ₁₎[kan]₍ᵤ₁₎   ₍ᵤ₁₎[keweh]₍ᵤ₁₎   ₍ᵤ₁₎[adi]₍ᵤ₁₎]₍ᴅ₁₎.
　　　　　　このような　　　　　　だから　　　particle　　　難しい　　　～になる
　　　　　　　　イ　　　　　　　　　イ　　　　　　イ　　　　　普　　　　　普
　　　　「こうなんだ。だから、難しい。」

(37) P： ₍ᴅ₁₎[₍ᵤ₁₎[Keweh]₍ᵤ₁₎]₍ᴅ₁₎.
　　　　　　　難しい
　　　　　　　　普
　　　　「難しい。」

(38)　　　Eh　playgrup　₍ᴅ₁₎[₍ᵤ₁₎[dija]₍ᵤ₁₎   ₍ᵤ₁₎[ya]₍ᵤ₁₎   ₍ᵤ₁₎[buin]₍ᵤ₁₎   ₍ᵤ₁₎[nggih]₍ᵤ₁₎]₍ᴅ₁₎?
　　　　　間投詞　保育園　　どこで　　particle　　さらに　　particle
　　　　　　共　　共　　　　普　　　　普　　　　普　　　　敬
　　　　「さらに保育園がどこにあるでしょうか。」
　　　　　₍ᴅ₁₎[₍ᵤ₁₎[Drika]₍ᵤ₁₎   ₍ᵤ₁₎[ada]₍ᵤ₁₎]₍ᴅ₁₎   di   Gatot Subroto.
　　　　　　あちらに　　　ある　　　　～で　　通り名
　　　　　　　敬　　　　　普　　　　　共　　　共
　　　　「あそこに、ガトット・スブロト通りにあります。」

(39) GL： ₍ᴅ₁₎[₍ᵤ₁₎[Apa]₍ᵤ₁₎   ₍ᵤ₁₎[to]₍ᵤ₁₎]₍ᴅ₁₎?
　　　　　　　何　　　　それ
　　　　　　　普　　　　普
　　　　「それは何？」

(40) P： Yayasan   Ami   ₍ᴅ₁₎[₍ᵤ₁₎[wenten]₍ᵤ₁₎]₍ᴅ₁₎   playgrup.
　　　　　財団　　　財団名　　　ある　　　　　保育園
　　　　　共　　　　共　　　　　敬　　　　　　共
　　　　「アミ財団に保育園があります。」
　　　　　₍ᴅ₁₎[₍ᵤ₁₎[Umum]₍ᵤ₁₎   ₍ᵤ₁₎[tapi]₍ᵤ₁₎   ₍ᵤ₁₎[ber]₍ᵤ₁₎-₍ᵤ₁₎[doa]₍ᵤ₁₎-₍ᵤ₁₎[ne]₍ᵤ₁₎.   ₍ᴅ₁₎[₍ᵤ₁₎[Umum]₍ᵤ₁₎   ₍ᵤ₁₎[ada]₍ᵤ₁₎]₍ᴅ₁₎.
　　　　　　一般の　　　しかし　　　　祈る(berdoa)-the　　　　一般のもの　　ある
　　　　　　　イ　　　　　イ　　　　　　イ-イ-普　　　　　　　　イ　　　　　イ
　　　　「しかしお祈りは一般的なものです。一般的なものがあります。」

(41) GL : ₍Dl₎[₍Ul₎[Sig]₍Ul₎ ₍Ul₎[ne]₍Ul₎, ₍Ul₎[ne]₍Ul₎]₍Dl₎ Pak, Pak A.S?
　　　　　　～で　関係代名詞 関係代名詞　Mr.　Mr.　人名
　　　　　　　普　　　普　　　　普　　　共　　共　　共
　　　「A.Sさんのところですか？」
　　　　　₍Dl₎[₍Ul₎[Dija]₍Ul₎ ₍Ul₎[or(ah)]₍Ul₎-₍Ul₎[ang]₍Ul₎-₍Ul₎[a]₍Ul₎ ₍Ul₎[to]₍Ul₎]₍Dl₎?
　　　　　　どこで　　　言う(orahang)-受身　　　それ
　　　　　　　普　　　　　普-汎-汎　　　　　　　普
　　　「どこだと言ってたかな？」
　　　　　₍Dl₎[₍Ul₎[Ane]₍Ul₎]₍Dl₎　di,　₍Dl₎[₍Ul₎[dija]₍Ul₎]₍Dl₎?
　　　　　関係代名詞　　　～で　　　どこで
　　　　　　　普　　　　　普　　　　　普
　　　「どこの？」

(42) P : ₍Dl₎[₍Ul₎[Dija]₍Ul₎ ₍Ul₎[ne]₍Ul₎]₍Dl₎? Di Sidakarya? Eh,
　　　　　　どこで　　　これ　　　～で　地名　　間投詞
　　　　　　　普　　　　　普　　　共　　共　　　共
　　　「どこだろう。シダカルヤ？いや。」

(43) GL : ₍Dl₎[₍Ul₎[Sing]₍Ul₎]₍Dl₎. ₍Dl₎[₍Ul₎[Paek]₍Ul₎-₍Ul₎[paek]₍Ul₎ ₍Ul₎[ajak]₍Ul₎]₍Dl₎ Warmadewa ₍Dl₎[₍Ul₎[to]₍Ul₎]₍Dl₎?
　　　　　　否定　　　　　近辺の　　　　～と　　　大学名　　　それ
　　　　　　　普　　　　　普-普　　　　　普　　　　共　　　　普
　　　「違う。ワルマデワ大学に近いところ？」

(44) P : Tanjung Bungkak,
　　　　　地名
　　　　　共
　　　「タンジュン・ブンカだ。」

(45) GL : ₍Dl₎[₍Ul₎[Aa]₍Ul₎]₍Dl₎.
　　　　　同意
　　　　　普
　　　「そうだ。」

(46)　　₍Dl₎[₍Ul₎[Apa]₍Ul₎ ₍Ul₎[to]₍Ul₎]₍Dl₎? Kuncup Mekar?
　　　　　　何　　　それ　　　幼稚園名
　　　　　　普　　　普　　　　共
　　　「それは何だっけ？クンチュップ・ムカール？」

269

付　録

(47) P : Kuncup Bunga. Kuncup Bunga. $_{Dl}[_{Ul}[Bukan]_{Ul}]_{Dl}$ Kuncup Mekar. Kuncup Bunga.
　　　　 幼稚園名　　　 幼稚園名　　　　　 否定　　　　　 幼稚園名　　　 幼稚園名
　　　　　共　　　　　　 共　　　　　　　　 イ　　　　　　　 共　　　　　　 共
　　　　「クンチュップ・ブンガです。クンチュップ・ブンガです。クンチュップ・ムカールではありません。クンチュップ・ブンガです。」

(48) GL : $_{Dl}[_{Ul}[Ento]_{Ul}]_{Dl}$　 yayasan　 $_{Dl}[_{Ul}[apa]_{Ul}]$　 $_{Ul}[to]_{Ul}]_{Dl}$　 N-$_{Ul}[gelah]_{Ul}$?
　　　　　それ　　　　　　 財団　　　　　 何　　　　　　 それ　　　　　 持つ(ngelah)
　　　　　普　　　　　　　 共　　　　　　 普　　　　　　 普　　　　　　 共-普
　　　　「それは、何財団がもっているの？」
　　　　　　　　 Kristen　 $_{Dl}[_{Ul}[masih]_{Ul}]_{Dl}$?
　　　　　　 キリスト教　　　 ～もまた
　　　　　　　　 共　　　　　　 普
　　　　「やはりキリスト教？」

(49) P : $_{Dl}[_{Ul}[Ten]_{Ul}]_{Dl}$. $_{Dl}[_{Ul}[Ten]_{Ul}]_{Dl}$. $_{Dl}[_{Ul}[Ten]_{Ul}]_{Dl}$.
　　　　　 否定　　　　　　 否定　　　　　　 否定
　　　　　 敬　　　　　　　 敬　　　　　　　 敬
　　　　「いいえ。いいえ。いいえ。」

(50)　　 $_{Dl}[_{Ul}[Anak]_{Ul}$-$_{Ul}[nya]_{Ul}]$　 $_{Ul}[niki]_{Ul}$　 $_{Ul}[kan]_{Ul}]_{Dl}$?
　　　　　 子供-the　　　　　　 これ　　　　 particle
　　　　　 イ-イ　　　　　　　 敬　　　　　　 イ
　　　　「この人の子供でしょう？」
　　　　　 $_{Dl}[_{Ul}[Anak]_{Ul}$-$_{Ul}[nya]_{Ul}]_{Dl}$　 G.M　 $_{Dl}[_{Ul}[kan]_{Ul}$　 $_{Ul}[drika]_{Ul}]_{Dl}$.
　　　　　 子供-the　　　　 人名　　 particle　　 あちらで
　　　　　 イ-イ　　　　　 共　　　　 イ　　　　　 敬
　　　　「G.Mの子供はあちらでしょう？」

(51) GL : O-
　　　　　 間投詞
　　　　　 共
　　　　「へー。」

(52) P： ₁ₗ[ᵤ₁[*Tapi*]ᵤ₁ ᵤ₁[*dua*]ᵤ₁ ᵤ₁[*hari*]ᵤ₁ ᵤ₁[*se*]ᵤ₁-ᵤ₁[*kali*]ᵤ₁]ₗ₁ masuk.
　　　　　　しかし　　　2　　　日　　　1-回(sekali)　　登校する
　　　　　　イ　　　　イ　　　イ　　　イ-イ　　　　　　共
　　　「だけど、2日に一回、通います。」
　　　　　ₗ₁[ᵤ₁[*Dua*]ᵤ₁ ᵤ₁[*hari*]ᵤ₁ ᵤ₁[*se*]ᵤ₁-ᵤ₁[*kali*]ᵤ₁]ₗ₁ masuk. ₗ₁[ᵤ₁[N]ᵤ₁-ᵤ₁[puan]ᵤ₁]ₗ₁.
　　　　　　2　　　日　　　1-回(sekali)　　登校する　　2日に一回(ngapuan)
　　　　　　イ　　　イ　　　イ-イ　　　　　　共　　　　　汎-普
　　　「2日に一回通います。2日に一回です。」

(53) GL： O- ₗ₁[ᵤ₁[*tapi*]ᵤ₁ ᵤ₁[*bes*]ᵤ₁ ᵤ₁[*joh*]ᵤ₁ ᵤ₁[*gen*]ᵤ₁ ᵤ₁[*aa*]ᵤ₁]ₗ₁.
　　　　　間投詞　しかし　～過ぎる　遠い　～のみ　particle
　　　　　　共　　　イ　　　普　　　普　　　普　　　普
　　　「へー、だけど遠すぎるよね。」

(54) P： ₗ₁[ᵤ₁[*Joh*]ᵤ₁]ₗ₁.
　　　　　遠い
　　　　　普
　　　「遠い。」

(55) GL： ₗ₁[ᵤ₁[*Sing*]ᵤ₁ ᵤ₁[*ada*]ᵤ₁ ᵤ₁[*angkut*]ᵤ₁]ₗ₁-an-ₗ₁[ᵤ₁[*e*]ᵤ₁ ᵤ₁[*to*]ᵤ₁ ᵤ₁[*model*]ᵤ₁-ne]ₗ₁.
　　　　　否定　　　ある　　　乗り物(angkutan)-the　　それ　たとえば(modelne)
　　　　　普　　　普　　　イ-共-普　　　普　　　イ-普
　　　「たとえば、乗り物はないの？」

(56) P： ₗ₁[ᵤ₁[*Jani*]ᵤ₁]ₗ₁ N-ₗ₁[ᵤ₁[*agen*]ᵤ₁-ᵤ₁[*ang*]ᵤ₁
　　　　　今　　　　　わざわざ(ngagenang)
　　　　　普　　　　　共-汎-汎
　　　ᵤ₁[*raga*]ᵤ₁ ᵤ₁[*kema*]ᵤ₁]ₗ₁ N-ₗ₁[ᵤ₁[*ateh*]ᵤ₁-ᵤ₁[*ang*]ᵤ₁]ₗ₁?
　　　　私達　　　そこへ　　　　送る(ngatehang)
　　　　普　　　　普　　　　　　共-普-汎
　　　「今わざわざ私達がそこへ送る？」

付　録

(57) GL： D1[U1[Yen]U1　U1[dini]U1　U1[kan]U1]D1　N-D1[U1[sida]U1-U1[ang]U1]D1.
　　　　　　もし　　　　ここで　　　　particle　　　　できる(nyidaang)
　　　　　　普　　　　　普　　　　　イ　　　　　　　共-普-汎
「もしここならできる。」

D1[U1[Misal]U1-U1[nya]U1]D1　sret　D1[U1[keto]U1　U1[langsung]U1]D1.
たとえば(misalnya)　　　　　さーっと　そのように　　　すぐに
　　イ-イ　　　　　　　　　　　　　　共　　　　　　普　　　　　イ
「たとえば、さーっとすぐに行ける。」

D1[U1[Dini]U1　U1[gen]U1　U1[kan]U1]D1　N-D1[U1[penek]U1
ここで　　　　〜のみ　　　particle　　　　乗る(menek)
普　　　　　　普　　　　　イ　　　　　　共-普

U1[angkut]U1]D1-an　D1[U1[nyen]U1]D1.
乗り物(angkutan)　　　　　あとで
　イ-共　　　　　　　　　　普
「ここでだと、乗り物にのる。」

(58) P： D1[U1[Ya]U1]D1.　D1[U1[PeN]U1-U1[bantu]U1-U1[ne]U1　U1[pedalem]U1]D1.
　　　　 同意　　　　　　お手伝い(pembantu)-the　　　　　　可哀想な
　　　　 イ　　　　　　　イ-イ-普　　　　　　　　　　　　普
「はい。お手伝いが可哀想。」

(59) GL： D1[U1[To]U1　U1[ba]U1]D1.　D1[U1[PeN]U1-U1[bantu]U1-U1[ne]U1　U1[pedalem]U1]D1.
　　　　　それ　　　particle　　　　お手伝い(pembantu)-the　　　　　　可哀想な
　　　　　普　　　　普　　　　　　イ-イ-普　　　　　　　　　　　　普
「その通りだ。お手伝いが可哀想だ。」

D1[U1[Yen]U1　U1[ada]U1　U1[ya]U1]D1　ibu-D1[U1[ne]U1　U1[terus]U1　U1[jumah]U1,
もし　　　　ある　　　　particle　　　　母-the　　　　ずっと　　　　家で
普　　　　　普　　　　　汎　　　　　　共-普　　　　　イ　　　　　　普

U1[dong]U1　U1[sing]U1　U1[engken]U1]D1.
否定　　　　否定　　　　　どのような
普　　　　　普　　　　　　普
「もし母親がずっと家にいたら、何でもない。」

(60) P： ᴅɪ[ᴜɪ[Nika]ᴜɪ ᴜɪ[ten]ᴜɪ ᴜɪ[ada]ᴜɪ ᴜɪ[ne]ᴜɪ ᴜɪ[paek]ᴜɪ-ᴜɪ[paek]ᴜɪ ᴜɪ[nggih]ᴜɪ]ᴅɪ?
　　　　　 それ　　 否定　　 ある　 関係代名詞　 近辺の　　　　 particle
　　　　　 敬　　　 敬　　　 普　　 普　　　　 普-普　　　　　 敬
　　「そこには近いのがないのですか？」
　　Playgrup　ᴅɪ[ᴜɪ[nggih]ᴜɪ]ᴅɪ?
　　　保育園　　　 particle
　　　　共　　　　　敬
　　「保育園ですね？」
　　Eh　ᴅɪ[ᴜɪ[ngujang]ᴜɪ]ᴅɪ　masuk　playgrup　ᴅɪ[ᴜɪ[adi]ᴜɪ]ᴅɪ?
　　間投詞　　 どうして　　　　入る　　保育園　　　 なぜ
　　　共　　　　 普　　　　　　共　　　共　　　　　 普
　　「あれ、どうして保育園に入るの？」
　　ᴅɪ[ᴜɪ[Kuda]ᴜɪ ᴜɪ[*umur*]ᴜɪ-ᴜɪ[ne]ᴜɪ]ᴅɪ?
　　　　 いくつ　　　 年令-her
　　　　 汎　　　　　 イ-普
　　「年はいくつ？」

273

付　録

(61) GL： ᴅˡ[ᵤˡ[Ba]ᵤˡ ᵤˡ[*dua*]ᵤˡ ᵤˡ[*se*]ᴅˡ-tengah ᴅˡ[ᵤˡ[jani]ᵤˡ]ᴅˡ.
　　　　　すでに　　　2　　　半分(setengah)　　　今
　　　　　普　　　　イ　　　イ-共　　　　　　　普
　「今はもう2歳半だ。」

ᴅˡ[ᵤˡ[Bih]ᵤˡ ᵤˡ[jep]ᵤˡ ᵤˡ[gen]ᵤˡ ᵤˡ[*dua*]ᵤˡ ᵤˡ[*se*]ᴅˡ-tengah ᴅˡ[ᵤˡ[kan]ᵤˡ
　　間投詞　　しばし　　〜のみ　　2　　　半分(setengah)　　particle
　　汎　　　普　　　普　　イ　　　イ-共　　　　　　　イ

ᵤˡ[ba]ᵤˡ ᵤˡ[*tiga*]ᵤˡ]ᴅˡ taun ᴅˡ[ᵤˡ[ba]ᵤˡ ᵤˡ[or(ah)]ᵤˡ-ᵤˡ[ang]ᵤˡ]ᴅˡ.
　すでに　　3　　　　年　　すでに　　　　言う(orang)
　普　　　イ　　　　共　　普　　　　　　　普-汎
　「ああ、もう少しで2歳半だから、3歳と言ってもよい。」

ᴅˡ[ᵤˡ[Bani]ᵤˡ ᵤˡ[ba]ᵤˡ masuk-ᴅˡ[ᵤˡ[ang]ᵤˡ ᵤˡ[*daripada*]ᵤˡ]ᴅˡ…
　勇気がある　すでに　入れる(masukang)　〜よりも
　普　　　　　普　　　共-汎　　　　　　イ
　「(保育園に)入れても構わない…。」

ᴅˡ[ᵤˡ[*Soal*]ᵤˡ-ᵤˡ[ne]ᵤˡ ᵤˡ[jani]ᵤˡ se-ᴅˡ[ᵤˡ[*tiap*]ᵤˡ]ᴅˡ N-ᴅˡ[ᵤˡ[tepuk]ᵤˡ]ᴅˡ-in
　　というのも(soalne)　　今　　　〜する度(setiap)　　見る(nepukin)
　　イ-普　　　　　　　　普　　　共-イ　　　　　　　共-普-共

ᴅˡ[ᵤˡ[anak]ᵤˡ ᵤˡ[cenik]ᵤˡ ᵤˡ[ne]ᵤˡ ᵤˡ[len]ᵤˡ-ᵤˡ[an]ᵤˡ ᵤˡ[aa]ᵤˡ]ᴅˡ,
　　人　　　　小さい　　　関係代名詞　　他の(lenan)　　particle
　　普　　　　普　　　　　普　　　　　普-汎　　　　　　普

asal ᴅˡ[ᵤˡ[tepuk]ᵤˡ ᵤˡ[nak]ᵤˡ ᵤˡ[cenik]ᵤˡ ᵤˡ[to]ᵤˡ ᵤˡ[*model*]ᵤˡ-ᵤˡ[ne]ᵤˡ,
〜する限り　見る　　人　　　　小さい　　それ　　たとえば(modelne)
　　　　　　共　　　普　　　　普　　　　普　　　イ-普

ᵤˡ[ia]ᵤˡ ᵤˡ[*ingin*]ᵤˡ ᵤˡ[*akrab*]ᵤˡ, ᵤˡ[keto]ᴅˡ.
　彼女　　〜したい　　親しい　　　　そのような
　普　　　イ　　　　　イ　　　　　　普
　「というのも、他の子供を見る度に、たとえば子供を見ると、彼女は仲良くしたがるんだ。」

$_{DI}[_{U1}[\textit{Tapi}]_{U1}$ $_{U1}[\textit{karena}]_{U1}$ $_{U1}[\textit{ia}]_{U1}$ $_{U1}[\textit{sing}]_{U1}$ $_{U1}[\textit{taen}]_{U1}$ $_{U1}[\textit{ada}]_{U1}]_{DI}$
　　　　しかし　　　〜なので　　　彼女　　　否定　　〜した事がある　　　いる
　　　　　　イ　　　　　　イ　　　　　普　　　　普　　　　　普　　　　　　普

di $_{DI}[_{U1}[\textit{jumah}]_{U1}$ $_{U1}[\textit{to}]_{U1}$ $_{U1}[\textit{sing}]_{U1}$ $_{U1}[\textit{ada}]_{U1},$ $_{U1}[\textit{sing}]_{U1}$ $_{U1}[\textit{ada}]_{U1}]_{DI}$
〜で　　　家で　　　　それ　　　否定　　　いる　　　否定　　　いる
　共　　　普　　　　　普　　　　普　　　　普　　　　普　　　　普

ajak-$_{DI}[_{U1}[\textit{a}]_{U1}$ $_{U1}[\textit{ma}]_{U1}$-$_{U1}[\textit{gae}]_{U1}]_{DI}.$
　　　　誘う-受身　　　　働く(magae)
　　　　　共-普　　　　　　汎-普

「だけど、彼女は家にいたことがないから、いっしょに遊ぶのがいない。」

(62) P : $_{DI}[_{U1}[\textit{Tidak}]_{U1}$ $_{U1}[\textit{ada}]_{U1}$ $_{U1}[\textit{teman}]_{U1}]_{DI}.$
　　　　　　　否定　　　　いる　　　　友達
　　　　　　　　イ　　　　　イ　　　　　イ

「友だちがいない。」

(63) GL : $_{DI}[_{U1}[\textit{Sing}]_{U1}$ $_{U1}[\textit{ada}]_{U1}]_{DI}$ N-ajak $_{DI}[_{U1}[\textit{ma}]_{U1}$-$_{U1}[\textit{gae}]_{U1},$
　　　　　　　否定　　　　いる　　　誘う(ngajak)　　　働く(magae)
　　　　　　　　普　　　　普　　　　　共-共　　　　　　汎-普

$_{U1}[\textit{sing}]_{U1}$ $_{U1}[\textit{ada}]_{U1}]_{DI}$ ajak $_{w}<_{DI}[_{U1}[\textit{ma--an}]_{U1}$ $_{U1}[\textit{pe}]_{U1}$-$_{U1}[\textit{lali}]_{U1}]_{DI}>_{w}.$
　否定　　　いる　　　いっしょに　　　　　　　遊ぶ(maplalian)
　　普　　　普　　　　　共　　　　　　　　　　　汎-汎-普

「いっしょに働く人がいない、いっしょに遊ぶ人がいない。」

(64) P : Eh $_{DI}[_{U1}[\textit{tetangga}]_{U1}$-$_{U1}[\textit{tetangga}]_{U1}$ $_{U1}[\textit{ten}]_{U1}$ $_{U1}[\textit{ada}]_{U1}$
　　　　間投詞　　　　近所の家々　　　　　　　　　否定　　　いる
　　　　　共　　　　　　イ-イ　　　　　　　　　　　敬　　　　普

$_{U1}[\textit{nak}]_{U1}$ $_{U1}[\textit{kecil}]_{U1}$-$_{U1}[\textit{kecil}]_{U1}]_{DI}?$
　　人　　　　　　小さい
　　普　　　　　　イ-イ

「え、近所に小さい子はいないのですか。」

付　録

(65) GL： ₍Dl₎[₍Ul₎[Ada]₍Ul₎ ₍Ul₎[nak]₍Ul₎ ₍Ul₎[cenik]₍Ul₎, ₍Ul₎[*tapi*]　₍Ul₎[*model*]₍Ul₎-₍Ul₎[ne]　₍Ul₎[len]₍Ul₎
　　　　　　　　いる　　　　　人　　　　小さい　　　しかし　　たとえば(modelne)　　違う
　　　　　　　　普　　　　　　普　　　　普　　　　　イ　　　　イ-普　　　　　　　普
　　　　　w<₍Ul₎[*per--an*]₍Ul₎₍Ul₎[*gaul*]₍Ul₎-₍Ul₎[*e*]₍Ul₎>w　₍Ul₎[nak]₍Ul₎　₍Ul₎[ditu]₍Ul₎　₍Ul₎[*model*]₍Ul₎-₍Ul₎[ne]₍Dl₎.
　　　　　　　　交際(pergaulan)-the　　　　　　　particle　　そこで　　たとえば(modelne)
　　　　　　　　イ-イ-普　　　　　　　　　　　　普　　　　　普　　　　イ-普
　　　　「子供はいるけど、つまりそこでは付き合い方が違う。」
　　　　　　₍Dl₎[₍Ul₎[Raga]₍Ul₎ ₍Ul₎[kan]₍Ul₎ ₍Ul₎[*ingin*]₍Ul₎-₍Ul₎[kan]₍Ul₎ ₍Ul₎[pang]₍Ul₎ ₍Ul₎[ia]₍Ul₎ ₍Ul₎[to]₍Ul₎
　　　　　　　　私達　　particle　　　望む(inginkan)　　～になるように　彼女　　それ
　　　　　　　　普　　　イ　　　　　イ-イ　　　　　　普　　　　　　　普　　　普
　　　₍Ul₎[ber]₍Ul₎-₍Ul₎[*gaul*]₍Ul₎ ₍Ul₎[pang]₍Ul₎₍Dl₎ ajak ₍Dl₎[₍Ul₎[timpal]₍Ul₎-₍Ul₎[timpal]₍Ul₎-₍Ul₎[ne]₍Dl₎.
　　　　　　　　つきあう(bergaul)　～になるように　一緒に　　友達(timpal-timpal)-her
　　　　　　　　イ-イ　　　　　　　　普　　　　　共　　　　　　普-普-普
　　　　「おれたちは彼女が友だちとつき合うように願っている。」

(66) P： ₍Dl₎[₍Ul₎[*Tapi*]₍Ul₎]₍Dl₎ D ₍Dl₎[₍Ul₎[kan]₍Ul₎]₍Dl₎ ukur-an ₍Dl₎[₍Ul₎[badan]₍Ul₎-₍Ul₎[*nya*]₍Ul₎ ₍Ul₎[*ini*]₍Ul₎]₍Dl₎.
　　　　　　しかし　　　人名　　particle　サイズ(ukuran)　身体-her　　これ
　　　　　　イ　　　　　　　共　　　イ　　　共-共　　　　イ-イ　　　　イ
　　　　「だけど、Dは身体のサイズがこうでしょう。」
　　　　　　₍Dl₎[₍Ul₎[*Tinggi*]₍Ul₎]₍Dl₎.
　　　　　　　高い
　　　　　　　イ
　　　　「背が高い。」

(67) GL： ₍Dl₎[₍Ul₎[Tegeh]₍Ul₎]₍Dl₎.
　　　　　　　高い
　　　　　　　汎
　　　　「背が高い。」

(68) P： ₍Dl₎[₍Ul₎[Tegeh]₍Ul₎]₍Dl₎.
　　　　　　　高い
　　　　　　　汎
　　　　「背が高い。」

(69) GL： Gede N-₍Dl₎[₍Ul₎[genah]₍Ul₎]₍Dl₎. ₍Dl₎[₍Ul₎[Losog]₍Ul₎]₍Dl₎.
　　　　　　大きい　～に見える(ngenah)　　ひょろっとした
　　　　　　共　　　　共-普　　　　　　　　汎
　　　　「大きく見える。ひょろっとしている。」

(70) P： Ee. ~D1~[~U1~[Losog]~U1~ ~U1~[*di*]~U1~]~D1~-banding V ~D1~[~U1~[*gitu*]~U1~ ~U1~[*lo*]~U1~]~D1~.
　　　　同意　ひょろっとした　　受身-比べる　　人名　そのような　particle
　　　　共　　　汎　　　　　　　イ-共　　　　共　　　イ　　　　イ
　　「ん。Vに比べてひょろっとしているわ。」
　　　　V　~D1~[~U1~[*kan*]~U1~　~U1~[cenik]~U1~]~D1~.
　　　人名　particle　　小さい
　　　　共　　イ　　　　普
　　「Vは小さいから。」
　　　~D1~[~U1~[Enu]~U1~　~U1~[manying]~U1~　~U1~[gen]~U1~　~U1~[buin]~U1~]~D1~.
　　　　まだ　　　　甘えている　　　〜のみ　　　さらに
　　　　普　　　　　普　　　　　　　普　　　　　普
　　「しかも、まだ甘えん坊だし。」
　　　~D1~[~U1~[Keweh]~U1~　~U1~[masih]~U1~]~D1~　N-~D1~[~U1~[asuk]~U1~-~U1~[ang]~U1~]~D1~.
　　　　難しい　　　　　〜も　　　　　　　　入れる (ngasukang)
　　　　普　　　　　　　普　　　　　　　　　共-普-汎
　　「（保育園に）入れるのは難しい。」

付　録

(71) GL：~D1~[~U1~[Len]~U1~]~D1~　D.
　　　　　　異なる　　　人名
　　　　　　　普　　共
「Dは違う。」

Asal ~D1~[~U1~[suba]~U1~ N-~D1~[~U1~[tepuk]~U1~]~D1~-in ~D1~[~U1~[anak]~U1~ ~U1~[cenik]~U1~,
～する限り　すでに　　見る(nepukin)　　　　　人　　　　小さい
　　共　　　　普　　　　　共-普-共　　　　　　普　　　　普

~U1~[jeg]~U1~ ~U1~[apa]~U1~]~D1~ pokok-~D1~[~U1~[ne]~U1~ ~U1~[demen]~U1~ ~U1~[keto]~U1~ ~U1~[lo]~U1~]~D1~.
particle　何　　とにかく(pokokne)　気に入る　そのような　particle
　汎　　　普　　　共-普　　　　　　普　　　　　普　　　　　イ

「子供を見れば、とにかく機嫌がいいんだ。」

~D1~[~U1~[Dadi]~U1~ ~U1~[ia]~U1~ ~U1~[biar]~U1~ ~U1~[sing]~U1~ ~U1~[ada]~U1~ ~U1~[mama]~U1~-~U1~[ne]~U1~,
よろしい　　彼女　　～だとしても　否定　　　いる　　　ママ-her
　普　　　　普　　　　イ　　　　　普　　　　普　　　　イ-普

~U1~[sing]~U1~ ~U1~[ada]~U1~ ~U1~[nyen]~U1~]~D1~ asal ~D1~[~U1~[ba]~U1~ ~U1~[ada]~U1~ ~U1~[timpal]~U1~-~U1~[ne]~U1~
否定　　　いる　　　だれ　　　～する限り　すでに　いる　　　友達-her
普　　　　普　　　　普　　　　共　　　　　普　　　普　　　　普-普

~w~＜~U1~[ma--an]~U1~ ~U1~[pe]~U1~-~U1~[lali]~U1~＞~w~, ~U1~[sing]~U1~, ~U1~[sing]~U1~]~D1~ inget
遊ぶ(maplayanan)　　　　　　　　　　否定　　　否定　　　覚えている
汎-汎-普　　　　　　　　　　　　　　普　　　　普　　　　共

~D1~[~U1~[ajak]~U1~ ~U1~[anak]~U1~ ~U1~[len]~U1~ ~U1~[buin]~U1~]~D1~.
～について　人　　　他の　　　もはや
　普　　　　普　　　普　　　　普通

「たとえママがいなくても、だれがいなくても、遊ぶ友だちがいさえすれば、他の人はもはや忘れてしまう。」

~D1~[~U1~[Ya]~U1~]~D1~. Arti-~D1~[~U1~[ne]~U1~ ~U1~[kan]~U1~ ~U1~[ia]~U1~ ~U1~[ba]~U1~ ~U1~[kurang]~U1~ ~U1~[sosialisasi]~U1~]~D1~.
同意　　　つまり(artine)　particle 彼女　すでに　足りない　　社会性
　イ　　　　共-普　　　　　イ　　　普　　普　　　イ　　　　　イ

「そう。つまり、彼女は社会との交わりが足りないのだ。」

（72）P： ~D1~[~U1~[*Ya*]~U1~]~D1~.
　　　　　　同意
　　　　　　イ

~D1~[~U1~[*Perlu*]~U1~, ~U1~[*perlu*]~U1~ ~U1~[*teman*]~U1~]~D1~ pokok-~D1~[~U1~[ne]~U1~ ~U1~[ia]~U1~]~D1~.
　必要な　　　必要な　　友達　　　とにかく(pokokne) 彼女
　　イ　　　　　イ　　　　イ　　　　　共-普　　　　　普

「そうね。彼女はとにかく友だちが必要ね。」

~D1~[~U1~[*Kan*]~U1~ ~U1~[keto]~U1~]~D1~.
　particle（強意） そのような
　　　イ　　　　　　普

「そうじゃない？」

~D1~[~U1~[Keweh]~U1~ ~U1~[*soal*]~U1~-~U1~[ne]~U1~]~D1~ N-~D1~[~U1~[gelah]~U1~ ~U1~[panak]~U1~ ~U1~[cenik]~U1~
　難しい　　　というのも(soalne)　　　持つ(ngelah)　子供　　　小さい
　　普　　　　　　イ-普　　　　　　　共-普　　　　　普　　　　普

~U1~[jani]~U1~ ~U1~[cara]~U1~]~D1~ G.G.
　今　　　～のように　人名
　普　　　　普　　　　共

「今、G.Gのように、小さい子供をもつのは大変だから。」

付　録

（73）　　D1[U1[*Kan*]U1]D1　　masuk　TK．
　　　　　　　　particle　　　通園する　幼稚園
　　　　　　　　　　　　イ　　　　共　　共
　　　「幼稚園に通っているでしょう。」
　　　　D1[U1[*PeN*]U1–U1[*bantu*]U1–U1[ne]　　U1[ten]U1　U1[wenten]U1]D1．
　　　　　　　　お手伝い(pembantu)-the　　　　否定　　　　　　いる
　　　　　　　　　　　　イ–イ–普　　　　　　敬　　　　　　敬
　　　「お手伝いはいません。」
　　　　D1[U1[*Pulang*]U1]D1．　Ibu–D1[U1[ne]U1]D1　N-ajak　masuk．
　　　　　　　　帰る　　　　　　　母-his　　　　連れていく(ngajak)出勤する
　　　　　　　　　イ　　　　　　共–普　　　　共–共　　　　共
　　　「田舎に帰りました。母親が子供を連れて出勤しています。」
　　　　D1[U1[*Satu*]U1]．　U1[*satu*]U1]D1　minggu　D1[U1[*satu*]U1]D1．
　　　　　　　　1　　　　　　　1　　　　　　　週　　　　　1
　　　　　　　　イ　　　　　　　イ　　　　　　共　　　　　イ
　　　「1週間に一回です。」
　　　　D1[U1[*Kadang*]U1–U1[*kadang*]U1　U1[*dua*]U1　U1[*kali*]U1　U1[*gen*]U1]D1
　　　　　　　　時々(kadang-kadang)　　　　　　2　　　　　回　　　　〜のみ
　　　　　　　　　　　イ–イ　　　　　　　　　イ　　　　　イ　　　　　普
　　　　masuk　D1[U1[kene]U1]D1　TK．
　　　　通園する　このようなもの　幼稚園
　　　　　共　　　　普　　　　　　共
　　　「時には2回だけ幼稚園に通ってます。」

（74）GL：　D1[U1[*Yen*]U1　U1[*ba*]U1]D1　TK　D1[U1[*ditu*]U1　U1[*ada*]U1　U1[*ba*]U1　U1[*luung*]U1]D1．
　　　　　　もし　　すでに　　幼稚園　そこで　　ある　　すでに　　良い
　　　　　　普　　　普　　　　共　　　普　　　　普　　　普　　　　普
　　　「もしそこに幼稚園がもうあったら良いが。」

(75) P : ₍ₐ₎[*Yen*]_U1]_D1 lepas-_D1[_U1[*a*]_U1, _U1[*yen*]_U1]_D1 lepas-_D1[_U1[*a*]_U1
　　　　　　もし　　　　　放す-受身　　　もし　　　　放す-受身
　　　　　　普　　　　　共-汎　　　　普　　　　　共-汎
　　　_U1[mulih]_U1 _U1[*kosong*]_U1]_D1 di _D1[_U1[*rumah*]_U1]_D1.
　　　　帰る　　　　空の　　　　　〜で　　家
　　　　普　　　　　イ　　　　　　共　　　イ
　　「もし放っておいたら、もし放っておいたら、彼女が帰ったときに家にだれもいない。」
　　　_D1[_U1[*Kan*]_U1 _U1[*itu*]_U1 _U1[*dah*]_U1]_D1. _D1[_U1[*Pedalem*]_U1 [*dadi*]_U1-_U1[*ne*]_U1]_D1.
　　　　particle　　　それ　　particle　　　　可哀想な　　　その結果(dadinne)
　　　　　イ　　　　　イ　　　イ　　　　　　　普　　　　　　普-普
　　「そうだ。かわいそうだ。」
　　　N-_D1[_U1[*alih*]_U1 _U1[*peN*]_U1-_U1[*bantu*]_U1 _U1[*masih*]_U1 _U1[*keweh*]_U1]_D1.
　　　　探す(ngalih)　　お手伝い(pembantu)　　　〜も　　　難しい
　　　　共-普　　　　　イ-イ　　　　　　　　　普　　　　普
　　「お手伝いを探すのも難しい。」

(76) GL : _D1[_U1[*Keweh*]_U1 _w<_U1[*se--nya*]_U1 _U1[*benar*]_U1]_D1>_w.
　　　　難しい　　　　　　本当は(sebenarnya)
　　　　普　　　　　　　　イ-イ
　　「本当は難しい。」

付　録

(77) P： ₍D1₎[₍U1₎[Tiang]₍U1₎ ₍U1₎[*cobak*]₍U1₎ ₍U1₎[nak]₍U1₎ [ba]₍U1₎]₍D1₎ janji-₍D1₎[₍U1₎[ang]₍U1₎-₍U1₎[a]₍U1₎
　　　　　　私　　　　試す　　particle　すでに　　　約束する(janjiang)-受身
　　　　　　敬　　　　イ　　　普　　　　普　　　　　　　　共-汎-普
　　　₍U1₎[ajak]₍U1₎ ₍U1₎[Mbok]₍U1₎]₍D1₎ D.W.
　　　　～によって　　姉　　　　　　人名
　　　　　普　　　　普　　　　　　　共
「私が頼んでみたところ、D.Wさんに約束してもらったのです。」
　　　Wih　 ₍D1₎[₍U1₎[ba]₍U1₎ ₍U1₎[*kenceng*]₍U1₎ ₍U1₎[gati]₍U1₎]₍D1₎ seprai-₍D1₎[₍U1₎[ne]₍U1₎]₍D1₎
　　　間投詞　すでに　　張りつめた　　　　とても　　　　シーツ-the
　　　　　　　共　　　　普　　　　　　イ　　　　　　普　　共-普
　　　N-₍D1₎[₍U1₎[anti]₍U1₎-₍U1₎[ang]₍U1₎ ₍U1₎[peN]₍U1₎-₍U1₎[bantu]₍U1₎]₍D1₎.
　　　　　　　待つ(ngantiang)　　　　お手伝い(pembantu)
　　　　　　　　共-普-汎　　　　　　　　イ-イ
「もう、シーツはしわ1つなく、お手伝いを待っていた。」
　　　　　　₍D1₎[₍U1₎[Buung]₍U1₎]₍D1₎. ₍D1₎[₍U1₎[Juang]₍U1₎ [anak]₍U1₎]₍D1₎.
　　　　　　　　中止の　　　　　　　　取る　　　　人
　　　　　　　　　普　　　　　　　　　普　　　　　普
「取り止めになった。人に取られてしまった。」
　　　Ih　₍D1₎[₍U1₎[*cuma*]₍U1₎ ₍U1₎[beda]₍U1₎ [buin]₍U1₎ ₍U1₎[berapa]₍U1₎]₍D1₎ jam ₍D1₎[₍U1₎[kene]₍U1₎]₍D1₎
　　　間投詞　ただ～　　　異なる　　　さらに　　　いくつ　　～時間　このように
　　　　　　　共　　　　イ　　　　イ　　　　普　　　イ　　　共　　　普
　　　N-₍D1₎[₍U1₎[payu]₍U1₎-₍U1₎[ang]₍U1₎ ₍U1₎[tiang]₍U1₎]₍D1₎.
　　　　　実現させる(mayuang)　　　私
　　　　　　共-普-汎　　　　　　　　敬
「ああ、たったあと数時間私より先に決まってしまいました。」

(78) GL： ₍D1₎[₍U1₎[Kene]₍U1₎]₍D1₎.
　　　　　　このような
　　　　　　　普
「このようにすればいい。」

$_{DI}[_{UI}[Men]_{UI}]_{DI}$　N-$_{DI}[_{UI}[alih]_{UI}$　$_{UI}[peN]_{UI}$-$[bantu]_{UI}$　$[to]_{UI}$　$_{UI}[jani]_{UI}$　$_{UI}[to]_{UI}]_{DI}$
　　　particle　　探す(ngalih)　　お手伝い(pembantu)　　それ　　今　　それ
　　　　汎　　　　　共-普　　　　　　イ-イ　　　　　普　　普　　普
pokok-$_{DI}[_{UI}[ne]_{UI}]_{DI}$　se-$_{DI}[_{UI}[tiap]_{UI}$　$_{UI}[hari]_{UI}$　$[raya]_{UI}$　$[itu]_{UI}$　$[lo]_{UI}]_{DI}$.
　とにかく(pokokne)　　〜毎(setiap)　　　日　　　大きい　　それ　　particle
　　　共-普　　　　　　共-イ　　　　　イ　　　イ　　　イ　　　イ
「もし今お手伝いを探すとしたら、とにかく祝日毎だ。」

(79) P: $_{DI}[_{UI}[Engken]_{UI}$　$_{UI}[to]_{UI}]_{DI}$?
　　　　　　どのような　　　　それ
　　　　　　　　普　　　　　　　普
　　　「どういうこと？」

(80) GL: Di　$_{DI}[_{UI}[mulih]_{UI}$　$_{UI}[to]_{UI}$　$[ba]$　$[pesan]_{UI}]_{DI}$-in.
　　　　〜の時　　田舎に帰る　　それ　　particle　　予約する(pesanin)
　　　　　共　　　　普　　　　　普　　　　普　　　　　イ-共
　　　「田舎に帰るときに、予約しておくんだ。」

(81) P: Ka　$_{DI}[_{UI}[kene]_{UI}$　$_{UI}[kone]_{UI}]_{DI}$　ka Tejakula　$_{DI}[_{UI}[to]_{UI}]_{DI}$　N-$_{DI}[_{UI}[alih]_{UI}]_{DI}$.
　　　　〜へ　　このような所　　〜らしい　　〜へ　　地名　　　それ　　　　探す(ngalih)
　　　　　共　　　　普　　　　　　普　　　共　　　共　　　　普　　　　　共-普
　　　「ここへ、テジャクラに探しに行くらしい。」

(82) GL: $_{DI}[_{UI}[To]_{UI}$　$_{UI}[ba]_{UI}]_{DI}$.　N-$_{DI}[_{UI}[kangin]_{UI}$-$_{UI}[ang]_{UI}$　$[to]_{UI}$　$[liu]_{UI}]_{DI}$.
　　　　　　それ　　　particle　　　　東に行く(nganginang)　　そのような　　多い
　　　　　　　普　　　　普　　　　　　　共-普-汎　　　　　　　　普　　　　　普
　　　「その通りだ。東に行くと多い。」
　　　　　　$_{DI}[_{UI}[Aa]_{UI}]_{DI}$.　N-$_{DI}[_{UI}[kangin]_{UI}$-$_{UI}[ang]_{UI}$　$[to]_{UI}$　$[ba]_{UI}$　$[liu]_{UI}]_{DI}$.
　　　　　　　同意　　　　東に行く(nganginang)　　そのような　　すでに　　多い
　　　　　　　　普　　　　　共-普-汎　　　　　　　普　　　　普　　　普
　　　「そうだ。東に行くと多い。」
　　　Ulian　$_{DI}[_{UI}[liu]_{UI}$　$_{UI}[Mbok]_{UI}$,　$_{UI}[Mbok]_{UI}]_{DI}$ Tu.
　　　地名　　　多い　　　　姉　　　　　姉　　　　人名
　　　　共　　　普　　　　　普　　　　　普　　　　共
　　　「ウリアンには多いですよ、トゥさん。」

(83) P: $_{DI}[_{UI}[Liu]_{UI}]_{DI}$?
　　　　　　多い
　　　　　　　普
　　　「多い？」

283

付　録

（84）GL： Tamblang $_{Dl}[_{Ul}[to]_{Ul}$　$_{Ul}[liu]_{Ul}$　$_{Ul}[ada]_{Ul}]_{Dl}$.
　　　　　　地名　　　　それ　　　　多く　　　ある
　　　　　　　　　　　共　　　　　普　　　　　普　　　　普
　　　　「タンブランはたくさんいる。」

（85）P： $_{Dl}[_{Ul}[Liu]_{Ul}$　$_{Ul}[ada]_{Ul}]_{Dl}$.
　　　　　　たくさん　　　いる
　　　　　　　　普　　　　　普
　　　　「たくさんいる。」

（86）GL： $_{Dl}[_{Ul}[Yen]_{Ul}]_{Dl}$　N–$_{Dl}[_{Ul}[gelah]_{Ul}]_{Dl}$　di　Tamblang,
　　　　　　もし　　　　　　　持つ(ngelah)　　　～で　地名
　　　　　　　普　　　　　　　　共–普　　　　　　　共　　共
　　　　di　Tajun　$_{Dl}[_{Ul}[to]_{Ul}]_{Dl}$　N–$_{Dl}[_{Ul}[gelah]_{Ul}]_{Dl}$,　N–$_{Dl}[_{Ul}[gelah]_{Ul}$　$_{Ul}[kenal]_{Ul}]_{Dl}$–an,
　　　　～で　地名　　　　それ　　　　持つ(ngelah)　　　持つ(ngelah)　　知り合い(kenalan)
　　　　　共　　共　　　　　普　　　　　　共–普　　　　　　　共–普　　　　　イ–共
　　　　$_{Dl}[_{Ul}[jeg]_{Ul}$　$_{Ul}[ditu]_{Ul}]_{Dl}$　N–$_{Dl}[_{Ul}[alih]_{Ul}$　$_{Ul}[peN]_{Ul}$–$_{Ul}[bantu]_{Ul}$　$_{Ul}[enak]_{Ul}$,　$_{Ul}[enggal]_{Ul}]_{Dl}$.
　　　　particle　そこで　　探す(ngalih)　　お手伝い(pembantu)　　うまい　　　早い
　　　　　普　　　普　　　　共–普　　　　　　イ–イ　　　　　　イ　　　　普
　　　　「もしタンブランにいたら、タジュンにいたら、知り合いがいたら、そこでお手伝いを探せば、都合がいいし、早い。」

（87）P： $_{Dl}[_{Ul}[Yen]_{Ul}$　$_{Ul}[kene]_{Ul}$　$_{Ul}[kone]_{Ul}$　$_{Ul}[napi]_{Ul}]_{Dl}$　Galungan,　Nyepi.
　　　　　もし　　　このような　　～らしい　　何　　　祝日名　　祝日名
　　　　　普　　　　　普　　　　　　普　　　　敬　　　　共　　　　共
　　　　「もしこのような時、あの、ガルンガン、ニュピの時でしょうか。」

（88）GL： Nah　Galungan,　Nyepi.
　　　　　particle　祝日名　　祝日名
　　　　　　共　　　共　　　　共
　　　　「そう、ガルンガン、ニュピです。」
　　　　Pokok–$_{Dl}[_{Ul}[ne]_{Ul}$　$_{Ul}[paek]_{Ul}$　$_{Ul}[jani]_{Ul}$　$_{Ul}[kan]_{Ul}]_{Dl}$　Nyepi.
　　　　とにかく(pokokne)　　近い　　　今　　　particle　祝日名
　　　　　共–普　　　　　　　普　　　普　　　　イ　　　　共
　　　　とにかく、今近いのはニュピだ。」

（89）P： Nyepi.
　　　　　祝日名
　　　　　　共
　　　　「ニュピね。」

(90) GL： Nyepi, ₍Dl₎[₍Ul₎[ada]₍Ul₎]₍Dl₎　Anggara　Kasih　₍Dl₎[₍Ul₎[to]₍Ul₎]₍Dl₎
　　　　　祝日名　　　　ある　　　　　曜日　　　曜日　　　それ
　　　　　　共　　　　　共　　　　　　共　　　共　　　　普
　　　　biasa–₍Dl₎[₍Ul₎[ne]₍Ul₎]₍Ul₎[ia]₍Ul₎　₍Ul₎[kan]₍Ul₎　₍Ul₎[mulih]₍Ul₎]₍Dl₎.
　　　　　普通は(biasane)　　その人　　particle　　田舎に帰る
　　　　　　共–普　　　　　普　　　　イ　　　　　普
　　　　「ニュピ、アンガル・カシがあると、普通はお手伝いは田舎に帰る。」
　　　　₍Dl₎[₍Ul₎[Ada]₍Ul₎　₍Ul₎[odal]₍Ul₎]₍Dl₎-an.　₍Dl₎[₍Ul₎[To]₍Ul₎　₍Ul₎[ba]₍Ul₎]₍Dl₎　N–₍Dl₎[₍Ul₎[alih]₍Ul₎]₍Dl₎.
　　　　　ある　　寺の祭り(odalan)　　　それ　　particle　　　探す(ngalih)
　　　　　普　　　汎–共　　　　　　　　普　　　普　　　　　　共–普
　　　　「寺の祭りがある。それを探すんだ。」

(91) P：　₍Dl₎[₍Ul₎[Keweh]₍Ul₎]₍Dl₎　₍Ul₎[masih]₍Ul₎]₍Dl₎　N–₍Dl₎[₍Ul₎[alih]₍Ul₎]₍Dl₎　₍Ul₎[peN]₍Ul₎–₍Ul₎[bantu]₍Ul₎]₍Dl₎.
　　　　　難しい　　　　～もまた　　　探す(ngalih)　　　お手伝い(pembantu)
　　　　　普　　　　　普　　　　　共–普　　　　　イ–イ
　　　　「お手伝いを探すのは難しい。」

付　録

表Ⅵ　PとGLの会話に見られる対話ペアとそれに基づく敬語使用パタン

「敬」：敬語類ユニット、「普」：普通語類ユニット、「イ」：インドネシア語ユニット、「CM」：発話ユニットにコード混在を含む、「汎」：汎用語類のみからなる発話ユニット、「共」：非交替要素（バリ語＝インドネシア語共通要素、バリ語＝インドネシア語借用的要素）のみからなる発話ユニット

対話ペア	前起ユニット	−	後起ユニット	敬語使用パタン	P	−	GL
P1	（1）	−	（2）	(iii)拡張型【親密方向】	普/CM	−	普
P2	（3）	−	（4）	(i)規範型	敬/CM	−	普
P3	（5）	−	（6）		共	−	普
P4	（6）	−	（7）		共	−	共
P5	（7）	−	（8）		普	−	共
P6	（8）	−	（9）		普	−	共
P7	（10）	−	（11）	(i)規範型	敬/CM	−	普
P8	（11）	−	（12）	(iv)B vs. I型	イ	−	普
P9	（13）	−	（14）	(iv)B vs. I型	イ	−	普/CM
P10	（15）	−	（16）	(i)規範型	敬/CM	−	普/CM
P11	（16）	−	（17）		敬	−	共
P12	（17）	−	（18）		敬/CM	−	共
P13	（19）	−	（20）	(iii)拡張型【親密方向】	普/CM	−	普/CM
P14	（21）	−	（22）	(i)規範型	敬/CM	−	普/CM
P15	（23）	−	（24）		汎/CM	−	イ
P16	（25）	−	（26）	(i)規範型	敬/CM	−	普/CM
P17	（27）	−	（28）	(ii)拡張型【尊敬方向】	敬/CM	−	敬
P18	（29）	−	（30）	(ii)拡張型【尊敬方向】	敬/CM	−	敬
P19	（30）	−	（31）	(iv)B vs. I型	イ	−	普
P20	（32）	−	（33）	(i)規範型	敬	−	普/CM
P21	（34）	−	（35）	(iii)拡張型【親密方向】	普/CM	−	普/CM
P22	（36）	−	（37）	(i)規範型	敬	−	普/CM
P23	（38）	−	（39）	(i)規範型	敬	−	普
P24	（39）	−	（40）	(i)規範型	敬/CM	−	普
P25	（41）	−	（42）	(iii)拡張型【親密方向】	普	−	普
P26	（42）	−	（43）	(iii)拡張型【親密方向】	普	−	普
P27	（43）	−	（44）		共	−	普
P28	（44）	−	（45）		共	−	普
P29	（46）	−	（47）	(iv)B vs. I型	イ	−	普
P30	（48）	−	（49）	(i)規範型	敬/CM	−	普

対話ペア	前起ユニット	-	後起ユニット	敬語使用パタン	P	-	GL
P31	(50)	-	(51)		敬/CM	-	共
P32	(52)	-	(53)		汎/CM	-	普/CM
P33	(53)	-	(54)	(iii)拡張型【親密方向】	普	-	普/CM
P34	(55)	-	(56)	(iii)拡張型【親密方向】	普	-	普/CM
P35	(56)	-	(57)	(iii)拡張型【親密方向】	普	-	普/CM
P36	(57)	-	(58)	(iii)拡張型【親密方向】	普/CM	-	普/CM
P37	(58)	-	(59)	(iii)拡張型【親密方向】	普/CM	-	普/CM
P38	(60)	-	(61)	(i)規範型	敬/CM	-	普/CM
P39	(62)	-	(63)	(iv)B vs. I型	イ	-	普
P40	(64)	-	(65)	(i)規範型	敬/CM	-	普/CM
P41	(66)	-	(67)		イ	-	汎
P42	(68)	-	(69)		汎	-	普
P43	(69)	-	(70)	(iii)拡張型【親密方向】	普/CM	-	普
P44	(70)	-	(71)	(iii)拡張型【親密方向】	普/CM	-	普/CM
P45	(71)	-	(72)	(iii)拡張型【親密方向】	普/CM	-	普/CM
P46	(73)	-	(74)	(i)規範型	敬/CM	-	普
P47	(75)	-	(76)	(iii)拡張型【親密方向】	普/CM	-	普/CM
P48	(77)	-	(78)	(iii)拡張型【親密方向】	普/CM	-	普/CM
P49	(78)	-	(79)	(iii)拡張型【親密方向】	普	-	普/CM
P50	(79)	-	(80)	(iii)拡張型【親密方向】	普	-	普/CM
P51	(81)	-	(82)	(iii)拡張型【親密方向】	普	-	普
P52	(82)	-	(83)	(iii)拡張型【親密方向】	普	-	普
P53	(83)	-	(84)	(iii)拡張型【親密方向】	普	-	普
P54	(84)	-	(85)	(iii)拡張型【親密方向】	普	-	普
P55	(86)	-	(87)	(i)規範型	敬	-	普/CM
P56	(87)	-	(88)	(i)規範型	敬	-	普/CM
P57	(88)	-	(89)		共	-	普/CM
P58	(90)	-	(91)	(iii)拡張型【親密方向】	普/CM	-	普/CM

あとがき

　本書は、2007年3月に東京外国語大学大学院地域文化研究科に提出した博士論文「バリ語とインドネシア語のコード混在」（2008年1月学位授与）をもとにしている。本書のうち、初出部分は次の通りである。いずれも本書に収めるにあたり加筆修正を行った。

第1章2、3節、第2章2、3、4節：
　「バリ言語社会の構成とバリ人の言語使用」『変わるバリ、変わらないバリ』倉沢愛子・吉原直樹編、勉誠出版、2009年、251-268頁。
第5章：
　「バリ語―インドネシア語コード混在と敬語使用の相互作用」『多言語社会インドネシア　変わりゆく国語、地方語、外国語の諸相』森山幹弘・塩原朝子編、めこん、2009年、129-152頁。

　本書執筆に至るまでに、数えきれない多くの方々にお世話になった。
　東京外国語大学大学院総合国際学研究院栗田博之教授には、主任指導教官として、研究面のみならず、あらゆる面で便宜を図って頂き、大変お世話になった。本研究の計画・遂行、本研究にかかわる論考や本論文の執筆に数多くのご助言とご指導を頂いた。とくに本研究の会話コーパスのサンプリングについて有益なコメントを頂いた。筆者が研究活動を続けることができたのは、筆者の研究に対する栗田先生の深いご理解があったからこそである。ここに厚く御礼を申し上げる。
　京都大学大学院アジア・アフリカ地域研究研究科梶茂樹教授には、いつも温かく見守って頂きながら、研究発表や調査に関してさまざまな便宜を図って頂いた。また、本研究テーマにかかわる発表や論考について、たびたびご助言とご指導を頂いた。本書においてはとくに第3章にかかわるトピックについて貴重なご意見を賜った。深く感謝を申し上げる。

あとがき

　東京外国語大学アジア・アフリカ言語文化研究所宮崎恒二教授は、長年にわたり温かく見守って下さり、筆者の研究活動の遂行のために、さまざまな便宜を図って下さった。本研究の計画・遂行や本研究テーマにかかわる論考には多くのご助言・ご指導を下さった。心から感謝申し上げる。
　東京外国語大学大学院総合国際学研究院中川裕教授からは、博士論文の草稿に的確なコメントを頂いた。心から感謝申し上げる。
　博士論文を審査して下さった、栗田博之先生、梶茂樹先生、宮崎恒二先生、中川裕先生、森口恒一先生（静岡大学人文学部教授）からは、貴重なご指摘とコメントを受け、大変学ぶところが大きかった。本書ですべての教示に応えられなかったかもしれないが、今後の研究で生かしていきたい。
　インドネシア・バリ州で行った現地調査では、筆者の寄宿先の I Luh Putu Wrasiati氏を始め、たくさんの方々に多大なるご協力をいただいた。個々にお名前を挙げることはできないが、ウダヤナ大学の教員・職員・学生の皆様、そしてチュニガン通りの住民の皆様にお礼を申し上げたい。
　また、本書の編集と刊行を引き受け、最後まで支えて下さった大阪大学出版会の栗原佐智子さんに心から感謝申し上げたい。

　なお、本研究の遂行には平成12年度文部科学省科学研究費特定領域（A）（研究課題番号12039214、研究代表者梶茂樹）および平成17年度・18年度文部科学省科学研究費若手研究（B）（研究課題番号17720094、研究代表者原真由子）の助成を受けている。そして、本書の刊行には、独立行政法人日本学術振興会平成23年度科学研究費補助金（研究成果公開促進費）の交付を受けた。記して感謝申し上げる。

参考文献

Anom, I Gusti Ketut et al. (1983) *Tata Bahasa Bali* (『バリ語文法』). Dinas Pendidikan dan Kebudayaan Propinsi Daerah Tingkat I Bali.
Azuma, S. (1993) "The frame-content hypothesis in speech production: evidence from intrasentential code switching". *Linguistics*, 31, pp.1071-1093.
―――― (1997) "Meaning and form in code-switching". *Codeswitching Worldwide*, Rodolfo Jacobson (ed.), Berlin, New York: Mouton de Gruyter, pp.109-123.
Bagus, I Gusti Ngurah. (1979) *Perubahan Pemakaian Bentuk Hormat dalam Masyarakat Bali – Sebuah Pendekatan Etnografi Berbahasa* (『バリ社会における敬語使用の変化 ― ことばの民族誌的アプローチ』). Ph.D Dissertation in Anthropology. Jakarta: Indonesia University.
Bawa, I Wayan (1983) *Bahasa Bali di Daerah Propinsi Bali; Sebuah Kajian Geografi Dialek* (『バリ州におけるバリ語：方言地理学的考察』). Disseratation. Jakarta: Universitas Indonesia.
Brown, R. and Gilman, A. (1960) "The pronouns of power and solidarity". *Style in Language*, T.A. Sebeok (ed.). Cambridge, Mass: MIT Press, pp.253-76.
Clynes, Adrian (1995) "Balinese". D. Tryon (ed.). *Comparative Austronesian Dictionary: An Introduction to Austronesian Studies*. pp.495-509.
Denes, I Made et al. (1982) *Geografi Dialek Bahasa Bali* (『バリ語方言地理学』). Jakarta: Pusat Pembinaan dan Pembangunan Bahasa Departemen Pendidikan dan Kebudayaan.
Errington, J.J. (1998) *Shifting Languages –Interaction and Identity in Javanese Indonesia*. Cambridge: Cambridge University Press.
Ferguson, C.A. (1959) "Diglossia". *Word*, 15, pp.325-40.
Fishman, J.A. (1967) "Bilingualism with and without diglossia; diglossia with and without bilingualism". *Journal of Social Issues*, 23, 2, pp.29-38.
―――― (1991) *Reversing Language Shift –Theoretical and Empirical Foundations of Assistance to Threatened Languages and Can Threatened Languages Be Saved?*, Clevedon, UK: Multilingual Matters.
Gordon, R.G. Jr. (ed.) (2005) *Ethnologue: Languages of the World, Fifteenth edition*. Dallas, Tex.: SIL International. Online version: http://www.ethnologue.com/.
Gudschinsky, S. (1956) "The ABC's of lexicostatistics (glottochronology)", *Word*, 12, pp.175-210.
Joshi, A.K. (1985) "Processing of sentences with intrasentential codeswitching". *Natural Language Parsing: Psychological Computational and Theoretical Perspectives*, David R. Dowty, Lauri Karttunen, Arnold M. Zwicky (eds.). Cambridge University Press, pp.190-205.
Kato, K. (1993) *Sentence Adverbs: Their Syntax and Discourse Functions*. The Intercultural Research Institute Kansai Gaidai University.
Kersten, S.V.D. (1984) *Bahasa Bali*. Ende: Nusa Indah.
Lyons, J. (1968) *An Introduction to Theoretical Linguistics*. Cambridge: Cambridge University Press. (J.ライオンズ (1973)『理論言語学』國廣哲弥、杉浦茂夫、東信行訳、大修館書店)
Moeliono, A. (1986) *Language Development and Cultivation: Alternative Approaches in Language Planning*. (*Pacific Linguistics*, Series D, No.68) Canberra: Dep. of Linguistics, The Australian

参考文献

National University.
Myers-Scotton, C. 1992a. "Constructing the frame in intrasentential codeswitching", *Multilingua*, 11 -1, pp.101-127.
――― 1992b. "Codeswitching as a mechanism of deep borrowing, language shift, and language death", *Language Death in East Africa*, Matthias Brenzinger (ed.), Berlin: Mouton de Gruyter, pp.31-58.
――― 1993. *Duelling Languages: Grammatical Structure in Codeswitching*. New York: Oxford University Press.
Nababan, P. W. J. (1982) "Indonesia: The language situation," *Language Teaching Issues in Multilingual Environments in Southeast Asia*, Richard B. Noss (ed.), Singapore: SEAMEO Regional Language Centre, pp.1-47.
Penduduk Indonesia Hasil Survei Penduduk Antar Sensus 1995. 1996. Biro Pusat Statistik Jakarta.
Poplack, S. (1980) "Sometimes I'll start a sentence English Y TERMINO EN ESPANOL: towards a typology of code-switching", *Linguistics*, 18, pp.581-618.
Putra Agung, A. A. G and Musta, I. N. (1991) *Sejarah Pendidikan Bali* (『バリの教育の歴史』). Departemen Pendidikan dan Kebudayaan, Direktorat Jenderal Kebudayaan Direktorat Sejarah dan Nilai Tradisional, Bagian Proyek Inventarisasi dan Pembinaan Nilai-Nilai Budaya Bali.
Schegloff, E. and Sacks, H. (1972) "Opening up closing", *Semiotica*, 7, pp.289-327.
（エマニュエル・シェグロフ、ハーヴィー・サックス（1995）「会話はどのように修了されるのか」ジョージ・サーサス、ハロルド・ガーフィンケル、ハーヴィー・サックス、エマニュエル・シェグロフ著、北澤裕、西阪仰訳『日常性の解剖学――知の会話』マルジュ社、pp.175-241.）
Schiffrin, D. (1987) *Discourse Markers*. Cambridge: Cambridge University Press.
Sneddon, J. N. (1996) *Indonesian: A Comprehensive Grammar*. London: Routledge.
Sridhar, S. N and Sridhar, K. K. (1980) "The syntax and psycholinguistics of bilingual code-mixing", *Canadian Journal of Psychology*, 34, pp.407-416.
Statistik Bali 1993. (1994) Biro Pusat Statistik Propinsi Bali.
Swadesh, M. (1955) "Towards greater accuracy in lexicostatistic dating", *International Journal of American Linguistics*, 21, pp.121-137.
Syahdan (2000) "Code-switching in the speech of elite Sasaks," *Sasak: Working Papers in Sasak*, vol.2, Peter. K. Austin (ed.), pp.99-109.
Trudgill, P. (1974) *Sociolinguistics: An Introduction*. Penguin Books.
（トラッドギル（1975）『言語と文化』土田滋訳、岩波書店）
Udara Naryana, Ida Bagus (1983) *Anggah-Ungguhing Basa Bali dan Peranannya sebagai Alat Komunikasi Masyarakat Bali* (『バリ人にとってのバリ語敬語体系とコミュニケーションの手段としてのその役割』). Denpasar: Udayana University.
石井和子(1993)「日々の言葉、役所の言葉――国語と地方語」宮崎恒二、山下晋司、伊藤眞編『アジア読本インドネシア』河出書房新社、pp.269-274.
今井邦彦(2001)『語用論への招待』大修館書店.
崎山理、柴田紀男（1992）「バリ語」亀井孝、河野六郎、千野栄一編『言語学大辞典第2巻世界言語編（上）』三省堂、pp.292-298.
原真由子(1999)「バリ社会におけるコード切り替えと敬語使用の相互作用」『アジア・アフリ

カ言語文化研究』58号、東京外国語大学アジア・アフリカ言語文化研究所、pp.365-382.
———（2000）「バリ語とインドネシア語との間のコード切り替えと統語構造」『言語・地域文化研究』第6号．東京外国語大学大学院地域文化研究科、pp.183-198.
———（2001）「バリ語＝インドネシア語コード切り替え—新資料の統語談話構造分析」『アジア・アフリカ文法研究』29．東京外国語大学アジア・アフリカ言語文化研究所、pp.101-130.
———（2002）「バリ語＝インドネシア語コード切り替え—統語談話構造分析その3—」『アジア・アフリカ文法研究』30．東京外国語大学アジア・アフリカ言語文化研究所、pp.139-155.
———（2003）「バリ語の借用語」梶茂樹編『地方語と共通語における借用語の動態関係—アフリカとインドネシアの場合—』（文部科学省特定領域研究（A）環太平洋の「消滅に瀕した言語」にかんする緊急調査研究報告書B-009）、pp.147-200.
———（2009a）「バリ言語社会の構成とバリ人の言語使用」倉沢愛子、吉原直樹編『変わるバリ、変わらないバリ』勉誠出版、pp.251-268.
———（2009b）「バリ語—インドネシア語コード混在と敬語使用の相互作用」森山幹弘、塩原朝子編『多言語社会インドネシア　変わりゆく国語、地方語、外国語の諸相』めこん、pp.129-152.
吉田禎吾（1992）『バリ島民』弘文堂．

索 引

■ A〜Z ■

B vs. I 型　190
GIDS（Graded Intergenerational Disruption Scale、世代間言語崩壊度）　16
MLFモデル（Matrix Language Frame Model）　19, 166
Power and Solidarityの原理　179
RRI Denpasar（国営ラジオ局デンパサール支局）　15
stand-alone principle　129
TVRI Denpasar（国営テレビ局デンパサール支局）　15

■ あ 行 ■

インドネシア共和国憲法　12
インドネシア語型　191, 196
インドネシア語要素　55, 61
インドネシア語ユニット　185, 190
インフォーマル　11, 14, 65
ウェシア　180

■ か 行 ■

カースト　174, 180
会話状況　64
拡張型【親密方向】　178, 188
拡張型【尊敬方向】　178, 188
学校教育　12, 17
完全インドネシア語綴字法（Ejaan Bahasa Indonesia Yang Disempurnakan）　13
完全バリ語バリ文字綴字法（Ejaan Bahasa Daerah Bali Yang Disempurnakan [Huruf Bali]）　14
完全バリ語ローマ字綴字法（Ejaan Bahasa Daerah Bali Yang Disempurnakan [Huruf Latin]）　14
貴族層（トリワンサ）　180
基礎語彙　43
機能形態素　19
機能語　133
規範型　178, 185
規範的敬語使用　177
基盤言語（Matrix Language, ML）　19, 166
義務的構成素　72
教授言語　13
敬意　178, 192
敬語機能　24
敬語形　24
敬語語彙　23, 43, 174, 178
敬語使用パタン　184
敬語セット　23, 43, 174
敬語法　3, 174
敬語類　23, 43, 174, 178, 192
敬語類ユニット　185
形態素　36
形態統語規則　19, 140
言語使用領域　11
謙譲語　23, 174, 185
語　36

索　引

語彙（レキシコン）　23
高位変種（H変種）　11, 53, 133
後起ユニット　183, 233
交替単位　34, 38, 40
交替領域　33, 38, 40, 61
コード混在　2, 19
コードスイッチング（codeswitching, CS）　19, 166
語幹　36, 132
国語　1, 12
国民教育体系法　12, 13

■　さ　行　■

最高司祭（プダンダ、Pedanda）　14, 180
サトリア　180
山地方言（バリ・アガ方言）　3, 225
指定部（specifier）　72, 76
社会的属性　65, 181
借用　53, 133
借用（語）　33, 53
主語　71, 75, 78
述語　71, 75, 88
主要部（head）　72, 76, 115
準借用語　33, 53
職業　180
親密　178, 192
随意的構成素　72
世代　65
接辞　36, 132
接続詞　114, 128
1992年バリ語、バリ文字、バリ文学に関するバリ州条例第3号　13
前起ユニット　183, 233

相互理解性（mutual intelligibility）　22
挿入言語（Embedded Language, EL）　19, 166
尊敬語　23, 174, 185
村落部　7

■　た　行　■

ターン（会話順番）　183
第1言語　1, 4, 25
ダイグロシア（diglossia、2言語変種使い分け）　11, 53
第2言語　1, 4, 25
対話ペア　182, 233
単一言語話者　6, 22
談話的ユニット　122, 130
談話マーカー　70, 122, 129
地方言　1, 12
チャナン・サリ（Canang Sari）　15
中核語彙借用　53
中間人口センサス調査　4
低位変種（L変種）　11, 53, 133
丁寧語　23, 174, 185
デンパサール　3, 25
同源語（cognate）　48
都市部　7, 25

■　な　行　■

内容形態素　19
内容語　133
2言語話者　1, 6

■　は　行　■

派生語　132

発話ユニット　183, 233
場面　65
バリ・オルティ（Bali Orti）　15
バリ語＝インドネシア語共通要素　33, 185
バリ語＝インドネシア語借用的要素　33, 53
バリ語要素　55
バリ・テレビ（Bali TV）　15
バリ・ポスト（Bali Post）　15
汎用語類　24, 43, 185
非共通インドネシア語要素　33
非共通バリ語要素　33
非敬語語彙　23, 43
非交替単位　35, 38
非交替領域　33, 38
標準方言　3
ヒンドゥー教　15, 65, 200
フォーマル　11, 13
付加詞　72, 75, 114
普通語類　23, 43, 174, 178, 192
普通語類ユニット　185
ブラーフマナ　180

ブラット・ワンギ（Burat Wangi）　15
文化語彙借用　53
文内コードスイッチング　19
文副詞　117
文末詞（particle）　73, 225
平地方言（バリ・ダタラン方言）　3
平民層（スードラ、ジャバ）　180
母語　1, 12

■　ま　行　■

マス・メディア　13

■　や　行　■

読み書き　13, 17

■　ら　行　■

隣接ペア　182
レキシコン（語彙目録）　53

■　わ　行　■

話題　65

原　真由子（はら　まゆこ）
2004年　東京外国語大学大学院地域文化研究科博士後期課程単位取得満期退学。
2008年　博士（学術）取得。
現在、大阪大学世界言語研究センター准教授。
主な論文には、「バリ語──インドネシア語コード混在と敬語使用の相互作用」『多言語社会インドネシア──変わりゆく国語、地方語、外国語の諸相』（めこん、2009年）、「バリ言語社会の構成とバリ人の言語使用」『変わるバリ、変わらないバリ』（勉誠出版、2009年）などがある。

インドネシア・バリ社会における二言語使用
──バリ語とインドネシア語のコード混在──

2012年2月28日　初版第1刷発行　　　　　　　［検印廃止］

　　　　著　者　原　真由子
　　　　発行所　大阪大学出版会
　　　　　　　　代表者　三成賢次
　　　　　　　　〒565-0871　吹田市山田丘2-7
　　　　　　　　　　　　　　大阪大学ウエストフロント
　　　　　　　　TEL：06-6877-1614
　　　　　　　　FAX：06-6877-1617
　　　　　　　　URL：http://www.osaka-up.or.jp

　　　　印刷・製本所　（株）遊文舎

ⒸMayuko Hara 2012　　　　　　　　　Printed in Japan
ISBN978-4-87259-399-0 C3080

Ⓡ〈日本複写権センター委託出版物〉
本書を無断で複写複製（コピー）することは、著作権法上の例外を除き、禁じられています。本書をコピーされる場合は、事前に日本複写権センター（JRRC）の許諾を受けてください。

　JRRC〈http://www.jrrc.or.jp　eメール：info@jrrc.or.jp　電話：03-3401-2382〉